CRIMES CIBERNÉTICOS

Emerson Wendt
Higor Vinicius Nogueira Jorge

CRIMES CIBERNÉTICOS

Ameaças e procedimentos de investigação

3ª edição

Rio de Janeiro
2021

1ª Edição: 2012
2ª Edição: 2013
3ª Edição: 2021

Editor: Sergio Martins de Oliveira
Gerente de Produção Editorial: Marina dos Anjos Martins de Oliveira
Editoração Eletrônica: Abreu's System
Imagem capa: Designed by vectorstock (Image #20108564 at VectorStock.com)
Capa: Use Design

DADOS INTERNACIONAIS DE CATALOGAÇÃO NA PUBLICAÇÃO (CIP)

W469c Wendt, Emerson.
Crimes cibernéticos / Emerson Wendt, Higor Vinicius Nogueira Jorge. – 3. ed. – Rio de Janeiro: Brasport, 2021.
248 p. : il. ; 17 x 24 cm.

Inclui bibliografia.
ISBN 978-65-88431-38-2

1. Crimes e internet. 2. Cibercrimes. 3. Investigação criminal. 4. Infiltração virtual. I. Jorge, Higor Vinicius Nogueira. II. Título.

CDU 343.9:004.738.5

Bibliotecária responsável: Bruna Heller – CRB 10/2348

Índice para catálogo sistemático:
1. Crime, criminologia 343.9
2. Internet 004.738.5

BRASPORT Livros e Multimídia Ltda.
Rua Washington Luís, 9, sobreloja – Centro
20230-900 Rio de Janeiro-RJ
Tels. Fax: (21)2568.1415/3497.2162
e-mails: marketing@brasport.com.br
vendas@brasport.com.br
editorial@brasport.com.br
www.brasport.com.br

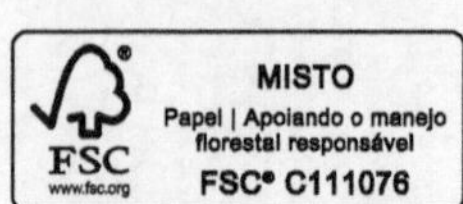

Agradecimentos

Agradeço a Deus por ter me permitido nascer em um lar de muito amor, depois de alguns anos ganhar um querido irmão e depois ser presenteado com uma esposa que amo profundamente.

Agradeço carinhosamente a meus pais Hélio e Denise, meu irmão Juninho e minha esposa Thaisa, pelo amor, pelos ensinamentos, pela paciência, pelos cuidados e, acima de tudo, por me ensinarem, com base em seus exemplos, a importância de sempre procurar fazer o bem ao próximo.

Agradeço aos meus filhos Laura e Vinícius! Gratidão eterna a Deus por vocês fazerem parte da minha existência nesse plano. Que eu possa ajudar o mundo a ser um lugar melhor para vocês. Agradeço a meus familiares e amigos em razão de demonstrarem o que significa fraternidade para a jornada evolutiva de cada um.

Aos amigos integrantes da Polícia Civil do Estado de São Paulo e de outras polícias judiciárias, que possuem o privilégio de vivenciar no dia a dia a realidade da investigação criminal.

Aos amigos/irmãos que conquistei nas cidades de Santana da Ponte Pensa, Santa Fé do Sul, Jales, Lins, São Paulo, dentre outras localidades, que trabalham por um mundo mais justo, perfeito e harmônico.

Higor Vinicius Nogueira Jorge
Delegado de Polícia no Estado de São Paulo, Mestrando em Educação (UEMS) e Professor da Academia de Polícia, do Ministério da Justiça e Segurança Pública e das

seguintes pós-graduações: Escola Brasileira de Direito (Ebradi), Complexo de Ensino Renato Saraiva (Cers), MeuCurso, Escola Superior da Advocacia da OAB-SP e Associação dos Diplomados da Escola Superior de Guerra. É coautor das obras "Manual de Interceptação Telefônica e Telemática" e "Fake News e Eleições – O Guia Definitivo" e coordenador dos livros "Enfrentamento da Corrupção e Investigação Criminal Tecnológica", "Direito Penal sob a Perspectiva da Investigação Criminal Tecnológica", "Manual de Educação Digital, Cibercidadania e Prevenção de Crimes Cibernéticos" e "Tratado de Investigação Criminal Tecnológica", publicados pela editora Juspodivm. É autor dos livros "Investigação Criminal Tecnológica", volumes 1 e 2, publicados pela Brasport.

Em primeiro lugar, a Deus, o Grande Arquiteto do Universo.

Aos meus pais, Nilo e Neli (*in memoriam*), pelo empenho e entusiasmo na educação de seus filhos.

À minha esposa Valquiria, atualmente doutoranda em Direito, pelo incansável apoio e pela parceria.

Aos meus filhos queridos, Luiz Augusto (idealista e programador) e Anna Vitória (progressista e ginasta), por estarem sempre comigo.

Aos meus amigos, em especial Dr. Márcio Steffens e EPF Rogério Nogueira Meirelles, pelo desafio imposto e pelo conhecimento inter-relacional transmitido desde os primórdios da minha iniciação no ambiente tecnológico.

Às Polícias Civis de todo o Brasil, pelo apoio e incentivo no aprendizado e na educação de seus agentes e autoridades policiais; a todos os policiais civis e federais do Brasil, aos profissionais da área de TI e de Segurança da Informação, que muito têm colaborado para melhorar a segurança virtual no Brasil.

Emerson Wendt
Mestre e Doutorando em Direito
Ex-Policial Rodoviário Federal (1994-1998)
Delegado de Polícia Civil – PCRS (desde 1998)
Ex-Chefe de Polícia Civil – PCRS (2016-2018)
Ex-Presidente do Conselho Nacional de Chefes de Polícia – CONCPC (2018)
Ex-Diretor do Departamento de Inteligência de Segurança Pública da SSP-Rs (2019)
Secretário Municipal de Segurança Pública de Canoas-RS (2021)

Apresentação da 3ª edição

Diferentemente do tempo passado entre a primeira e a segunda edições, de apenas um ano, foram mais de sete anos desde a última revisão do texto. Foram várias postergações e vários outros projetos de livros e estudos, mas, certamente, de acúmulo de aprendizado.

Almejamos, com a terceira edição, não só um enxugamento da obra, mas uma objetivação do conteúdo, tornando-o mais prático e atinente ao uso diário da atividade investigativa, por agentes e delegados de polícia, e, também, de orientação do profissional do direito, especialmente advogados, promotores e juízes.

Os autores

Apresentação da 2ª edição

Pouco mais de um ano se passou desde o lançamento do livro e notamos a constante necessidade de tratar de outros aspectos relacionados à investigação dos crimes cibernéticos.

Dentro disso, nesta segunda edição procuramos aprofundar alguns pontos e abordar outros, como, por exemplo, apresentar informações para a elaboração da requisição/solicitação para a perícia forense computacional, para a certidão elaborada por integrantes das Polícias Civil e Federal e para a elaboração de uma notificação extrajudicial.

Além disso, considerando a grande quantidade de crimes praticados por intermédio da rede social Facebook, apresentamos um caso concreto em que realizamos a investigação de um delito praticado nessa mídia social e procuramos, para compreensão dos procedimentos, trazer um passo a passo de forma didática sobre essa modalidade investigativa.

Acrescentamos aspectos relacionados à investigação de direitos autorais no âmbito da Internet, delito há muito existente e em franco crescimento.

Apresentamos também mais informações sobre outras redes sociais, como o Pinterest, o Badoo, o Ask, dentre outros, e foram adicionadas informações sobre a cooperação internacional com Argentina, Bahamas, China, Espanha, França, Itália e Portugal.

Os autores

Lista de Abreviaturas

AC – Autoridade Certificadora

ARPA – Agência de Investigação de Projetos Avançados (*Advanced Research Project Agency*)

ASN – *Autonomous System Number*

AT&T – *American Telephone & Telegraph*

CERT.br – Centro de Estudos, Resposta e Tratamento de Incidentes de Segurança no Brasil

CETIC – Centro de Estudos sobre as Tecnologias da Informação e da Comunicação

CDC – Código de Defesa do Consumidor

CGI.br – Comitê Gestor da Internet no Brasil

CNPJ – Cadastro Nacional de Pessoa Jurídica

COBRA – Computadores Brasileiros S. A.

CP – Código Penal Brasileiro

CPF – Cadastro de Pessoa Física

DNS – *Domain Name System* (Sistema de Nomes de Domínios)

DDoS – *Distributed Denial of Service* (Ataque de Negação de Serviço Distribuído)

DoS – *Denial of Service* (Ataque de Negação de Serviço)

DPNs – Domínios de Primeiro Nível

DRCI/MJ – Departamento de Recuperação de Ativos e Cooperação Jurídica Internacional do Ministério da Justiça

ERB – Estação Rádio Base

FAPESP – Fundação de Amparo à Pesquisa do Estado de São Paulo

HTML – *HyperText Markup Language*

IBGE – Instituto Brasileiro de Geografia e Estatística

IANA – *Internet Assigned Numbers Authority*

IP – *Internet Protocol*

IRC – *Internet Relay Chat*

ISP – *Internet Service Provider* (Provedor de Acesso à Internet)

LIR – *Local Internet Registry*

LNCC – Laboratório Nacional de Computação Científica

MJ – Ministério da Justiça

MLAT – *Mutual Legal Assistance Treaty*

MSN – *Windows Live Messenger*

NASA – *National Aeronautics & Space Administration*

NCP – *Network Control Protocol*

NSFNET – *National Science Foundation Network*

PSI – Provedor de Serviços de Internet

RIR – *Regional Internet Registry*

SNJ – Secretaria Nacional de Justiça

SSL – *Secure Socket Layer*

STJ – Superior Tribunal de Justiça

TCP/IP – *Transmission Control Protocol/Internet Protocol*

TLS – *Transport Layer Security*

UFRJ – Universidade Federal do Rio de Janeiro

USP – Universidade de São Paulo

WWW – *World Wide Web*

SUMÁRIO

Introdução

Nos últimos tempos a utilização da Internet e dos recursos tecnológicos correlatos tem tomado conta do dia a dia das pessoas, seja para fazer amizades, buscar conhecimento, promover relações comerciais, investir no mercado financeiro e até mesmo cultivar relacionamentos.

Em que pesem inúmeros benefícios, esses mesmos recursos – hoje indispensáveis – apresentam diversos riscos, pois muitos deles podem proporcionar transtornos ou prejuízos para as vítimas. Nestas situações e existindo previsão penal, surgem os denominados crimes cibernéticos, que se caracterizam pela prática de delitos no ou por intermédio do ambiente cibernético, ou seja, da Internet. Pode-se afirmar, mesmo que por uma análise empírica, que a ocorrência desses crimes apresenta um crescimento acentuado, seja pelo aumento do número de usuários, pelas vulnerabilidades existentes na rede ou pela falta de atenção do usuário. Esse contexto se acentuou em 2020 em razão da pandemia do coronavírus (MIRANDA, 2020).

Utilizamos, no decorrer desta obra, a expressão "crimes cibernéticos" como sinônimo de crimes virtuais, por entendermos que, sob um ponto de vista mais genérico ou considerando especificidades, podem-se denominar essas modalidades criminosas como crimes cometidos por meios eletrônicos, crimes de alta tecnologia, cibercrimes, crimes digitais, crimes de informática, delitos informáticos, dentre outros termos.

Nesse diapasão, a Polícia Civil e a Polícia Federal, que são os órgãos de segurança pública com a incumbência de promover a investigação criminal, especialmente seus setores que promovem a investigação desses crimes da era virtual, devem ser instrumentalizadas para enfrentar com eficiência e proatividade as ciberameaças e programar um planejamento estratégico, além da preparação para outros problemas penais relacionados com o tema que ainda surgirão.

Cabe ressaltar que esta obra não é destinada apenas aos integrantes dos órgãos referidos, mas também a advogados, defensores públicos, peritos forenses, integrantes do Poder Judiciário e do Ministério Público, acadêmicos e professores universitários e, acima de tudo, cidadãos comuns que desejem conhecer as principais ameaças e vulnerabilidades cibernéticas, visando a proteção e, conforme o caso, a eventual condução da atividade investigativa de um crime cibernético e dar o correto encaminhamento aos casos que lhe chegarem ao conhecimento.

Considerando esta perspectiva, no primeiro capítulo pretende-se discutir os antecedentes históricos da Internet, no mundo e no Brasil, bem como desencadear uma reflexão sobre a evolução tecnológica que culminou na formação da rede mundial de computadores e os dias atuais, em que ela se tornou imprescindível para muitas pessoas.

O segundo capítulo não se restringirá unicamente a fornecer informações sobre as principais ameaças existentes, mas também a explorar os detalhes de cada uma dessas ameaças, bem como a relação entre ameaças ardilosas do mundo virtual com os crimes do mundo real, especialmente a denominada engenharia social, que pode ser vislumbrada levando em consideração o seu duplo propósito, isto é, como subsídio para a prática de um crime ou para a eficácia da atuação da polícia na investigação dos crimes cometidos por intermédio de computadores. Infelizmente a referida técnica é utilizada constantemente na primeira situação. Adotamos, portanto, a ideia de que os crimes cibernéticos devem, sim, ser enfrentados com o uso da engenharia social por parte dos investigadores, porém sempre dentro dos limites legais e constitucionais.

Outro aspecto deste capítulo será discutir as principais tendências na utilização de artefatos maliciosos para a prática de crimes e demonstrar, passo a passo, algumas vulnerabilidades, como, por exemplo, uma prova de conceito em que um programa de captura de tráfego de rede foi utilizado para monitorar o uso de uma rede sem fio. A técnica denominada *phishing scam* também será abordada.

O capítulo 3 abordará a investigação de crimes cometidos por intermédio de sites e os seus principais procedimentos investigativos. Este capítulo apresentará considerações sobre o protocolo de Internet (*Internet Protocol* – IP), domínios (nacionais e internacionais), servidores DNS, hospedagem, métodos de salvamento de páginas, ata notarial e a certidão do Escrivão de Polícia, considerada adequada para comprovar a autenticidade das informações prestadas pela vítima e que estejam disponíveis em um ambiente virtual.

O capítulo 4 pretende demonstrar de forma didática os procedimentos investigativos para a localização de vestígios da prática de um crime relacionado com o e-mail da vítima e outros recursos. Busca-se orientar como deve ser feita a identificação dos IPs e dos autores de e-mails com conteúdo criminoso e também orientar a realização da interceptação telemática e investigação de fraudes eletrônicas e cibergolpes. O *cyberbullying* e as redes sociais também serão discutidos detidamente no decorrer do capítulo.

No capítulo 5, pretende-se analisar os principais fundamentos legais a partir dos quais se pode obter dados, cadastrais e de acesso, dos provedores de conexão e de aplicação na Internet.

No capítulo 6, além de abordar a prática procedimental nos casos de crimes virtuais e todos os seus atos sequenciais, principalmente no caso de solicitar dados telemáticos nos Estados Unidos e em relação ao Facebook, estão sendo disponibilizados diversos modelos de representações destinados a obter informações diretamente dos provedores de conexão à Internet e de acesso a serviços ou outras empresas e também aquelas representações direcionadas ao Poder Judiciário. Esses modelos de representação destinam-se a policiais e integrantes de outras carreiras jurídicas, como advogados e promotores, para que possuam uma orientação no afastamento do sigilo telemático ou na obtenção de outras informações sensíveis que não estejam disponíveis. Da mesma forma, na segunda edição procuramos acrescentar aspectos relacionados à investigação de direitos autorais na Internet e sobre forense computacional, necessidades do dia a dia da investigação criminal especializada na Internet.

O capítulo 7 discutirá os principais desafios relacionados com a investigação dos crimes eletrônicos, que têm causado grande preocupação entre especialistas na área em virtude da evolução constante dos recursos tecnológicos, que tem proporcionado dificuldade em fornecer dados dos autores do crime e a decorrente possibilidade de impunidade. Temas como computação em nuvem, informações sobre usuários de Internet sem fio, guarda dos *logs*, prejuízos causados pelo cibercrime, excessiva burocracia e demora dos provedores, falta de integração entre os órgãos da segurança pública, cooperação internacional, esteganografia, criptografia, *smartphones* e outros assuntos serão discutidos no capítulo.

Por fim, serão apresentadas as conclusões sobre os principais aspectos que envolvem a cibersegurança e a investigação de crimes cibernéticos, além, logicamente, das sugestões para uma maior eficiência na investigação deste tipo de delito.

Optamos por utilizar várias imagens no decorrer da obra, visando facilitar a compreensão de todos os leitores. Porém, várias dicas e detalhes estão nos anexos. Como, por exemplo, demonstrações com imagens, de forma didática, sobre como deve ser feita a coleta de provas digitais de crimes cujos indícios estejam disponíveis na Internet. Foram escolhidos instrumentos gratuitos que permitem a coleta e a verificação de autenticidade.

1. ANTECEDENTES HISTÓRICOS DA INTERNET E SUAS AMEAÇAS

1.1. A Internet no mundo

Com a finalidade de automatizar o cálculo de tabelas balísticas, no ano de 1946 foi construído o primeiro computador digital, denominado ENIAC, que permitiu reconhecer

> a utilidade universal do invento e passou-se à construção de modelos com mais memória interna e que incorporavam o conceito de programa armazenado, fundamental para a utilização prática da máquina. Até os primeiros anos da década de 1950 várias máquinas foram construídas. Elas eram todas diferentes e todas artesanais, mas todas seguiam a chamada arquitetura von Neumann [...] meados da década de 1950 começou a produção dos primeiros computadores comercialmente disponíveis. A IBM saiu na frente neste processo o que lhe valeu o domínio quase absoluto do mercado de informática até meados da década de 1980 [...] (MANDEL; SIMON; LYRA, 1997).

No ano de 1957 a União Soviética lançou seu primeiro satélite espacial, o Sputnik. A contraofensiva a esse fato foi que o então presidente dos Estados Unidos John Kennedy prometeu enviar um americano para a Lua e criar um sistema de defesa à prova de destruição (O HOMEM, 2001). Com essa última finalidade, e também para acelerar o desenvolvimento tecnológico do país e coordenar atividades relacionadas com o espaço e satélites, foi criada a Agência de Investigação de Projetos Avançados (*Advanced Research Project Agency* – ARPA).

No ano seguinte a ARPA se enfraqueceu em razão da criação da *National Aeronautics & Space Administration* (NASA), com finalidade análoga, de um cargo no Departamento de Defesa com atribuições semelhantes e pelo fato dos seus programas relacionados com mísseis balísticos terem sido direcionados a outros setores militares do governo.

A saída para a ARPA foi modificar a perspectiva de pesquisa, incluindo novos projetos cujos resultados somente poderiam ser avaliados em longo prazo. Outro aspecto foi a realização de parcerias com instituições de ensino, de forma que tornou sua atuação mais técnica e científica.

Em razão dessa mudança de foco, passaram a investir em assuntos que até então não eram adequadamente explorados, como a computação interativa e os sistemas de tempo compartilhado.

Em 1961 a Universidade da Califórnia (UCLA) recebeu da Força Aérea o computador Q-32, da IBM, que auxiliou a inserção da informática no seio da ARPA.

No ano seguinte (1962) a Força Aérea, com a preocupação de proteger-se de uma eventual guerra ou ataque nuclear, solicitou à empresa Rand Corporation um estudo sobre uma rede de comunicação militar descentralizada (CASTELLS, 2001, p. 14), ou seja, despida de um núcleo central, que funcionasse mesmo que fossem destruídos alguns de seus terminais.

A resposta foi um relatório que recomendava que o referido órgão militar solicitasse à American Telephone & Telegraph (AT&T) a implementação do projeto. A AT&T não concordou com o projeto e, inclusive, informou que implementar o projeto que envolvia a criação de uma rede digital de pacotes seria concorrer com ela mesma, que tinha uma rede analógica baseada em comutação de circuitos.

Levando em consideração a demanda,

> a resposta foi montar uma Rede de comunicações que não dependesse de um só núcleo central cuja destruição pudesse comprometer toda a Rede. O *briefing* era simples mas complexo: desenhar uma Rede de comunicações totalmente independente que fosse invulnerável a qualquer tentativa de destruição ou controle por parte de qualquer entidade ou potência. A ARPANET foi acionada em 1969 (TURNER; MUÑOZ, 1999, p. 29).

Com o passar dos anos se consolidou a importância de criar uma rede capaz de integrar computadores que estivessem distantes e que por intermédio dela fosse permitida a comunicação de dados. Sob esse ponto de vista foi criada a ARPANET, inicialmente interligando a Universidade da Califórnia (Los Angeles e Santa Bárbara), a Universidade de Stanford (Santa Cruz) e a Universidade de Utah (Salt Lake City) (BRASIL ESCOLA, s.d.).

Os avanços só foram possíveis em razão dos estudos da época sobre a comutação por pacotes com (a) teses de doutorado de Leonard Kleinrock, professor da Universidade da Califórnia de Los Angeles (UCLA), em 1961 no MIT, (b) análises de Paul Baran, da Rand Corporation, e (c) projeto de redes de computadores, financiado pelo governo britânico, de Donald Davies, do Laboratório Nacional de Física do Reino Unido, no início dos anos 1960 (OLIVEIRA, 2011).

A ARPANET passou a crescer continuamente. Para se ter uma ideia das proporções,

> havia 13 computadores na rede em janeiro de 1971, 23 em abril de 1972 e 38 em janeiro de 1973. Foi organizada a primeira demonstração pública da rede em 1972 por ocasião da "First International Conference of Computer Communications", realizada no outono de 1972. Nesta oportunidade a rede já dava suporte a um amplo conjunto de serviços regulares, entre os quais estavam incluídos o *login* remoto e o correio eletrônico, cujo volume de uso surpreendeu os próprios responsáveis pela rede (MANDEL; SIMON; LYRA, 1997).

No ano de 1973 realizou-se a primeira conexão internacional da ARPANET, que interligou a Inglaterra e a Noruega. No final dessa década, a ARPANET substituiu seu protocolo de comutação de pacotes, denominado *Network Control Protocol* (NCP), para *Transmission Control Protocol/Internet Protocol* (TCP/IP).

Em 1977 realizou-se uma demonstração do protocolo TCP/IP por intermédio da utilização de três redes: a ARPANET, a RPNET e a STATNET.

Na década de 80 a ARPANET se disseminou pelos Estados Unidos e promoveu a interligação entre universidades, órgãos militares e governo.

Foi implementado, no ano de 1986, a NSFNET – pela *National Science Foundation* –, e a ARPANET começou a ser chamada de "Internet".

Para que ocorresse o grande salto na utilização da Internet houve estudos precursores de Ted Nelson, mas com Tim Berners-Lee e a rede WWW (*World Wide Web*) é que foram possíveis a expansão e a utilização comercial da Internet. Surgem os navegadores para facilitar a vida e utilização por usuários (LAURENTIZ, 2010).

Assim, surge a Internet, a rede das redes, a rede mundial de computadores, tornando-se acessível a toda a população mundial, mesmo que com problemas de acesso e inclusão[1].

1.2. A Internet no Brasil

No Brasil o Instituto Brasileiro de Geografia e Estatística (IBGE) passou a utilizar um computador UNIVAC 1105 e, no ano de 1964, foi criado o Centro Eletrônico de Processamento de Dados do Estado do Paraná.

Em 1965 foi criado o Serviço Federal de Processamento de Dados e o Brasil se associou ao consórcio internacional de telecomunicações por satélite (INTELSAT). Além disso, foi criada a Empresa Brasileira de Telecomunicações, vinculada ao Ministério das Comunicações, também recém-criado.

No ano de 1972 foi fabricado o primeiro computador brasileiro, denominado "patinho feio", pela Universidade Federal de São Paulo (USP). Dois anos após foi criada a Computadores Brasileiros S.A. (COBRA) (PERSEGONA; ALVES, 2008) e em 1979 criou-se a Secretaria Especial de Informática.

Outro passo importante para a consolidação da Internet no Brasil foi a conexão à Bitnet da Fundação de Amparo à Pesquisa do Estado de São Paulo (FAPESP), do Laboratório Nacional de Computação Científica (LNCC) e da Universidade Federal do Rio de Janeiro (UFRJ), em 1988 (O HOMEM, 2001).

A Secretaria Especial de Informática foi extinta em 1992, 13 anos depois de sua criação, e para suas atribuições foi criada a Secretaria de Política de Informática.

Neste mesmo ano foi implementada a primeira rede conectada à Internet, que interligava as principais universidades brasileiras. Diferentemente da Internet que pode ser observada nos dias atuais, não existia interface gráfica. Os usuários conectados à rede conseguiam apenas trocar e-mails. Porém, no ano de 1995 passaram a disponibilizar o uso comercial da Internet no país. A velocidade máxima da conexão era de 9,6 Kbps (CHAGAS, 2003).

Neste mesmo ano ocorreu a criação do Comitê Gestor da Internet no Brasil (CGI.br), com a finalidade de "coordenar e integrar todas as iniciativas de serviços de Internet

[1] Segundo dados do site Internet World Stats, a penetração da Internet no mundo, em julho de 2020, conta com 62%. Disponível em <https://www.internetworldstats.com/stats.htm>. Acesso em: 23 jul. 2021.

no país, promovendo a qualidade técnica, a inovação e a disseminação dos serviços ofertados" (NIC.BR, 2010).

Conforme dados do site Internet World Stats, em março de 2021 o Brasil contava com 74,8% de acesso da população brasileira à Internet[2].

1.3. Histórico sobre as primeiras ameaças

No mesmo passo que a evolução dos recursos tecnológicos, as ameaças praticadas via computador se aprimoraram com o passar dos anos. Nesse sentido, a informação sobre programas de computador que se autorreplicassem remonta ao final da década de 50, oriunda do matemático John Von Neumann. Na década seguinte surgiram

> os legítimos antecessores dos códigos maliciosos. Tudo começou quando um grupo de programadores desenvolveu um jogo chamado Core Wars, capaz de se reproduzir cada vez que era executado, sobrecarregando a memória da máquina do outro jogador. Os inventores desse jogo também criaram o primeiro antivírus, batizado de Reeper, com capacidade de destruir as cópias geradas pelo Core Wars. A existência desse jogo, seus efeitos e a forma de desativá-lo, no entanto, vieram a público somente em 1983, por um artigo escrito por um de seus criadores, publicado em uma conceituada revista científica da época (A EPIDEMIA, s.d.).

No ano de 1971, em laboratório, o *Creeper Virus* foi criado por um funcionário conhecido como Bob Thomas, de uma empresa que trabalhava com a construção da ARPANET, e consistiu em uma prova de conceito. Esse artefato malicioso apresentava a mensagem a seus usuários "I'm the creeper, catch me if you can!" e tinha capacidade autorreplicativa:

> El Creeper (enredadera) de Thomas se descontroló, se reprodujo exageradamente y se extendió sin cesar por la red. Técnicamente, el Creeper era lo que hoy conocemos como "gusano" (worm) [...] (BARCELÓ GARCIA, 1997).

Richard Skrenta (FIRST VIRUS, 2007), com apenas 15 anos de idade, em 1982, criou o *Elk Cloner* (ROHR, 2011), considerado por alguns estudiosos do assunto o primeiro vírus desenvolvido para infectar computadores, apesar de, na época, o termo "vírus de computador" não ter ainda sido criado. Esse artefato contaminava o computa-

[2] Disponível em <https://www.internetworldstats.com/south.htm#br>. Acesso em: 23 jul. 2021.

dor Apple DOS 3.3 e se difundia por cópias do disquete contaminado. É importante asseverar que esse código malicioso

> não causava grandes problemas, mas faria escola. Além de apresentar um pequeno 'poema' na tela do equipamento infectado, ele era capaz de gerar cópias de si mesmo quando um disquete era inserido no computador. Quando essa mídia era utilizada em outro sistema, o processo se propagava[3].

Dois anos depois, em 1984, Fred Cohen apresentou um *paper*, chamado "Experiments with Computer Viruses", em que criou o termo "vírus de computador", que denomina programas maliciosos, nocivos ao sistema como um todo (COHEN, 1987).

Dois irmãos paquistaneses, no ano de 1986, criaram um vírus de computador chamado *Brain*. Esse vírus atingia o setor de inicialização do disco[4] e tinha como finalidade

> detectar uso não autorizado de um software médico de monitoramento cardíaco que haviam desenvolvido. Porém o código sofreu modificações maliciosas as quais o transformaram em um vírus que se espalhava através de disquetes infectados. O Brain causava lentidão nas operações do sistema e ocupava valiosos kilobytes de memória dos computadores (QUINTO, s.d.).

Em relação ao assunto, porém, não existe uma posição pacífica sobre quando surgiu o primeiro vírus de computador, tendo em vista que, para alguns, o primeiro vírus foi o *Elk Cloner* e, para outros, o *Brain*.

Cabe esclarecer que em 1986 também surgiram os primeiros cavalos de Troia de que se tem notícia. Exemplo disso é o caso do PC-Write:

> O PC-Write legítimo era um shareware de processamento de textos similar ao Word que temos hoje. O Trojan era uma suposta versão 2.72 deste software que havia sido lançada e, diferente do ANIMAL, tinha intuição maliciosa contra o sistema. Trabalhava em duas etapas ao ser executado: primeiro apagava a FAT (*File Allocation Table*) do sistema e então formatava o disco rígido do PC, deletando todos os dados (ABIDIN; KUMAR; TIWARI, 2018).

---

[3] Primeiro vírus de computador foi criado por adolescente há 25 anos. AcessaSP, 23/07/2007. Redação original da extinta PC WORLD.

[4] Essa modalidade de artefato malicioso, chamada vírus de *boot*, será mais bem discutida no capítulo seguinte.

O primeiro antivírus foi criado no ano de 1988 por Denny Yanuar Ramdhani em Bandung, Indonésia, e tinha a funcionalidade de imunizar o sistema do computador contra o vírus *Brain* (CARDOSO, 2010).

Segundo estudo elaborado pela Kaspersky, até 1995 os vírus de *boot* representavam aproximadamente 70% das ameaças, mas também existiam outros, como por exemplo aqueles que infectavam arquivos executáveis DOS (EMM, 2008).

Com a popularização de dispositivos utilizados para o acesso à rede mundial de computadores, também surgiram novos meios para a difusão de ameaças. No ano de 2004 surgiu o primeiro vírus de celular, oriundo das Filipinas. Denominado

> Cabir, a praga foi criada para infectar aparelhos que utilizavam o sistema operacional Symbian (hoje, presente em mais de 70% dos celulares).
>
> O objetivo do Cabir, que é disseminado por *bluetooth*, **é descarregar toda a bateria dos celulares infectados**. Em aparelhos contaminados pelo vírus, uma mensagem característica, com a palavra "Caribe" aparece no visor e se repete sempre que o equipamento é ligado (BAIO; FERREIRA, 2008) (grifos nossos).

Segundo Cintia Baio e Lilian Ferreira (2008), no mesmo ano o Cabir foi aprimorado por um brasileiro, que criou um vírus com código aberto chamado Lasco. Esse vírus foi criado por

> Marcos Velasco, hoje especialista em *malware* e dono de uma empresa de segurança, decidiu aprimorar o poder dos vírus para telefones móveis.
>
> Criou, então, o Lasco (também conhecido como Lasco A. ou Symbos_Vlasco.A), vírus de autoinstalação para Symbian, com código aberto e transmitido por *bluetooth*. A praga de Velasco também podia ser transmitida pelo computador e descarregava a bateria do celular.

A evolução dos códigos maliciosos é constante e nos últimos cinco anos há uma predominância na utilização de sistemas maliciosos de coletas de dados pessoais e corportativos e, além disso, a criptografia de dados e informações (toda espécie de arquivos) constantes em bancos de dados e solicitação de sequestro em moeda virtual. Assim, surgem constantemente variantes de *ransomware* (LISKA; GALLO, 2017; DE OLIVEIRA FORNASIER; PROTTI SPINATO; LENCINA RIBEIRO, 2020).

1.4. A Internet hoje

A Internet tem sido utilizada para inúmeras finalidades, seja para realizar negociações comerciais, buscar conhecimento, conhecer pessoas, manter relacionamentos, produzir atividades de marketing pessoal, buscar diversão e, em alguns casos, promover transtornos para outras pessoas, incluindo prejuízos financeiros das vítimas. O período da pandemia do coronavírus, com a permanência das pessoas em suas residências e aumento do *home office*, também acarretou o aumento da criminalidade cibernética (MIRANDA, 2020).

A utilização da Internet tem sofrido um aumento exponencial a cada ano que passa, muito em virtude da evolução tecnológica e do barateamento dos computadores e dispositivos móveis de acesso à rede mundial. No Brasil, a cada ano, há o aumento de domicílios com conexão à Internet, passando de ¾ das residências (CGI.BR, 2020).

Há que citar, ainda, que há muita desigualdade no acesso à Internet no Brasil, circunstância apontada pela pesquisa do CGI.br:

> Pelo quarto ano consecutivo, a pesquisa verificou uma redução da presença de computadores nos domicílios, passando de 50% em 2016 para 39% em 2019. Pelo recorte socioeconômico, enquanto 95% domicílios da classe A possuem algum tipo de computador, eles estão presentes em apenas 44% dos domicílios da classe C e 14% dos domicílios das classes DE.
>
> Com o isolamento social, medida de prevenção à COVID-19, milhões de brasileiros passaram a depender ainda mais da Internet e das TIC de maneira geral para realizar atividades de trabalho remoto, ensino à distância e até mesmo para acessar o auxílio emergencial do governo. Mas a falta de acesso à Internet e o uso exclusivamente por celular, especialmente nas classes DE, evidenciam as desigualdades digitais presentes no país e apresentam desafios relevantes para a efetividade das políticas públicas de enfrentamento da pandemia. A população infantil em idade escolar nas famílias vulneráveis e sem acesso à Internet também é muito afetada neste período de isolamento social. A pandemia revela de forma clara as desigualdades no Brasil", pontua Alexandre Barbosa, gerente do Cetic.br (CGI.BR, 2020).

Em outro aspecto, podem-se observar os dados estatísticos oferecidos pelo CERT.br (Centro de Estudos, Resposta e Tratamento de Incidentes de Segurança no Brasil), que é um grupo de resposta a incidentes de segurança para a Internet brasileira vinculado ao Comitê Gestor da Internet no Brasil e que possui a responsabilidade de receber, analisar e responder a incidentes de segurança envolvendo redes conectadas à Internet no Brasil.

O CERT.br, que atende a qualquer rede brasileira conectada à Internet, agrega inúmeras informações quanto aos incidentes a ele reportados, mantendo um registro e, quando for o caso, adotando providências caso a caso[5].

Conforme dados do CERT.br, o auge da notificação de incidentes na Internet no Brasil ocorreu em 2014, com mais de 1 milhão de casos reportados, tendo picos de aumento e diminuição a partir de então, chegando próximo de 900 mil notificações em 2019 (CERT.BR, 2020a). Outro aspecto que chama a atenção é a origem dos ataques, em sua grande maioria do próprio país (CERT.BR, 2020b).

Verificando-se o histórico correspondente às origens dos ataques, percebe- se que a China e os Estados Unidos têm tido destaque nos últimos anos (CERT.BR, 2020a).

Outro fator preocupante, não só pela má utilização quanto pelo uso de um percentual de banda da Internet, prejudicando a utilização por outros usuários, é o número de *spams*[6], muito elevado. No ano de 2010, a propagação de *spams* assumiu proporções alarmantes, ainda mais se for considerado que muitos dos crimes cometidos pela Internet utilizam o *spam* para difundir seus códigos maliciosos. A partir de 2014 houve uma estabilização no número de *spams* no Brasil (CERT.BR, 2020c).

Outros dados, como estatísticas de servidores DNS maliciosos e *honeypots*, podem ser obtidos também no CERT.br (CERT.BR, 2020d).

---

[5] No próprio site do CERT.br há um catálogo dos CSIRTs no Brasil (Grupos de Segurança e Resposta a Incidentes), disponibilizado no link <http://www.cert.br/csirts/brasil/> e mapeado geograficamente.

[6] Este conceito será analisado no próximo capítulo.

2. As ameaças e vulnerabilidades na "rede mundial de dispositivos informáticos"

Neste capítulo serão abordadas as principais ameaças e vulnerabilidades existentes no mundo virtual. A característica principal em relação aos malefícios da Internet é, sem dúvida, a engenharia social, utilizada em praticamente todas as ações criminosas e danosas na rede.

Para um acesso indevido a uma rede ou conta bancária, para a venda de um produto inexistente, para oferta de um empréstimo falso, dentre outras condutas, o criminoso sempre se utilizará de métodos ardilosos e que buscam, em suma, que o usuário da Internet execute uma ação e/ou preste informações. Assim, inicia-se a explanação justamente por este ponto fundamental, o que facilitará a compreensão do tema. Após, serão abordadas as principais ameaças e tendências, principalmente no "ambiente virtual brasileiro".

2.1. Crimes cibernéticos

Nos moldes do que foi anteriormente comentado, decidimos utilizar o termo "crimes cibernéticos" para definir os delitos praticados por intermédio de dispositivos informáticos (computadores, notebooks, celulares etc.) conectados ou não à internet. Atualmente é comum a prática de crimes no ambiente de nuvem, sendo que, inclusive nesses casos, estamos diante de crimes cibernéticos considerando que são utilizados dispositivos informáticos para acessar esse ambiente. Além dessa questão, apenas para fins didáticos, apresentamos uma classificação para as denominadas "condutas indevidas praticadas por dispositivos informáticos".

Essas "condutas indevidas praticadas por computador e/ou dispositivos móveis" podem ser divididas em "crimes cibernéticos" e "ações prejudiciais atípicas". A espécie "crimes cibernéticos" subdivide-se em "crimes cibernéticos abertos" e "crimes exclusivamente cibernéticos".

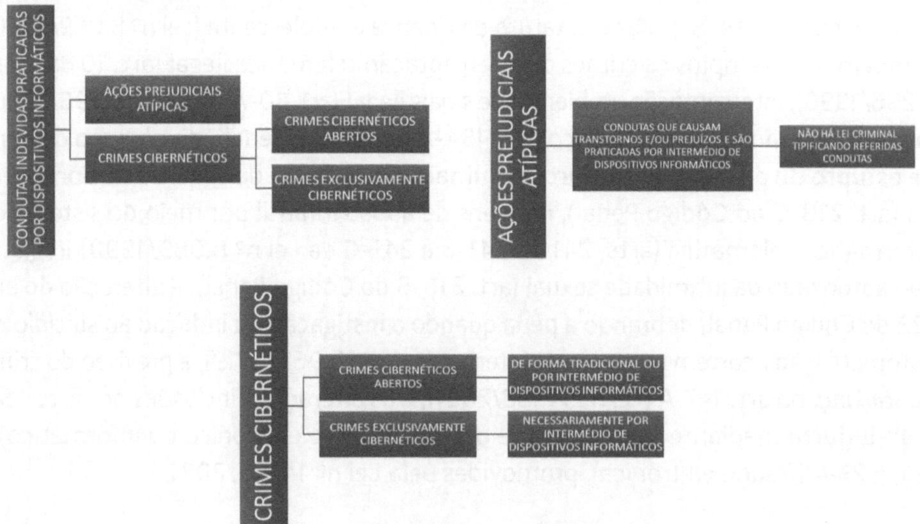

Figura 1. Classificação dos crimes cibernéticos

As "ações prejudiciais atípicas" são aquelas condutas, praticadas por intermédio de dispositivos informáticos, que causam algum transtorno e/ou prejuízo para a vítima, porém não existe uma previsão penal, ou seja: o indivíduo causa algum problema para a vítima, mas não pode ser punido, no âmbito criminal, em razão da inexistência de norma penal com essa finalidade. Por exemplo, o indivíduo que invade o computador de um conhecido sem o objetivo de **obter**, **adulterar** ou **destruir** dados ou informações não será indiciado nem preso, pois esses fatos não são criminosos, por não se adequarem ao art. 154-A do Código Penal (nova redação pela Lei nº 14.155/2021). Por outro lado, o causador do transtorno pode ser responsabilizado na esfera civil, como, por exemplo, ser condenado a pagar indenização em virtude dos danos morais/materiais produzidos.

Conforme anteriormente mencionado, os "crimes cibernéticos" se dividem em "crimes cibernéticos abertos" e "crimes exclusivamente cibernéticos". Com relação aos crimes cibernéticos "abertos", são aqueles que podem ser praticados da forma tradicional ou por intermédio de dispositivos informáticos, ou seja, o dispositivo é apenas um meio para a prática do crime, que também poderia ser cometido sem o uso dele. Dentre os tipos penais abarcados nesta modalidade estão, por exemplo, crimes contra a honra, ameaça, furto mediante fraude, estelionato, falsificação documental, falsa identidade, extorsão, tráfico de drogas etc.

Já os crimes "exclusivamente cibernéticos" são diferentes, pois eles somente podem ser praticados com a utilização de dispositivos informáticos. Um exemplo é o crime de aliciamento de crianças praticado por intermédio de salas de bate-papo na Internet, previsto no art. 244-B, § 1º, do Estatuto da Criança e Adolescente (Lei nº 8.069/1990). Também são exemplos os crimes de interceptação telemática ilegal (art. 10 da Lei nº 9.296/1996), interceptação ambiental de sinais ilegal (art. 10-A da Lei nº 9.296/1996), invasão de dispositivo informático (art. 154-A do Código Penal), **divulgação de cena de estupro ou de cena de estupro de vulnerável, de cena de sexo ou de pornografia** (art. 218-C do Código Penal), imagens de abuso infantil por meio do sistema de informática/telemática (arts. 241-A, 241-B e 241-C da Lei nº 8.069/1990), registro não autorizado da intimidade sexual (art. 216-B do Código Penal), a alteração do art. 122 do Código Penal, dobrando a pena quando a instigação ou indução ao suicídio ou automutilação ocorrem por meio da Internet (Lei nº 13.968/2019), a previsão do crime de *stalking*, do art. 147-A (Lei nº 14.132/2021), e as alterações/inclusões nos arts. 155, § 4º-B (furto mediante fraude por meio de dispositivo eletrônico ou informático) e 171, § 2º-A (fraude eletrônica), promovidas pela Lei nº 14.155/2021.

A lógica da criminalidade no ambiente virtual leva a intensificação dos delitos de caráter passional (como crimes contra a honra, ameaça, *bullying* etc.), das fraudes financeiras (estelionato, furto, extorsão e falsificação documental) e dos delitos de caráter sexual (registro e divulgação de cenas de sexo e/ou pornográfica, estupro etc.). As circunstâncias delitivas levam à necessidade de analisar caso a caso e buscar seu enquadramento à legislação penal vigente.

2.2. Engenharia social

É a utilização de um conjunto de técnicas destinadas a ludibriar a vítima, de forma que ela acredite nas informações prestadas e se convença a fornecer dados pessoais nos quais o criminoso tenha interesse ou a executar alguma tarefa e/ou aplicativo.

Cabe destacar que geralmente os criminosos simulam fazer parte de determinada instituição confiável, como bancos, sites de grandes lojas, órgãos do governo ou outros órgãos públicos para que a vítima confie nos falsos dados apresentados, o que, na verdade, será a isca para que sejam fornecidas as referidas informações.

Enquanto certas ameaças cibernéticas utilizam vulnerabilidades localizadas em uma rede ou servidor, na engenharia social o criminoso concentra-se nas vulnerabilidades que porventura a vítima possa ter e/ou apresentar frente a determinadas situações do seu cotidiano. Nestas situações o ponto nevrálgico é a falta de conscientização do usuário de computador sobre os perigos de acreditar em todas as informações que chegam até ele. Também, são as informações que podem ser coletadas pelo criminoso no âmbito da Internet e que são disponibilizadas pelos usuários em suas redes sociais (nomes de familiares, colégios, idade, datas importantes etc.).

De acordo com o Centro de Estudos, Resposta e Tratamento de Incidentes de Segurança no Brasil (CERT.br), a engenharia social é

> Técnica por meio da qual uma pessoa procura persuadir outra a executar determinadas ações. No contexto desta Cartilha, é considerada uma prática de má-fé, usada por golpistas para tentar explorar a ganância, a vaidade e a boa-fé ou abusar da ingenuidade e da confiança de outras pessoas, a fim de aplicar golpes, ludibriar ou obter informações sigilosas e importantes. O popularmente conhecido "conto do vigário" utiliza engenharia social (CERT.BR, 2012).

A Cartilha do CERT.Br (CERT.BR, s.d.) apresenta inúmeros exemplos deste tipo de atividade criminosa na Internet, envolvendo ataques, golpes e códigos maliciosos.

Uma característica deste tipo de ação é que não possui procedimentos definidos sendo utilizados; trata-se principalmente da criatividade do autor destas ações e da sua capacidade para persuadir a vítima a oferecer as informações desejadas. Nestes termos, a engenharia social pode ser vislumbrada sob o aspecto físico e psicológico.

> No físico, exploram o local de trabalho, vasculham lixeiras, e por telefone se passam por outra pessoa. No psicológico, exploram o lado sentimental das pessoas. No Brasil ainda não há uma legislação específica que puna estes tipos de crimes; então, além da conscientização e treinamentos constantes, as empresas devem possuir um plano de contingência para eventuais ataques e assim garantir a continuidade dos negócios (POPPER; BRIGNOLI, 2017).

A engenharia social pode também ser utilizada no âmbito da investigação criminal. Um exemplo muito comum se apresenta nas situações em que o policial se infiltra[7]

---

[7] Art. 3º, VII, da Lei nº 12.850/13, prevê a infiltração, por policiais, em atividade de investigação. Segundo o Art. 10 dessa mesma Lei, "A infiltração de agentes de polícia em tarefas de investigação, representada pelo delegado de polícia ou requerida pelo Ministério Público, após manifestação técnica do delegado de polícia quando solicitada no curso de inquérito policial, será precedida de circunstanciada, motivada e sigilosa autorização judicial, que estabelecerá seus limites". Segundo a Lei nº 13.964/2019, houve a inserção do Art. 10-A na Lei do Crime Organizado, permitindo-se a infiltração de policiais na Internet: "Será admitida a ação de agentes de polícia infiltrados virtuais, obedecidos os requisitos do *caput* do art. 10, na internet, com o fim de investigar os crimes previstos nesta Lei e a eles conexos, praticados por organizações criminosas, desde que demonstrada sua necessidade e indicados o alcance das tarefas dos policiais, os nomes ou apelidos das

em uma organização criminosa para coletar indícios sobre a prática de crimes. Nesses casos são utilizadas técnicas de engenharia social para que seja coletado o maior número de informações. É, dentre outros termos, a **engenharia social contra o crime**.

Existem diversas ferramentas na Internet que facilitam a utilização da engenharia social e passam a buscar, de modo automatizado, informações sobre os alvos de interesse dos eventuais *cibercriminosos*. O tema do uso de fontes abertas é explorado em outras obras (BARRETO; WENDT; CASELLI, 2017; JORGE, 2021). Segundo Kevin Mitnick, são necessários alguns procedimentos preventivos para evitar ser vítima de engenharia social. Dentre as técnicas, o mais famoso hacker da história apresenta as seguintes:

> - Desenvolver protocolos claros e concisos que sejam cumpridos consistentemente em toda a organização;
> - Organizar um treinamento em consciência da segurança;
> - Criar regras simples que definam quais são as informações confidenciais;
> - Elaborar uma regra simples segundo a qual sempre que alguém solicitar uma ação restrita (ou seja, uma ação que envolva a interação com um equipamento relacionado a um computador, cujas consequências não sejam conhecidas), a identidade do solicitante seja verificada de acordo com a política da empresa;
> - Desenvolver uma política de classificação de dados;
> - Treinar funcionários para resistir a ataques de engenharia social;
> - Testar a suscetibilidade de seu funcionário a ataques de engenharia social, conduzindo uma avaliação de segurança.
>
> O aspecto mais importante do programa é estabelecer protocolos de segurança adequados e, então, motivar os funcionários para que assimilem esses protocolos (...) (MITNICK; SIMON, 2005, p. 202-203).

As principais técnicas utilizadas pelos **engenheiros sociais** são baseadas na manipulação da emoção de seus "alvos". Assim, trabalham principalmente com o medo, a ganância, a simpatia e, por último, a curiosidade. O usuário de Internet, motivado por essas circunstâncias, acaba prestando informações que não devia ou clica em links que direcionam a sites de conteúdo malicioso e/ou para execução de algum código maléfico em sua máquina.

---

pessoas investigadas e, quando possível, os dados de conexão ou cadastrais que permitam a identificação dessas pessoas". A permissão já existia, desde 2017, em relação aos casos de pedofilia, conforme previsão do Estatuto da Criança e do Adolescente.

Outro aspecto a destacar sobre a engenharia social é a utilização do chamado **efeito saliência**: quando o criminoso usa, para chamar a atenção de suas potenciais vítimas, algum assunto que está em destaque na mídia mundial, nacional e/ou regional, como a morte de um ator famoso, um acidente de grandes proporções etc.

Por último, procurando traçar didaticamente o tema, outra característica da engenharia social é a ancoragem, quando os criminosos virtuais utilizam, para dar credibilidade aos seus atos, imagens de empresas de mídia, de bancos, de órgãos públicos etc., usando assim, por exemplo, imagens das Polícias Civis, Polícia Federal, Supremo Tribunal Federal, Ministério Público Federal, Globo, Record, SBT etc.

2.3. Vírus de *boot*

Esta modalidade de vírus é considerada a precursora de todos os outros tipos de vírus, tendo surgido no final da década de 80 e causado muito transtorno para os usuários de computadores.

Cabe esclarecer que todo disco possui um setor destinado à inicialização do sistema, e a principal característica dos vírus de *boot* é que eles se fixam na partição de inicialização do sistema (KASPERSKY, s.d.(a)).

Dentre as formas de infecção podemos citar o caso da pessoa que esquece um disquete contaminado no diretório A: do computador e no momento em que o sistema operacional do computador é inicializado ocorre a sua infecção. Em seguida, caso outros disquetes sejam inseridos, são também contaminados e espalham estes arquivos maliciosos em inúmeros computadores.

CDs, DVDs ou *pen drives* podem ser utilizados para espalhar esses vírus. São exemplos desses tipos de vírus o *ping-pong*, o *jerusalem* (D'ORNELAS, 2011) etc.

2.4. Vírus *time bomb*

Este tipo de vírus se caracteriza pelo fato da sua ativação ser deflagrada em determinada data. O programador que elabora esse tipo de código malicioso escolhe determinada ocasião para que o vírus seja acionado (NOVAES, 2014). Quando chega essa data a vítima sofre seus efeitos.

Essa modalidade de ameaça também é chamada de bomba-relógio ou gatilho.

São exemplos desses vírus o sexta-feira 13, o michelangelo, o eros e o 1º de abril.

2.5. *Worm*

Esta modalidade de arquivo malicioso, também conhecida como verme, caracteriza-se pelo fato de residir na memória ativa do computador e se replicar automaticamente, ou seja, este *worm* é disseminado em razão do fato de criarem cópias sem que seja necessária qualquer ação por parte do usuário de computadores.

Geralmente este tipo de arquivo malicioso se instala em um computador em virtude de uma vulnerabilidade dele ou de seus programas, principalmente pelo fato de estarem desatualizados.

São exemplos de efeitos destes *worms* os e-mails contendo códigos maliciosos que são enviados para a toda a lista de contatos da vítima, bem como aqueles que se propagavam no Orkut (rede social da Google que era mais conhecida no Brasil e na Índia) ou no IRC (*Internet Relay Chat*).

Conforme previsto na cartilha do CERT.br, o *worm* é um

> programa capaz de se propagar automaticamente pelas redes, explorando vulnerabilidades nos programas instalados e enviando cópias de si mesmo de equipamento para equipamento (CERT.BR; NIC.BR; CGI.BR, 2020).

2.6. *Botnets*

Os *botnets* são computadores infectados por arquivos maliciosos que possibilitam ao criminoso, de forma remota, realizar qualquer atividade com o computador da vítima. Eles exploram vulnerabilidades ou falhas na configuração do sistema operacional ou seus softwares.

Em razão dos seus mecanismos de comunicação, os *botnets* permitem que um criminoso controle o sistema à distância.

A vítima não sabe que o seu computador está infectado, nem que está realizando ataques contra outros computadores.

Tem sido muito comum a utilização destes equipamentos com a finalidade de promover ataques DDoS[8], em que diversos computadores encaminham solicitações para determinado servidor ou uma rede com a finalidade de torná-la indisponível.

---

8 *Distributed Denial of Service* (Negação de Serviço Distribuído).

No decorrer da investigação de crimes em que foram utilizados *botnets* a polícia inicialmente esclarece um dos computadores utilizados para o ataque e, em seguida, o ideal é que seja feita a análise no *malware* instalado nele com o intuito de descobrir os dados do computador que receberá a informação coletada ou vai determinar a ação criminosa, como por exemplo o ataque DDoS.

A engenharia reversa no arquivo malicioso é utilizada justamente para essa finalidade, ou seja, para obter informações sobre os *cibercriminosos* envolvidos com esse tipo de crime.

Os ataques praticados contra sites do governo brasileiro, em razão da parceria entre os grupos autodenominados Anonymous e LulzSec, que deflagraram a operação #AntiSec (GHEDIN, 2011) e Onslaught[9] são exemplos deste tipo de ataque[10]. As ações conseguiram tornar indisponíveis os sites da Presidência da República, Agência Brasileira de Inteligência, Receita Federal, Marinha, dentre outros (PASSARINHO, 2011).

Numa análise comparativa dos *malwares*, os *worms* e os *botnets* são os que têm mais potencial danoso (CERT.BR; NIC.BR; CGI.BR, 2020).

2.7. *Deface*

A palavra *deface* é oriunda do inglês (*defacing*) e no âmbito dos crimes cibernéticos é utilizada para caracterizar aqueles que desfiguram sites ou perfis de redes sociais.

Os *defacers* são semelhantes a pichadores, mas suas atividades não são realizadas em muros e sim em sites, blogs e outros meios.

Esse tipo de ação pode ter uma conotação de emulação, para o autor apresentar algum destaque no grupo a que pertence, ou de *ciberativista*, com o intuito de defender convicções religiosas, filosóficas ou políticas. Também serve como mecanismo *hacktivista*, de movimentos sociais em face do momento social.

---

[9] A operação Onslaught foi desencadeada em 30 de julho de 2011 e atingiu vários sites, públicos e privados, incluindo ataques de negação de serviço e *defacing* (DORIVALAC, 2011).

[10] Dados das atividades dos grupos foram publicados no perfil do LulzSecBrazil no Twitter (<https://twitter.com/LulzSecBrazil>). O perfil esteve ativo até 2016.

Para que possamos entender melhor o assunto, há que se diferenciar o tipo de conduta *cracker* utilizada para os ataques aos sites governamentais. Pelas divulgações da mídia, em suma, foram duas as formas de ataques: o ataque de negação de serviço e a pichação virtual de sites, ou seja, respectivamente, ataque DDoS e *defacing*.

De modo a permitir uma melhor compreensão sobre as características dos ataques DDoS, pode-se descrevê-lo em três fases: uma fase de "intrusão em massa", na qual ferramentas automáticas são usadas para comprometer máquinas e obter acesso privilegiado (acesso de *root*). Outra, onde o atacante instala software DDoS nas máquinas invadidas com o intuito de montar a rede de ataque. E, por último, a fase onde é lançado algum tipo de *flood* de pacotes contra uma ou mais vítimas, consolidando efetivamente o ataque (SOLHA; TEIXEIRA; PICCOLINI, 2000).

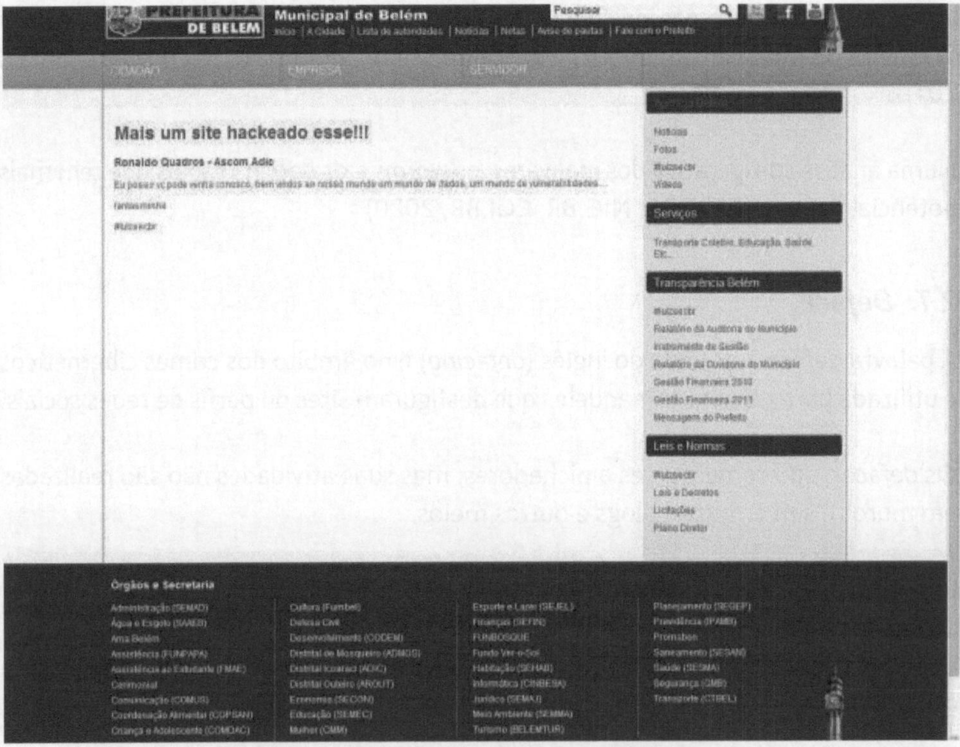

Figura 2. *Deface* no site da prefeitura de Belém (PA)

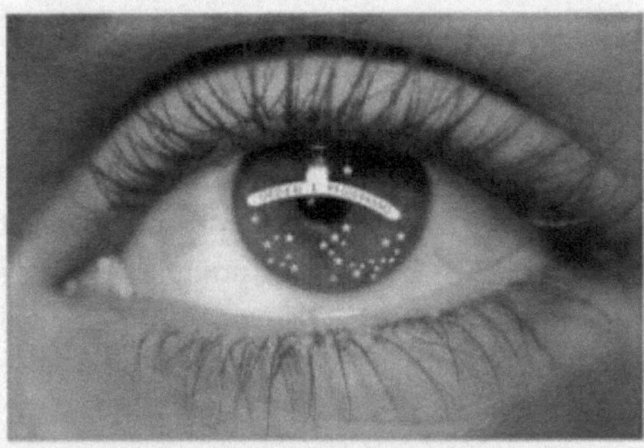

Figura 3. *Deface* em site de órgão do Governo Federal

No primeiro caso – ataque DDoS – as tipificações penais possíveis, no Brasil, são as previstas no §1º do art. 266 e art. 265 do Código Penal:

> Art. 266 – Interromper ou perturbar serviço telegráfico, radiotelegráfico ou telefônico, impedir ou dificultar-lhe o restabelecimento:
>
> Pena – detenção, de um a três anos, e multa.
>
> § 1º Incorre na mesma pena quem interrompe serviço telemático ou de informação de utilidade pública, ou impede ou dificulta-lhe o restabelecimento. (Incluído pela Lei nº 12.737, de 2012)
>
> § 2º Aplicam-se as penas em dobro se o crime é cometido por ocasião de calamidade pública.
>
> Art. 265 – Atentar contra a segurança ou o funcionamento de serviço de água, luz, força ou calor, ou qualquer outro de utilidade pública:
>
> Pena – reclusão, de um a cinco anos, e multa.

Nesses casos, há que se demonstrar que os serviços disponibilizados na Internet são considerados de utilidade pública ou que houve interrupção do serviço telemático ou de informação de utilidade pública e que, em razão da ação dos *cibercriminosos*, ocorreu a indisponibilidade desse "serviço" à população. Essas circunstâncias terão de ser avaliadas, por exemplo, nos sites de órgãos governamentais que apenas disponibilizam notícias ao público. Um exemplo claro de serviço público disponibilizado por intermédio de um site público é aquele relacionado com a solicitação de passaportes perante a Polícia Federal (BRASIL, 2021): indisponibilizado o sistema por ataque de negação de serviço, ocorre a caracterização do crime de "atentado contra a segurança de serviço de utilidade pública".

De outra parte pode surgir a pergunta: nesse caso a vítima é a Administração Pública, mas e se o particular se sentir prejudicado? O autor desse tipo de conduta comete algum crime? É possível avaliar quanto à configuração do crime de dano, previsto no art. 163 do Código Penal, porém o dano tem de ser tangível para a comprovação. A reparação, por parte do usuário prejudicado, pode ser realizada no âmbito civil.

Já no caso de *defacing* – desconfiguração de páginas na Internet –, podem ocorrer duas possibilidades: 1) o serviço público posto à disposição na Internet é de utilidade pública ou contém informação de utilidade pública: se foi indisponibilizado por ação *cracker* de desconfiguração da página, poderão restar caracterizados os delitos anteriormente citados (respectivamente, art. 265 e §1º do art. 266, do CP); 2) o site governamental não contém um serviço de utilidade pública: neste caso, uma vez tangível o dano, geralmente caracterizado pela criação da página, bancos de dados, manutenção e o custo da reparação, caracterizado está o crime de dano, conforme segue:

> Art. 163 – Destruir, inutilizar ou deteriorar coisa alheia: Pena – detenção, de um a seis meses, ou multa.
>
> Dano qualificado
>
> Parágrafo único – Se o crime é cometido: [...]
>
> III – contra o patrimônio da União, Estado, Município, empresa concessionária de serviços públicos ou sociedade de economia mista;
>
> [...]
>
> Pena – detenção, de seis meses a três anos, e multa, além da pena correspondente à violência.

A ação do *cibercriminoso* que invade site/rede pública com acesso ao banco de dados, reservado ou **confidencial**, e divulga os dados, caracterizaria o previsto no art. 153, § 1º-A do Código Penal? Veja o teor do artigo:

> Divulgar, sem justa causa, informações sigilosas ou reservadas, assim definidas em lei, contidas ou não nos sistemas de informações ou banco de dados da Administração Pública:
>
> Pena – detenção, de um a quatro anos, e multa.

A indagação que surge diz respeito ao fato do crime previsto no parágrafo primeiro ser comum ou próprio. Quanto ao *caput* não restam dúvidas de que é crime próprio. Cabe expor que, no entendimento dos autores, a tipificação inserida no § 1º-A do art. 153 do CP trata de um crime comum, tendo em vista que qualquer pessoa pode cometê-lo. Sendo assim, uma vez de posse dos dados, mesmo que por invasão de um sistema, com consequente divulgação, há caracterização do crime.

2.8. Cavalo de Troia

O arquivo malicioso denominado *trojan horse* (cavalo de Troia) permite que o computador do criminoso acesse de forma remota, ou seja, acesse à distância a outra máquina, obtenha dados confidenciais da vítima e envie para o criminoso.

A estratégia utilizada consiste em encaminhar um arquivo malicioso que, ao ser executado, compromete o computador da vítima de modo que o invasor possa tê-lo sob seu domínio. Em seguida, ele pode obter as suas informações, utilizar o computador como se fosse o usuário verdadeiro da máquina, abrir uma "porta dos fundos" que permita o referido acesso ao computador, promover ações contra outros computadores e outras atividades que possam causar transtornos.

De acordo com a Kaspersky (s.d. (b)), o cavalo de Troia é

> é um tipo de *malware* que, frequentemente, está disfarçado de software legítimo. Eles podem ser empregados por criminosos virtuais e hackers para tentar obter acesso aos sistemas dos usuários. Em geral, os usuários são enganados por alguma forma de engenharia social para carregar e executar cavalos de Troia em seus sistemas. Uma vez ativados, os cavalos de Troia permitem que os criminosos o espionem, roubem seus dados confidenciais e obtenham acesso ao seu sistema pela porta de fundo. Essas ações podem incluir:

- Excluir dados
- Bloquear dados
- Modificar dados
- Copiar dados
- Atrapalhar o desempenho de computadores e redes de computadores.

De acordo com a Cartilha do CERT, o cavalo de Troia

> é um programa que, além de executar as funções para as quais foi aparentemente projetado, também executa outras funções, normalmente maliciosas, e sem o conhecimento do usuário (CERT.BR; NIC.BR; CGI.BR, 2020).

Dentre os cavalos de troia, temos, segundo o CERT.br, vários tipos e com várias funcionalidades[11]:

> *Trojan Downloader*: instala outros códigos maliciosos, obtidos de sites na Internet.
>
> *Trojan Dropper*: instala outros códigos maliciosos, embutidos no próprio código do trojan.
>
> *Trojan Backdoor*: inclui *backdoors*, possibilitando o acesso remoto do atacante ao computador.
>
> *Trojan* DoS: instala ferramentas de negação de serviço e as utiliza para desferir ataques.
>
> *Trojan* Destrutivo: altera/apaga arquivos e diretórios, formata o disco rígido e pode deixar o computador fora de operação.
>
> *Trojan Clicker*: redireciona a navegação do usuário para sites específicos, com o objetivo de aumentar a quantidade de acessos a estes sites ou apresentar propagandas.
>
> *Trojan Proxy*: instala um servidor de *proxy*, possibilitando que o computador seja utilizado para navegação anônima e para envio de *spam*.

---

11 <https://cartilha.cert.br/fasciculos/codigos-maliciosos/fasciculo-codigos-maliciosos-slides-notas.pdf>.

Trojan Spy: instala programas *spyware* e os utiliza para coletar informações sensíveis, como senhas e números de cartão de crédito, e enviá-las ao atacante.

Trojan Banker ou Bancos: coleta dados bancários do usuário, através da instalação de programas *spyware* que são ativados quando sites de *Internet Banking* são acessados. É similar ao *Trojan Spy*, porém com objetivos mais específicos[12].

Independentemente da classificação dada aos cavalos de troia, há que se reforçar seu real intento: coletar dados e informações do usuário.

2.9. *Keylogger*

O *keylogger* é um termo oriundo da língua inglesa e significa registrador do teclado, ou seja, realiza a monitoração das informações digitadas pelo usuário do computador. É um dos tipos de *spyware* (CERT.BR; NIC.BR; CGI.BR, 2020).

A utilização desse tipo de software ocorre geralmente com o intuito de permitir a coleta de informações sensíveis sobre o usuário do computador e dessa forma oferecer subsídios para que o *cibercriminoso* cometa seus crimes contra a vítima.

Boa parte dos casos de *phishing scams* são praticados em conjunto com *keyloggers*, através de programas de *spam*, utilizados pelos chamados *spammers*[13], que permitem o envio de e-mail em massa para milhares de pessoas.

No decorrer das investigações envolvendo a prática de crimes, por intermédio de computadores e programas *keyloggers*, temos percebido que eles utilizam a sigla KL quando se referem a esse tipo de software.

Atualmente, os programas *keyloggers* permitem gravar tudo que é feito na tela do computador e não apenas no teclado, isto é, eles capturam seguidas fotos da tela do computador ou filmam toda a utilização do mouse e depois enviam para o e-mail previamente cadastrado pelo *cibercriminoso*. Assim, caso a vítima, por exemplo, realize transações bancárias pela Internet, mesmo que faça uso de teclado virtual, pode ser monitorada por *cibercriminosos*.

---

12 As empresas de antivírus também têm uma classificação. No caso da Kaspersky, ela possui também sua classificação, catalogada de acordo com a função que o *malware* executa: *backdoor*, *spy*, *Arc-bomb*, *Clicker*, dentre outros (KASPERSKY, s.d. (b)).

13 Indivíduos que são especialistas no envio de *spam*.

Esses programas costumam ser instalados no computador, mas é possível também a utilização de um dispositivo que fica instalado entre o teclado e a CPU do computador e permite a gravação das atividades do teclado.

Outros tipos de *keyloggers* são possíveis, como o *screenlogger* e o *adware*, este projetado para apresentar propagandas (CERT.BR; NIC.BR; CGI.BR, 2020).

2.10. *Hijacker*

O significado da palavra inglesa *hijack* é sequestrar, ou seja, este tipo de código malicioso é utilizado para sequestrar o navegador de Internet, direcionando o usuário do computador a sites diferentes daqueles que ele digitou ou definindo determinado site como sendo a página inicial do navegador. Também tem sido comum a abertura automática de *pop-ups*, geralmente com conteúdo pornográfico ou relacionado com sites fraudulentos.

Segundo Henrique Duarte,

> Os *hijackers* também mudam seu mecanismo de busca padrão, colocando no lugar um sistema de busca com um nome desconhecido. Além disso, depois de um certo tempo páginas aleatórias começam a abrir sem intenção do usuário, geralmente contendo propagandas e até pornografia (DUARTE, 2014).

Com muita propriedade Eduardo Karasinski (2008) informa que

> os *hijackers* são "sequestradores". E o sentido real não fica muito longe disso. Estes programas entram em seu computador sem você perceber, utilizando controles ActiveX e brechas na segurança. Assim, modificam o registro do Windows, "sequestrando" o seu navegador e modificando a página inicial dele. Depois aparecem novas barras e botões, e páginas abrem sem parar na tela, contra a sua vontade.

2.11. *Rootkit*

O termo *rootkit* é oriundo das palavras *root* e *kit*, sendo que *root* significa usuário de computador que tem controle total da máquina e *kit* se refere aos programas utilizados por usuários do Linux que permitem o controle total sobre um sistema comprometido.

Os *rootkits* são programas que permanecem ocultos no computador e podem ser instalados de forma local ou remota, ou seja, a pessoa que tiver acesso físico a ele pode promover sua instalação ou por intermédio de outro computador, à distância.

Nas duas formas o programa tem que ser executado. No Windows o arquivo malicioso contamina tarefas e processos da memória e pode proporcionar mensagens de erro (geralmente de "arquivo inexistente"), que muitas vezes são sintomas do problema. No Linux o programa malicioso substitui um programa de uma lista de arquivos (ROHR, 2005).

Um dos problemas dos *rootkits* é que boa parte dos antivírus não consegue detectá-los, ou seja, eles passam despercebidos. O usuário de computador, mesmo com um antivírus instalado, não fica sabendo que há um programa malicioso em sua estação de trabalho.

As chaves do *rootkit* permanecem ocultas no registro e seus processos no gerenciador de tarefas, para que não sejam localizados. Se o sistema operacional solicita a leitura ou abertura de um arquivo, o *rootkit* promove uma filtragem dos dados (interceptação via API) e não deixa chegar até ele o código malicioso. Desta forma, dificilmente o *rootkit* é notado no computador.

Muitos *rootkits* são instalados no computador nas hipóteses em que a pessoa recebe um e-mail com um arquivo malicioso anexo ou com um link que ao ser clicado leva a pessoa a um site que ofereça o arquivo para ser copiado no computador e executado.

Para convencer o usuário a executar este tipo de arquivo existem diversos meios fraudulentos, dentre eles temos visto e-mails de criminosos digitais que se passam por determinados órgãos, como SERASA, Polícia Federal, Ministério Público, amigo da vítima, instituições bancárias, lojas de comércio virtual (*phishing*) etc.

Estes arquivos maliciosos, além de muitas vezes serem imperceptíveis, também são capazes de produzir inúmeros problemas, como por exemplo podem ter propriedades de *keylogger* (arquivo que registra todas as teclas digitadas no computador), vírus (arquivo que contamina e se espalha por arquivos de computador e pode produzir danos contra seus programas, hardware e arquivos), *scanner* (programa utilizado para localizar as vulnerabilidades dos computadores da vítima), etc.

Existem programas que requisitam a lista de arquivos do disco rígido do Windows e depois elaboram uma listagem sem a ajuda do Windows. Os resultados obtidos são comparados e os arquivos que o Windows omitiu podem ser maliciosos. Existem alguns *rootkits* que conseguem identificar os programas *antirootkits* e com isso não interceptam as solicitações do Windows, de forma que ambas as listas sejam iguais e tornem os *rootkits* indetectáveis[14].

Como todo tipo de vulnerabilidade envolvendo a segurança da informação, cabe destacar que a primeira ação visando a sua proteção deve ser a prevenção, ou seja, adotar procedimentos no sentido de evitar uma possível contaminação, principalmente mantendo o sistema operacional, o antivírus, o *firewall* e o *antispyware* sempre atualizados, evitando clicar em links recebidos em e-mails e demais sites suspeitos e não deixando que outra pessoa utilize seu computador.

2.12. *Sniffer*

Os *sniffers* possuem a finalidade de monitorar todo o tráfego da rede, de modo que todos os dados transmitidos por ela possam ser interceptados e analisados.

Este tipo de programa pode ser utilizado no ambiente corporativo para detectar atividades suspeitas dos funcionários e também pode ser utilizado por *cibercriminosos*, tendo em vista que permite saber *logins* e senhas de usuários de computadores, sites que eles acessaram, áreas da rede consideradas vulneráveis, conteúdo de e-mails e outras informações sensíveis.

Dentre os programas mais conhecidos que realizam esta função é possível citar o Wireshark[15] e o Cain and Abel[16].

A utilização indevida desses dois softwares, embora não incomum, uma vez utilizada indevidamente e sem ordem judicial, pode caracterizar o crime previsto na Lei nº 9.296/96, art. 10, conforme segue (grifos nossos):

> Art. 10. Constitui crime realizar **interceptação de comunicações** telefônicas, **de informática ou telemática**, ou quebrar segredo da Justiça, sem autorização judicial ou com objetivos não autorizados em lei.
>
> Pena: reclusão, de dois a quatro anos, e multa.

---

14 Dentre os programas mais comuns capazes de identificar e eliminar rootkits temos: AVG Anti-Rootkit (<https://www.avg.com/pt/signal/what-is-rootkit>), McAfee Rootkit Detective (<http://www.mcafee.com/br>), Panda Anti-Rootkit (<https://www.pandasecurity.com/pt/>), dentre outros.

15 Disponível em: <https://www.wireshark.org/>.

16 Disponível em: <https://www.hackingtools.in/free-download-cain-and-abel/>.

2.13. *Backdoor*

O *backdoor*, também chamado de "porta dos fundos", é um tipo de programa que, ao ser instalado no computador, deixa uma porta dos fundos aberta, ou seja, deixa o computador vulnerável para ataques ou invasões. Então, é um programa malicioso que "permite o retorno de um invasor a um computador comprometido, por meio da inclusão de serviços criados ou modificados para este fim" (CERT.BR; NIC.BR; CGI.BR, 2020).

2.14. *Hoax*

É um conjunto de falsas histórias – embustes – divulgadas na Internet geralmente relacionadas com fatos inexistentes e alarmantes, necessidade de ajuda financeira para entidades ou pessoas doentes, pessoas desaparecidas, projetos de lei que serão votados nas esferas legislativas, notícias sobre conspirações, perigos inexistentes (lendas urbanas) ou desastre prestes a ocorrer, mensagens religiosas ou outro fato que cause transtorno ou prejuízo para a vítima.

Um dos pontos mais importantes destes "boatos cibernéticos" reside no fato de que as pessoas que recebem a informação, como forma de procurar ajudar, encaminham para outras pessoas, seja por intermédio de um e-mail ou pela publicação em sites, blogs ou redes sociais.

Tem sido comum o envio de correntes por e-mail em que os destinatários são estimulados a encaminhar o conteúdo da mensagem para sua lista de e-mails. Também têm sido comuns as notícias sobre programas de computador gratuitos que se tornarão pagos, pessoas que estão muito doentes e precisam de doações de dinheiro e casos em que a pessoa que enviar o e-mail para determinado número de pessoas ganhará, sem qualquer custo, um notebook, um celular ou outro produto.

Esses *ciberboatos*, além de lotar a caixa de e-mails e/ou comunicadores instantâneos, causam transtornos e prejuízos para as pessoas crédulas e diminuem a credibilidade das informações oriundas da Internet.

Dentre os procedimentos recomendados para evitar esse tipo de boato, um deles consiste em checar sempre a origem da informação. O ideal é pegar duas ou três palavras-chave do texto e adicionar as palavras 'hoax' ou 'boato' e pesquisar no Google ou outro buscador.

Sugere-se, também, que sejam verificados os conteúdos de tais boatos nos seguintes sites: <www.quatrocantos.com> e <www.e-farsas.com>. Enquanto o primeiro site traz lendas e folclores da Internet em ordem alfabética, o segundo destaca entrevistas sobre determinados assuntos que estão em pauta no mundo virtual e que chamam a atenção dos internautas pelo aspecto bizarro e da curiosidade. Vários outros sites também estão buscando se especializar para determinar se uma mensagem disseminada na Internet é *fake news* ou não (BARRETO; WENDT, 2020).

2.15. *Phishing scam*

O termo *phishing* é originado da palavra inglesa *fishing*, que significa pescar, ou seja, é a conduta daquele que pesca informações sobre o usuário de computador.

No início a palavra *phishing* era utilizada para definir a fraude que consistia no envio de e-mail não solicitado pela vítima, que era estimulada a acessar sites fraudulentos. Os sites tinham a intenção de permitir o acesso às informações eletrônicas da pessoa que lhe acessava, como por exemplo número da conta bancária, cartão de crédito, senhas, e-mails e outras informações pessoais.

Uma característica destas mensagens é que simulavam ser originadas de uma instituição conhecida, como por exemplo banco, órgão governamental, empresa etc.

Nestes casos o criminoso criava uma falsa história para atrair os usuários de computadores e com isso acessar as informações nas quais tinha interesse, principalmente visando obter lucros ou causar prejuízos para as vítimas.

Atualmente esta palavra é utilizada para definir também a conduta das pessoas que encaminham mensagens com a finalidade de induzir a vítima a preencher formulários com seus dados privados ou a instalar códigos maliciosos, capazes de transmitir para o criminoso cibernético as informações desejadas.

De acordo com o Centro de Estudos, Resposta e Tratamento de Incidentes de Segurança no Brasil (CERT.BR; NIC.BR; CGI.BR, 2020), os principais tipos de ações envolvendo *phishing* utilizados pelos autores destes crimes são:

> Páginas falsas de comércio eletrônico ou *Internet Banking*: você recebe um e-mail, em nome de um site de comércio eletrônico ou de uma instituição financeira, que tenta induzi-lo a clicar em um link. Ao fazer isto, você é direcionado para uma página web falsa, semelhante ao site que você realmente deseja acessar, onde são solicitados os seus dados pessoais e financeiros.

Páginas falsas de redes sociais ou de companhias aéreas: você recebe uma mensagem contendo um link para o site da rede social ou da companhia aérea que você utiliza. Ao clicar, você é direcionado para uma página web falsa onde é solicitado o seu nome de usuário e a sua senha que, ao serem fornecidos, serão enviados aos golpistas que passarão a ter acesso ao site e poderão efetuar ações em seu nome, como enviar mensagens ou emitir passagens aéreas.

Mensagens contendo formulários: você recebe uma mensagem eletrônica contendo um formulário com campos para a digitação de dados pessoais e financeiros. A mensagem solicita que você preencha o formulário e apresenta um botão para confirmar o envio das informações. Ao preencher os campos e confirmar o envio, seus dados são transmitidos para os golpistas.

Mensagens contendo links para códigos maliciosos: você recebe um e-mail que tenta induzi-lo a clicar em um link, para baixar e abrir/executar um arquivo. Ao clicar, é apresentada uma mensagem de erro ou uma janela pedindo que você salve o arquivo. Após salvo, quando você o abrir/executar, será instalado um código malicioso em seu computador.

Solicitação de recadastramento: você recebe uma mensagem, supostamente enviada pelo grupo de suporte da instituição de ensino que frequenta ou da empresa em que trabalha, informando que o serviço de e-mail está passando por manutenção e que é necessário o recadastramento. Para isto, é preciso que você forneça seus dados pessoais, como nome de usuário e senha.

Detalharemos alguns desse pontos de maneira mais acentuada. Acompanhe.

2.15.1. Mensagens que contêm links e merecem atenção do usuário

A pessoa recebe uma mensagem por e-mail, redes sociais (Facebook ou Instagram) ou por serviços de mensagens instantâneas, normalmente com alguma promessa de lucro fácil, informação que desperte a curiosidade ou ameaça de produzir algum mal à vítima, de forma que ela clique em um link para fazer *download* (sinônimo de copiar, baixar) de um arquivo malicioso (*malware*) e em seguida abrir/executar o arquivo malicioso.

São exemplos destas mensagens:

- **Oferta de grandes lucros**: mensagens de um milionário da África ou da China que esteja interessado em parceria para lavar dinheiro, golpe da pirâmide etc.

É conhecido como 419 Scam, fraude nigeriana muito conhecida. O número 419 deriva do Código Penal nigeriano, que prevê a figura do estelionato.

- **Fotos de conhecidos ou celebridades**: notícias de celebridades, informação de que a pessoa está sendo traída etc.
- **Notícias e boatos**: tragédias divulgadas na mídia, boatos sobre personalidades, fotos de uma pessoa famosa que foi assassinada, filmagens de ator surpreendido consumindo drogas etc.
- ***Reality shows***: fotos e vídeos sobre BBB[17] etc.
- **Orçamentos e cotações de preços**: geralmente com links supostamente para acessar os dados do produto.
- **Sites de comércio eletrônico**: cobrança de débito, devolução de compra e outros fatos envolvendo grandes empresas do gênero.
- **Empresas de telefonia ou provedoras de acesso à Internet**: aviso de bloqueio de serviços, promoções, consultas detalhadas etc.
- **Falsos cartões virtuais**: cartão do voxcards, cantadas virtuais, declarações de amor etc.
- **Avisos de órgãos do governo**: CPF cancelado ou pendente de regularização, correção do programa para enviar o Imposto de Renda (relacionados à Receita Federal), titulo eleitoral cancelado (relacionado ao Tribunal Superior Eleitoral ou aos Tribunais Regionais Eleitorais) etc.
- **SERASA ou SPC**: inclusão de nome em cadastro de devedores, restrições financeiras, possibilidade de acessar o extrato com as informações etc.
- **Ameaças de órgãos do governo**: mensagem da Polícia Federal sobre pornografia infantil em seu computador; intimação da Polícia Civil ou da Polícia Federal; informação sobre multas dos Detrans; cobrança de impostos; ação de despejo etc.
- **Transações bancárias**: necessidade de instalar novo módulo de segurança, fusão de bancos, novas ferramentas de segurança de *home banking* etc.
- **Antivírus**: cópia gratuita do antivírus, nova versão, atualização, falsos antivírus ou aplicativos de verificação de segurança etc.

Geralmente, a vítima recebe algum destes e-mails, clica em determinado endereço da Internet (link) encontrado no corpo do e-mail e/ou mensagem em aplicativo de rede social ou de mensageria instantânea e, em seguida, é direcionada para um site semelhante ao que desejava visitar. No site a vítima preenche um formulário ou realiza o *login* e seus dados são transmitidos para o computador do *cibercriminoso*, geralmente e-mail, CPF, RG, telefones, endereço etc. Em certos casos, ao acessar

[17] Big Brother Brasil: Reality show da TV Globo, do Brasil.

o site a pessoa é estimulada a copiar determinado arquivo malicioso (*malware*) em seu computador e depois a abrir/executar este programa. O programa pode ter a funcionalidade de gravar todos os dados digitados (*spyware*), incluindo número da conta bancária, cartão de crédito, senha e outros dados importantes.

Uma medida para evitar que a pessoa seja vítima de *phishing scam* é sempre ler atentamente a mensagem, pois se for *phishing* geralmente possui diversos erros de gramática.

Recomenda-se passar o cursor do mouse sobre o link e ver na barra de status do programa de e-mail qual é o endereço que aparece, pois algumas vezes o link que o usuário lê na mensagem tem um endereço e o link que ele acessa ao clicar nele é outro[18].

Deve-se tomar muito cuidado com a extensão do arquivo anexo ao e-mail. Qualquer extensão pode conter arquivos maliciosos, porém se for .exe, .scr, .com, .dll, .zip e .rar o risco é maior.

O mesmo ocorre quando a mensagem recebida exige que o usuário faça *download* ou execute determinado arquivo ou programa. Independentemente do remetente da mensagem que o usuário tenha recebido, deve-se tomar muito cuidado com seu conteúdo, pois aqueles que praticam crimes cibernéticos conseguem facilmente obter um e-mail com os mais variados nomes, inclusive de pessoas conhecidas. Além disso, o criminoso pode infectar o computador da pessoa e fazer com que ela encaminhe e-mails com anexos ou links maliciosos para a sua lista de e-mails e você que é usuário pode ser uma vítima.

Um recurso bastante utilizado pelos criminosos virtuais para disfarçar sua ação são os chamados "encurtadores de URL". Os links encurtados surgiram com o advento do Twitter, espécie de microblog e rede social que permite a interação através de 140 caracteres (WENDT, 2010).

Os chamados sites que encurtam URLs não são novos (o primeiro conhecido foi o CJB.NET), mas passaram a ser utilizados com mais frequência com o crescimento e a disseminação do Twitter. Por isso, a função principal deles é reduzir uma grande

[18] Veja na sequência informações sobre uso, pelos criminosos virtuais, dos chamados "encurtadores de URL", uma forma atual e muito comum para mascarar um link contido em sites ou, principalmente, em e-mails de *spammers* e *scammers*.

URL em poucas letras, facilitando a vida dos *twitteiros*, que tinham na época apenas 140 caracteres para se manifestar em cada tuíte.

O perigo dos encurtadores de URLs é bem claro, pois há o mascaramento da URL original, o que favorece os links fraudulentos que contêm o caminho para a instalação de algum código malicioso (vírus ou cavalos de Troia, geralmente).

Felizmente, foram criadas soluções diferenciadas para os internautas buscarem saber quais são os *links* originais. Existem sites que fazem tal trabalho e também alguns aplicativos agregados aos navegadores. Vejamos:

Sites reveladores de links encurtados:
Existem vários sites que auxiliam o internauta a revelar o link original e saber o que está por trás de uma URL encurtada, permitindo desta forma decidir se clica ou não. Os principais programas são os seguintes:

- **Bit.ly (<https://bitly.com/>)**: o próprio encurtador de URL oferece uma opção de revelação do link original. Basta acrescentar à URL encurtada o sinal de "+". Então, por exemplo, seria utilizada a URL http://bit.ly/aTZTYv e acrescentado o "+" no navegador. Quando o "enter" for clicado, aparecerá o endereço verdadeiro.
- **Desencurtador de URLs** (<http://www.quebradordelinks.com/desencurtador/index.html>): é bastante simples a sua utilização, pois basta copiar a URL que deseja revelar, colar no campo e clicar em "Expandir".
- Outros sites desencurtadores de URL indicados:
  - Desprotetor: <https://www.desprotetor.com/>
  - CheckShortUrl: <http://checkshorturl.com/>
  - TrueURL: <http://www.trueurl.net/>
  - UnShorten: <https://unshorten.it/>

Atualmente, o próprio Twitter favorece a identificação dos links pelo simples passar do mouse sobre o link encurtado.

2.15.2. Páginas de comércio eletrônico ou *Internet Banking* falsificadas

Neste tipo de golpe a vítima recebe por e-mail ou aplicativos de redes sociais (via mensagem direta/privada) ou de comunicações instantâneas mensagens em nome de instituição bancária, loja de comércio eletrônico, seguradora, empresa de cartões de crédito etc. Com a utilização de programas de envio em massa de e-mails (*spam*) o criminoso encaminha milhares dessas mensagens em poucas horas. Alguns comunicadores instantâneos, como o WhatsApp, limitou a possibilidade de envio de mensagens em massa em razão de vários problemas com códigos maliciosos e *fake news*. Geralmente essas mensagens informam à vítima sobre a necessidade de atualizar o módulo de segurança do banco (ex.: *itoken* de determinado banco), alterar o cadastro, receber prêmio de um sorteio, promoção etc. Na mensagem há sempre um link que direciona a vítima ao site falsificado, que exige seus dados pessoais ou bancários, incluindo a senha, ou faz com que a pessoa copie e execute em seu computador um programa malicioso, como, por exemplo, um *keylogger*.

Em poder destas informações os criminosos podem efetuar transações bancárias, vender as informações para outros criminosos virtuais, transferir dinheiro para contas de laranjas, pagar boletos bancários, adquirir produtos pela Internet etc.

É importante ressaltar que os criminosos mascaram o verdadeiro site que a pessoa acessa ao clicar no link apresentado na mensagem. Se a pessoa clica em um link para acessar o site de um banco, na verdade trata-se de um site falso, criado com a finalidade de obter informações da vítima. No momento em que o usuário do computador passa com o cursor do mouse sobre o link apresentado na mensagem que recebeu, aparece na barra de status o verdadeiro endereço do site ao qual o usuário será direcionado. Vale notar que esse link obscuro geralmente não pode ser visualizado na mensagem.

Independentemente do destinatário do e-mail, o seu conteúdo pode ser relacionado com *phishing*, pois é possível criar um falso e-mail, semelhante ao pertencente a algum remetente conhecido. Por exemplo, a pessoa recebe um e-mail de um familiar, mas que na verdade foi encaminhado automaticamente para todos os integrantes da sua lista de contatos sem que o próprio remetente tenha conhecimento.

Se o internauta tiver dúvidas sobre algum site deve evitar clicar em links; o correto é digitar o endereço do site que deseja acessar e, no interior do site, solicitar informações para descobrir se o link é verdadeiro ou não passa de um site (falso) criado para coletar dados sobre a vítima.

Geralmente o site verdadeiro é do tipo "com.br", mas o site que a vítima acessa ao clicar no link é apenas ".com" ou tem sufixo de provedores de hospedagem gratuita.

É recomendável fazer o teste do "falso positivo", que consiste em digitar a senha errada no site supostamente verdadeiro. Se constar que ela é falsa, o site é verdadeiro.

Se a senha constar como certa, como aceita pelo sistema, então é sinal de que o site é falso. Em poder dos dados obtidos da vítima, o criminoso paga boletos bancários, cria conta corrente em agência, adquire produtos ou moedas virtuais como o PayPal, PagSeguro etc.

Veja mais detalhes sobre esse assunto no item 3.2, "Fraudes eletrônicas e *Cibergolpes*".

2.15.3. Mensagens contendo formulários para o fornecimento de informações importantes

O usuário recebe e-mail ou mensagem de texto com a solicitação de recadastramento de informações ou que confirme seus dados.

A mensagem direciona a um formulário composto por campos para a digitação dos seus dados pessoais.

Na prática a vítima é estimulada a inserir informações sobre sua conta bancária, agência, senha, além de dados pessoais. Ao clicar para enviar as informações, o *cibercriminoso* as recebe e, em poder delas, causa prejuízos à vítima. Apenas quando a vítima visualiza seu extrato bancário é que ela percebe o sumiço do seu dinheiro.

Ao receber um e-mail/mensagem contendo este tipo de formulário, é interessante levar em consideração que uma instituição séria não realizaria esse tipo de solicitação por e-mail, e sim usaria o seu próprio site confiável.

2.16. *Ransomware*

O *ransomware* é um código malicioso de grande utilização pelos *cibercriminosos* que "torna inacessíveis os dados armazenados em um equipamento, geralmente usando criptografia, e que exige pagamento de resgate (*ransom*) para restabelecer o acesso ao usuário" (CERT.BR, s.d.). Em regra, o resgate é exigido em moedas virtuais.

Dois tipos de *ransomware* se destacam atualmente e, de acordo com o CERT.br (s.d.), são do tipo:

> *Ransomware Locker*: impede que você acesse o equipamento infectado.
>
> *Ransomware Crypto*: impede que você acesse os dados armazenados no equipamento infectado, geralmente usando criptografia.

O *ransomware* tem sido um desafio para as polícias brasileiras e internacionais, bem como para as agências de *cybersecurity*, pois a lógica da criptografia aliada ao pagamento com moeda virtual dificulta sobremaneira a identificação dos autores.

A prevenção e o *compliance* nas empresas ainda são o melhor caminho, pois o *backup* regular dos dados faz com que os prejuízos sejam minimizados. Dois serviços *on-line* auxiliam na decriptação dos ransomwares:

1. **No More Ransom:** o serviço é gratuito e tem um repertório de códigos *ransom* já decifrados desde 2016: <https://www.nomoreransom.org/pt/index.html>.
2. **RansomWhere:** outro serviço gratuito com um grande portfólio de *ransomware* já decifrado: <https://ransomwhe.re/index.html>.

Em ambos, o usuário que teve seus arquivos infectatos pode carregá-los para se certificar se já existe "remédio" digital para essa praga virtual.

3. Investigação de crimes cibernéticos: características e peculiaridades

Para entender a investigação de crimes cibernéticos há necessidade de recordar a classificação trazida nesta obra, porém não há limitação da utilização da metodologia em relação aos delitos cometidos com o uso da rede mundial de computadores, sejam eles exclusivamente cibernéticos ou abertos.

O importante é que o leitor compreenda que não há nada de mais complexo nesse processo investigativo, somente uma fase inicial, técnica, e uma fase consequencial, de investigação policial propriamente dita. Expliquemos.

Para a melhor compreensão do leitor, vamos estabelecer a nominação das duas fases de investigação da seguinte forma: fase técnica e fase de campo.

Durante o período da **fase técnica** da investigação dos crimes praticados por intermédio de dispositivos informáticos são executadas e analisadas as seguintes tarefas e/ou informações, cujo objetivo único é localizar o computador que foi utilizado para a ação criminosa:

- análise das informações narradas e os dados coletados e repassados pela vítima, buscando a compreensão do fato ocorrido na Internet;
- orientações à vítima com o intuito de preservar o material comprobatório do delito e a sua proteção virtual;
- coleta inicial das evidências em ambiente virtual – além dos dados trazidos pela vítima, o ideal é o policial fazer a conferência e ampliar o espectro das informações;
- formalização do fato criminoso por intermédio de um registro ou boletim de ocorrência[19], com a consequente instauração do procedimento policial;

---

[19] Cada estado tem uma nominação diferente, por isso a referência a "registro" ou "boletim". Na verdade, os dois termos são adequados para informar a comunicação de um fato delituoso à autoridade policial.

- investigação inicial referente aos dados disponíveis na rede mundial de computadores sobre prováveis autores, origem de e-mails, registro e hospedagem de domínios, números de telefone, perfis em redes sociais etc.;
- formalização de relatório, auto de materialização de evidência digital ou certidão das provas coletadas e apuração preliminar[20];
- requisição de dados cadastrais junto aos provedores de conexão e de aplicações, visando à análise prévia em correlação com os dados já existentes;
- representação perante o Poder Judiciário para expedição de autorização judicial para afastamento do sigilo de dados, conexão ou acesso. Também poderão ser requisitados os dados cadastrais complementares para os provedores de aplicações e de conexão.
- análise das informações prestadas pelos provedores de conexão e/ou provedores de aplicações.

Nesta **fase técnica**, ao analisar as informações recebidas dos provedores, pode ser necessário encaminhar ao Poder Judiciário outras representações perante o mesmo provedor ou requisitar aos provedores de conexão ou conteúdo dados cadastrais com a finalidade de complementar o conjunto probatório coletado.

Necessário trazer à baila a observação técnica de que, quando ocorre a conexão de um computador ou dispositivo similar à Internet (como celular, tablet etc.), o endereço de IP (*Internet Protocol*) é atribuído exclusivamente para aquele internauta (JORDÃO, 2009). Da mesma forma que dois corpos não ocupam o mesmo lugar no espaço, não existem dois usuários com o mesmo IP durante a navegação na internet (mesmo dia e hora e fuso horário), independentemente de o endereço IP ser estático ou dinâmico[21].

A partir da identificação e localização do computador que permitiu a conexão e o acesso criminoso à Internet surge a denominada fase de campo, quando há necessidade de deslocamento de agentes policiais para realização de diligências com o intuito de promover o reconhecimento operacional no local.

---

20 Enquanto a "certidão" apenas atesta a existência de algo na rede mundial de computadores, o "relatório" tem a função, além de atestar o fato, também de enumerar e detalhar a compreensão do fato e do que foi apurado nas "buscas virtuais".

21 Se o usuário estiver usando um IP dinâmico, toda vez que reiniciar seu modem haverá a atribuição de um novo endereço IP. Atualmente, é muito difícil encontrar endereços estáticos na internet. Porém, nas redes locais e/ou corporativas é comum os administradores de redes optarem pela configuração de endereço IP fixo nos desktops e/ou notebooks vinculados, pois tal medida facilita o controle.

Essa diligência deverá ocorrer sempre de maneira discreta, pois poderá haver a necessidade de solicitar uma medida processual penal cautelar[22], em regra a representação para que o Poder Judiciário conceda o mandado de busca e apreensão. Ela ocorrerá de imediato nos casos de identificar o endereço que corresponda a uma residência e/ou rede não corporativa.

Outra circunstância que poderá derivar da análise dos documentos é a solicitação ao Poder Judiciário para que determine ao administrador de rede de determinado local que preste informações específicas e técnicas que visem indicar diretamente a máquina de onde partiu o acesso. Em regra, tal circunstância ocorre quando nos deparamos com redes corporativas. Essa determinação judicial poderá ser encaminhada ao administrador de redes para cumprimento ou entregue pessoalmente por autoridade policial ou oficial de justiça. Esta última medida é fundamental em casos em que se suspeita quanto ao processo de administração da rede ou do próprio administrador e/ou sua equipe. A sugestão é de que a medida seja acompanhada por um perito oficial ou, na falta deste, por um profissional da área designado pela autoridade policial.

3.1. Procedimentos especializados para a investigação

Com a finalidade de tornar mais didático o processo de aprendizado e compreensão sobre os procedimentos investigativos nos casos de crimes praticados pela Internet, optamos por dividir os temas, iniciando pela investigação de ou em sites, pois todos os dados referidos servirão para a compreensão dos demais processos investigativos.

3.1.1. Investigação de/em sites

Para compreender a investigação de ou em sites na Internet é fundamental que o leitor tenha uma dimensão sobre como é a sistemática dos nomes de domínios e como eles ficam disponíveis aos usuários.

Para o usuário comum não são visíveis detalhes sobre a programação de acesso a um site. O usuário de computador digita o endereço no seu navegador e as informações do site aparecem na tela. No entanto, quando há a digitação de um endereço de um domínio na barra de endereços do *browser*, ocorre automaticamente a tradução para um endereço numérico, função que é realizada pelo servidor DNS (*Domain Name System*), correspondente a um sistema de nome e domínio.

22 Tais medidas também poderão ser deferidas em sede de juízo cível, pois várias vítimas procuram advogados especializados na área visando a produção antecipada de provas ou processamento cível dos autores por danos materiais ou morais.

Por exemplo, ao digitar o endereço do site da Polícia Civil do Estado de São Paulo – www.policiacivil.sp.gov.br – ocorre a tradução simultânea para o endereço IP 201.55.8.28.

3.1.1.1. Registro e composição de um domínio na Internet

Para o usuário criar um site, o primeiro passo é registrar um domínio na Internet. O domínio é o endereço (ou URL) do site. No Brasil, tal função é responsabilidade do Comitê Gestor da Internet[23] (CGI.br) através do Registro.br[24]. Tanto pessoas físicas quanto jurídicas poderão registrar um domínio.

Pelas regras atuais existentes no Brasil, um nome de domínio, para o devido registro, deve estar disponível[25]. O nome escolhido deve respeitar as seguintes regras sintáticas (REGISTRO.BR, s.d.):

- tamanho mínimo de 2 e máximo de 26 caracteres, não incluindo a categoria. Por exemplo: no domínio xxxx.com.br, esta limitação se refere ao xxxx;
- caracteres válidos são letras de "a" a "z", números de "0" a "9", o hífen, e os seguintes caracteres acentuados: à, á, â, ã, é, ê, í, ó, ô, õ, ú, ü, ç;
- não conter somente números;
- não iniciar ou terminar por hífen.

Também, para que o registro de um domínio seja efetivado, são necessários ao menos dois servidores DNS respondendo com autoridade pelo nome solicitado (REGISTRO.BR, s.d.).

A composição de um nome de domínio inicia pela verificação da sua categoria. No Brasil, o CGI.br publica uma lista de categorias de domínios ou Domínios de Primeiro Nível (DPNs)[26], dividindo-os em:

---

[23] O Comitê Gestor da Internet no Brasil (CGI.br) foi criado pela Portaria Interministerial nº 147, de 31 de maio de 1995, e alterada pelo Decreto Presidencial nº 4.829, de 3 de setembro de 2003, para coordenar e integrar todas as iniciativas de serviços de Internet no país, promovendo a qualidade técnica, a inovação e a disseminação dos serviços ofertados (CGI.BR, s.d.).

[24] Site do Registro.br: <https://registro.br/>.

[25] Para verificar a disponibilidade de um domínio no Brasil basta acessar o site <https://registro.br/> e digitar o nome desejado, acrescido da categoria de domínio também desejada (.com.br, .net.br etc.).

[26] A lista das categorias disponíveis no Brasil está no site do Registro.br, neste link: <https://registro.br/dominio/categorias/>.

- DPNs genéricos, para pessoas físicas ou jurídicas: .com.br, .net.br, .emp. br, app.br, art.br, log.br etc.;
- DPNs para pessoas jurídicas (tão-somente), sendo que algumas são obrigatórias e outras não. Exemplos de DPNs obrigatórias são para o setor bancário, que deverá usar b.br, e setor público, que deverá usar .gov.br;
- DPNs para profissionais liberais (somente para pessoas físicas), como ocorre com os advogados, que poderão usar .adv.br, ou engenheiros, que poderão usar eng.br;
- DPNs para pessoas físicas, no caso de weblogs (blog.br), fotologs (flog.br), nomes de pessoas físicas (nom.br), videologs (vlog.br) e páginas do tipo "wiki" (wiki.br);
- universidades deverão usar sempre edu.br;
- a categoria cidades foi criada recentemente, portanto, os municípios poderão usar seu próprio DPN, como, por exemplo, Porto Alegre (poa.br), Florianópolis (floripa.br) etc.

Assim, escolhida a categoria, o interessado escolhe o nome de domínio e o registra.

Por exemplo: pode-se escolher o nome de domínio "crimesciberneticos" e a categoria ".com.br", onde:

- ".com" corresponde ao ramo de atividade, tal qual ocorre com ".net", ".edu", ".mil" etc.
- ".br" corresponde ao país, no caso o Brasil. Cada país possui a sua terminação. A lista de terminações de países consta no site da IANA (*Internet Assigned Numbers Authority*)[27], internacionalmente responsável pelo roteamento de nomes de domínio, em sua base de dados (IANA, s.d.).
- Resumidamente, um domínio tem sempre pelo menos duas partes, e é lido da direita para a esquerda:
  - o domínio de nível principal (por exemplo, org, com);
  - o nome de nível secundário (por exemplo, XYZ11).

Nomes adicionais podem se referir a computadores específicos dentro de uma rede, como ocorre com o endereço: www.pc.rs.gov.br/acadepol. Os termos "pc" e "acadepol" correspondem a endereços específicos dentro da "rede RS", e não ao nome de domínio secundário, que é "rs".

---

[27] O site da IANA é acessível através do endereço <http://www.iana.org/>.

É possível traduzir as assertivas anteriormente apresentadas de forma gráfica: inicialmente consta o domínio primário, em seguida o prefixo do país e, ao final, o nome do site. Quando o endereço do site é digitado no navegador de Internet, a página é enviada ao computador pelo servidor de hospedagem.

www.terra.com.br

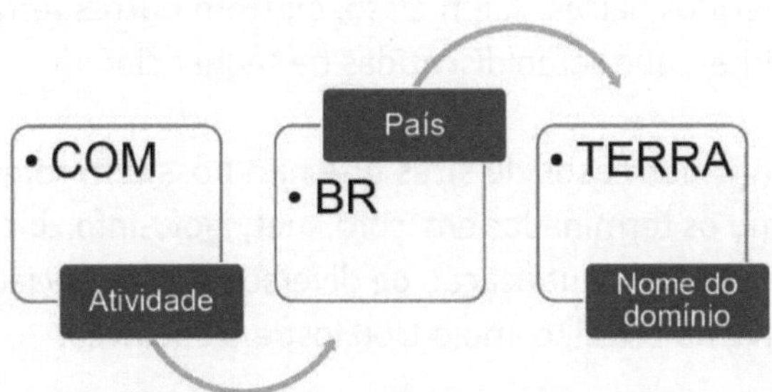

Figura 4. Decomposição de um domínio

3.1.1.2. Registro de um domínio fora do Brasil

Como referido anteriormente, cada país tem a sua terminação e também o seu órgão específico de registro de domínios. Para encontrar esta lista basta acessar o site da IANA em sua base de dados: <www.iana.org/domains/root/db>.

Assim, por exemplo, em uma investigação relacionada com um site com a terminação do país ".ws", e que o órgão investigativo não saiba qual é o país, basta acessar o endereço mencionado e realizar a pesquisa. Conforme imagem sequencial, surge a resposta:

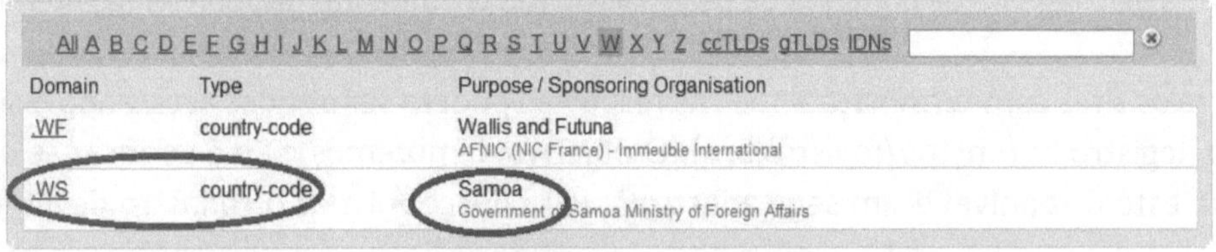

Figura 5. Pesquisa por países – IANA

O país correspondente à terminação ".ws" é Samoa. Para acesso ao site responsável pelo registro e controle de domínios desse país basta clicar sobre ".WS" e ocorre o direcionamento aos dados de cadastro do responsável do país.

Assim, na investigação de sites com terminações de outros países, ao efetuar a pesquisa surgem informações sobre os endereços e sites dos responsáveis pelos registros e domínios nos referidos países. Além disso, existem outras ferramentas gratuitas disponíveis na Internet, que serão discutidas na sequência.

A dúvida pode surgir nos casos de sites que não possuem referência dos países, apenas o DPN, como os terminados em .com, .net, .gov, .info, .biz etc. Tais domínios podem ser registrados com a utilização de diversos sites especializados disponíveis na Internet, inclusive no Brasil, como o UolHost e o Locaweb.

3.1.1.3. Descobrindo a responsabilidade de um nome de domínio

Registrar um domínio na Internet é bastante fácil e nada burocrático. Em sítios internacionais basta, em regra, o cadastro de e-mail (*login* e senha) e o pagamento do valor exigido, que pode variar.

No Brasil, há uma exigência maior, qual seja a de acrescentar um CPF ou CNPJ (Cadastro de Pessoa Física ou Cadastro Nacional de Pessoa Jurídica). Atualmente, o valor anual de um domínio com terminação ".br" é R$ 40,00, mas anteriormente esse valor era maior (REGISTRO.BR, s.d.).

Em ambos os casos, sites brasileiros ou fora do Brasil, não há necessidade de envio de documentos, circunstância que aumenta a possibilidade de inserção de informações falsas com a finalidade de praticar os mais variados crimes.

Desta forma, para que sejam obtidos os dados cadastrais que o investigado utilizou quando realizou o cadastro de um nome de domínio deve-se pesquisar nos sites responsáveis pelo registro de domínios de cada país ou nas ferramentas disponíveis na Internet.

Para os sites com terminação ".br", as respostas podem ser obtidas acessando o site do Registro.br (<http://registro.br>). O objetivo, lembremos, não é verificar se um site está disponível e sim seu cadastro[28]. Para descobrirmos o cadastro devemos

28 Para investigadores iniciantes e não acostumados, a primeira pesquisa acaba sendo feita na página inicial do site Registro.br, na parte de verificação da disponibilidade de domínios.

acessar a seção "Tecnologia" existente na aba principal do site e, depois, acessar o ícone "Ferramentas".

Na aba "Ferramentas" abre-se a possibilidade de acesso às aplicações de administração dos domínios. O que nos interessa são as informações a respeito dos dados cadastrais, por isso devemos clicar em "Serviço de diretório whois".

Ao acessar o link relativo ao diretório whois ("quem é"), estaremos aptos a, ao digitar um nome de domínio com terminação ".br", descobrir seus dados cadastrais e a responsabilidade pelo serviço de resolução de nome.

O ideal é optar por exibir o resultado completo, pois é isso que desejamos realmente durante a investigação, seja para obter detalhes do investigado, seja para as mesmas informações dos provedores, de conexão ou conteúdo e os servidores DNS vinculados ao domínio.

Além da pesquisa pelo nome de domínio, quando devemos digitar o nome completo do domínio após o "www" (por exemplo, "minhaempresa.com.br"), existem outras opções de pesquisa:

1. **pelo ID:** deve-se digitar o ID do usuário. Os IDs são compostos por três ou cinco letras, seguidas ou não de alguns números;
2. **por entidades:** deve-se digitar o número do CPF ou CNPJ da entidade. O CPF deve ser digitado no formato 999.999.999-99 e o CNPJ no formato 999.999.999/9999-99. Por essa pesquisa, temos condições de saber todos os domínios registrados e vinculados a determinado CPF ou CNPJ;
3. **por *tickets*:** deve-se digitar o número do *ticket* e o nome do domínio separados por espaço. Ex.: 99999 minhaempresa.com.br;
4. **por ASN:** deve-se digitar o número do *Autonomous System*. Ex.: 1251 ou AS1251; e
5. **por IP ou bloco CIDR:** deve-se digitar um número IP (200.200.200.200) ou um bloco CIDR (200.200/16).

As pesquisas por nomes de domínio completos, por IP e pelo cadastro de pessoas físicas ou jurídicas são as mais comuns.

3.1.1.4. Como ler as informações que retornam da pesquisa efetivada na ferramenta whois

As informações mais importantes que retornam da pesquisa são os dados do "proprietário" do domínio, o contato administrativo e o contato técnico, além dos "servidores DNS".

A pesquisa a seguir apresentada, inserida em tabela explicativa, foi realizada seguindo os passos sugeridos no item anterior. Ao lado de cada item consta a explicação do que significa e a finalidade da informação.

domínio: **uol.com.br** titular: Universo Online S.A. documento: 01.109.184/0004-38 responsável: Contato da Entidade UOL endereço: Av. Brigadeiro Faria Lima, 1384, 10 andar endereço: 01452-002 - São Paulo - SP país: BR telefone: (11) 40032002 c-titular: CAU12 c-técnico: CTU6 servidor DNS: eliot.uol.com.br 200.221.11.98 status DNS: 27/08/2021 AA último AA: 27/08/2021 servidor DNS: borges.uol.com.br 200.147.255.105 status DNS: 27/08/2021 AA último AA: 27/08/2021 servidor DNS: charles.uol.com.br 200.147.38.8 status DNS: 27/08/2021 AA último AA: 27/08/2021 criado: 24/04/1996 #7137 alterado: 06/01/2017 expiração: 24/04/2023 status: Publicado	A primeira linha corresponde ao nome de domínio pesquisado, sendo as próximas linhas a entidade responsável e seu respectivo CNPJ. Caso desejássemos saber todos os domínios registrados pela empresa Universo Online S.A., bastaria clicarmos sobre o número do CNPJ. Após, constam os dados de endereço e telefone. Como o "UOL" é um provedor de conexão e conteúdo, ordens judiciais são enviadas a ele através do endereço informado. A sugestão é que sempre se confirme, via telefone, o endereço correto da empresa, visando agilizar o retorno da informação. Informações sequenciais importantes são os "servidores DNS", ou seja, que têm a tarefa de converter o nome de domínio em um IP e disponibilizar a página aos usuários de Internet. É através dessa informação que muitas vezes conseguimos retirar um site criminoso da visibilidade pública, notificando-se o responsável pelo servidor DNS. No exemplo ao lado, a responsabilidade pelo serviço DNS é do próprio site UOL, pois os servidores informados são da mesma empresa. Ao lado da data de criação há o número do "ticket" gerado pelo Registro.br, podendo-se acompanhar a evolução do registro do nome de domínio.

Contato (ID): CAU12 nome: Contato Administrativo - UOL e-mail: l-registrobr-uol@corp.uol.com.br país: BR criado: 02/12/2003 alterado: 02/06/2020	A informação ao lado corresponde ao contato administrativo do site.
Contato (ID): CTU6 nome: Contato Técnico - UOL e-mail: l-bgp@uoldiveo.com país: BR criado: 02/12/2003 alterado: 06/01/2017	A informação ao lado refere-se ao contato técnico.

3.1.1.5. Verificação da responsabilidade de hospedagem de um site

O registro de um nome de domínio e as informações quanto aos servidores DNS não significam que o site está ativo e visível a todos. Ele precisa estar hospedado em algum servidor, mesmo que seja o próprio do proprietário do domínio.

Essa verificação não é complexa e pode ser feita através da tela de comando dos computadores com Windows (Iniciar → Executar → digitar "cmd" e apertar a tecla "Enter" ou, simplesmente, clicar a tecla "Iniciar" + "R"). Quando abrir uma tela preta, basta digitar o comando PING e, após um espaço, digitar o nome de domínio e pressionar "Enter", conforme imagem sequencial.

```
C:\Users\hj>PING UOL.COM.BR

Disparando uol.com.br [2804:49c:3101:401:ffff:ffff:ffff:45] com 32 bytes de dados:
Resposta de 2804:49c:3101:401:ffff:ffff:ffff:45: tempo=15ms
Resposta de 2804:49c:3101:401:ffff:ffff:ffff:45: tempo=26ms
Resposta de 2804:49c:3101:401:ffff:ffff:ffff:45: tempo=69ms
Resposta de 2804:49c:3101:401:ffff:ffff:ffff:45: tempo=15ms

Estatísticas do Ping para 2804:49c:3101:401:ffff:ffff:ffff:45:
    Pacotes: Enviados = 4, Recebidos = 4, Perdidos = 0 (0% de
             perda),
Aproximar um número redondo de vezes em milissegundos:
    Mínimo = 15ms, Máximo = 69ms, Média = 31ms
```

Figura 6. *Prompt* de comando para obter informações sobre a hospedagem

A leitura da pesquisa que corresponde à imagem anterior é a seguinte: o nome de domínio "terra.com.br" está hospedado no IP 2804:49c:3101:401:ffff:ffff:ffff:45. Para descobrirmos a quem pertence este IP, a pesquisa deve ser efetivada no "whois" do site Registro.br, conforme demonstrado anteriormente. Vamos verificar que o site do UOL se encontra hospedado em seus próprios servidores.

Temos, então, as três informações básicas e fundamentais, quais sejam: identificação do "proprietário" do site; identificação dos servidores DNS; e identificação da responsabilidade pela hospedagem. No caso demonstrado, o retorno das pesquisas remete à mesma empresa, no caso o provedor Terra. Nem sempre assim ocorre, podendo existir três informações diferentes e que podem resultar em uma análise mais complexa.

3.1.1.6. Identificação de IPs que correspondem ao Brasil

A distribuição dos IPs é feita internacionalmente pela IANA[29], que é a autoridade responsável pela coordenação global de DNS raiz, endereçamento IP, protocolo e outros recursos da Internet.

Atualmente existem dois tipos de *Internet Protocol* (IP) em uso ativo no mundo: IP versão 4 (IPv4) e IP versão 6 (IPv6). O IPv4 foi inicialmente implantado em 01/01/1983 e a versão ainda está sendo usada[30]. A implantação do protocolo IPv6 começou em 1999[31].

Ambos os endereços IPv4 e IPv6 são, geralmente, atribuídos de forma hierárquica. Aos usuários são atribuídos endereços IP por provedores de serviço de Internet (*Internet Service Providers* – ISPs). Os ISPs podem obter alocações de endereços IP a partir de um registro de Internet local (*Local Internet Registry* – LIR), ou pelos órgãos nacionais de registros de Internet (*National Internet Registry* – NIR), ou de autoridades regionais de Internet (*Regional Internet Registry* – RIR) (IANA, s.d.), distribuídas conforme se vê a seguir.

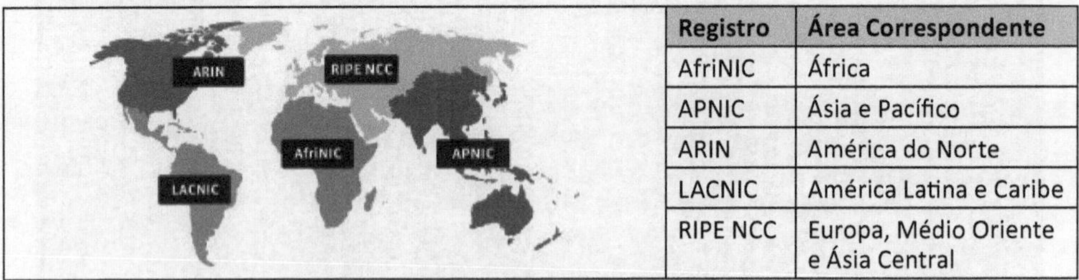

Registro	Área Correspondente
AfriNIC	África
APNIC	Ásia e Pacífico
ARIN	América do Norte
LACNIC	América Latina e Caribe
RIPE NCC	Europa, Médio Oriente e Ásia Central

Figura 7. Registro de domínios

[29] A IANA também é responsável pelos domínios .int (projetados para uso exclusivo das organizações transnacionais, que naturalmente não se encaixam em um país específico; domínio de nível superior) e .arpa (usado internamente através de protocolos de Internet, como para o mapeamento reverso de endereços IP).

[30] Os endereços IPv4 são números de 32 *bits*, frequentemente expressados como quatro octetos em "decimal pontilhado" (por exemplo, 192.0.2.53).

[31] Os endereços IPv6 são os números de 128 *bits* e são, convencionalmente, expressados usando "cordas hexadecimais" (por exemplo, 2001:0db8:582:ae33::29).

Assim, a LACNIC é a autoridade regional para distribuição dos blocos de endereços IPs na América Latina e Caribe, tanto para usuários finais quanto para provedores. Conforme orientação da LACNIC, "organizações cujas sedes estejam localizadas no México ou no Brasil devem solicitar os recursos aos NIR correspondentes", ou seja, no caso do Brasil, ao Registro.br (LACNIC, s.d.).

Em regra, os endereços de IP da versão 4 no Brasil começam por 177, 187, 189, 200 e 201.

De outra parte, para que não ocorram erros na verificação dos IPs, é importante observar que existem também os IPs privados (também denominados **inválidos**) que podem causar dúvidas, principalmente quando aparecem em cabeçalhos de e-mails (ou outras plataformas utilizadas para a prática de crimes cibernéticos) ou em respostas às solicitações judiciais advindas de administradores de redes ou de TI.

Os IPs considerados válidos são aqueles que podem ser acessados diretamente pela Internet e são divididos em três classes. São eles:

- A: 1.0.0.0 a 126.0.0.0
- B: 128.1.0.0 a 191.255.0.0
- C: 192.0.1.0 a 223.255.255.0

Os IPs considerados inválidos, na verdade, são aproveitáveis apenas para redes locais (privadas), como, por exemplo, escritórios, residências, etc. São eles:

- A: 10.0.0.0 a 10.255.255.255
- B: 172.16.0.0 a 172.31.255.255
- C: 192.168.0.0 a 192.168.255.255

Esses endereços são considerados inexistentes para a Internet e se forem realizadas pesquisas nos serviços whois não apontarão dados dos seus titulares, diferentemente dos IPs considerados válidos[32].

[32] A abordagem sobre IPs válidos e inválidos contou com a colaboração do Escrivão de Polícia Hericson dos Santos, baseado na obra "Redes de Computadores: curso completo", escrita por Gabriel Torres (2001).

3.1.1.7. Identificação de responsabilidade de domínios registrados fora do Brasil

O processo de identificação do "proprietário" do nome de domínio registrado no exterior não é diferente do realizado no Brasil, porém a pesquisa é realizada ou no site do órgão responsável por cada país, nos casos de domínios com terminação específica de algum país, ou em sites de registro de domínios "genérico" e autorizados a tal processo, principalmente vinculados aos Estados Unidos, quando não há referência a um país em específico.

Para domínios registrados em países específicos (.ws, .fr, .es, .ar, .py), basta, como já referido, acessar o site relativo ao serviço de registro de domínios correspondente ao país respectivo. A maneira mais fácil de acessá-los é pelo site da IANA, em sua base de dados: <www.iana.org/domains/root/db>. Importante referir que a base de dados de DPNs da IANA contempla não só países, mas organizações e empresas internacionais.

Porém, também poderão ser utilizadas outras ferramentas "whois" disponíveis na Internet, as mesmas em que podemos pesquisar os domínios sem terminação dos países.

A seguir, a lista dos sites onde poderão ser feitas as pesquisas relacionadas aos domínios no exterior, com as explicações sobre as ferramentas agregadas a cada um deles:

- **DomainTools (<http://whois.domaintools.com/>)**: além das informações de cadastro de responsabilidade pelo domínio, contatos administrativos e técnicos e pré-visualização da página, nos dá ideia de quantos domínios foram registrados com os mesmos dados, podendo haver a ampliação da investigação. Também oferece a pesquisa de IP reverso, o que torna possível a descoberta de outros IPs pertencentes à mesma organização. A pesquisa pode ser feita por nomes de domínio (inclusive de vários países) e por IPs.
- **Robtex (<https://www.robtex.com/dns-lookup/>)**: também revela informações de cadastro de responsabilidade pelo domínio, contatos administrativos e técnicos. Além disso, traz informação gráfica relacionada ao domínio, quem é responsável, serviço DNS e dados sobre hospedagem. A pesquisa pode ser feita por nomes de domínio (inclusive de vários países) e por IPs.
- **CQCounter Whois (<http://www.cqcounter.com/whois/>)**: o CQCounter possui várias funcionalidades, muitas já citadas anteriormente, mas também agrega informações sobre determinados sites, como as principais *tags* vinculadas a ele, além da ferramenta de *traceroute* e links mais populares vinculados ao domínio pesquisado.

- **Domain Name Details (<http://dndetails.com/index.php>)**: a principal característica é mostrar a geolocalização da hospedagem do site.
- **Geek Tools (<http://www.geektools.com/whois.php>)**: agrega, além do serviço whois, vários sites sobre ferramentas *traceroute* de todo o mundo.
- **GWeb Tools (<https://gwebtools.com.br/whois>)**: conforme informações do próprio site, a ferramenta mostra as informações mais úteis, como proprietário do domínio, empresa de hospedagem, data de registro do domínio, data de expiração do domínio, *ranking* web, outros sites hospedados no mesmo endereço IP ou na mesma Classe C, categorias do website, visitantes diários, registros DNS, dentre outros.
- **IP Adress Whois (<https://www.ip-adress.com/whois-lookup>)**: possui ferramentas idênticas aos sites anteriores, com acréscimos de checagem de *proxies*, geolocalização de hospedagem e rastreamento de origem de e-mails[33].
- **Network Tools (<https://network-tools.com/whois/>)**: possui várias funções, dentre as quais whois, *traceroute*, *ping*, verificação de e-mail e também checagem quanto à integração em listas negras de *spam*.
- **Register (<https://www.register.com/whois>)**: possui também vários serviços, muitos dos quais já citados.
- **UTrace Whois (<http://en.utrace.de/whois/>)**: a principal característica é georeferenciar o domínio pesquisado.
- **Godaddy (<https://www.godaddy.com/pt-br/whois>)**: muitas pesquisas relacionadas a domínios sem terminação de países acabam direcionando para o site da empresa Godaddy, onde, talvez como último recurso de informações sobre o registro de domínio, pode-se buscar dados do registrante.
- **DNSStuff (<https://tools.dnsstuff.com/>)**: na versão pró, traz um histórico a respeito da propriedade do domínio investigado. Bastante útil nos casos de investigações de crimes de pornografia infantil e fraudes eletrônicas. Também possui análise de cabeçalho de e-mail, tema no próximo capítulo.

3.1.1.8. Formas de guarda de prova para uso em Inquérito Policial e Procedimento Judicial

Alguns cuidados fazem parte do processo investigativo, principalmente no que diz respeito à guarda de provas e registros da existência dos dados na Internet.

Assim, existem procedimentos simples e usuais que podem ser adotados para a salvaguarda das informações publicadas na Internet antes que sejam modificadas. A seguir, apresentaremos algumas das possibilidades:

---

33 Esse assunto será mais bem abordado na investigação de origem de e-mails.

- A primeira delas é o **uso da tecla "print screen"**, que copia a imagem que estiver aparecendo na tela. Após clicar "print screen" (ou "Alt" +"print screen" para copiar apenas a janela ativa), o responsável pela coleta cola o conteúdo em algum programa de edição de imagens, como o "paint", ou de textos, como o Word ou similar. Neste último caso, pode integrar um relatório da investigação inicial feita ou, no caso do advogado, da petição inicial. A utilização tão-somente do procedimento usando "print screen" não é recomendada, pois pode ser questionada judicialmente e não ser aceita como prova do delito, em razão da possibilidade de manipulação, montagem etc. Na prática, "printar" algo da Internet é a melhor forma de se guardar uma evidência, especialmente para usuários comuns. No entanto, na investigação e no processo, deve ser utilizada concomitantemente com outros procedimentos, citados a seguir.
- A segunda opção é de **salvamento de cópia das páginas** usando as formas padrão de salvamento de arquivos em .html existentes nos diversos navegadores de Internet (*browsers*). Para tal, siga os passos: menu "Arquivo" ou "Ferramentas" → "Salvar página como" → "Tipo – Página web, completa"[34], sugerindo-se salvar o arquivo em uma pasta criada para tal. Salvando a página serão criados, em regra, dois arquivos, um com o nome da página (o qual se sugere não modificar) e uma pasta com os arquivos vinculados. O problema em relação a esse tipo de opção é que os links vinculados não são salvos, tendo-se que adotar o mesmo procedimento a cada link que interesse ao processo investigativo. Outro aspecto problemático é que não é gerado nenhum arquivo de *lóg* da gravação, e o arquivo .html pode ser manipulado e/ou alterado.
- A terceira opção é o **uso conjunto dos programas HTTrack Website Copier e do MD5summer**. O primeiro software é uma ferramenta extremamente útil e fácil de ser utilizada, atentando-se para que a cópia seja gerada incluindo-se os links vinculados ao site e que interessem à investigação, ou seja, a profundidade e os limites na cópia, já que a cópia da simples máscara do site pode não trazer informações importantes à investigação policial. O próprio software, quando da realização da cópia do site, gera um *log* da gravação feita e um arquivo "index", possibilitando-se gravar todo o conteúdo em um CD para ser anexado ao Inquérito Policial e/ou processo judicial. No caso de sites com acesso por *login* e senha, o HTTrack não pode ser utilizado[35].
- A quarta opção é o **registro de uma Ata Notarial**. Pode-se conceituar a Ata Notarial como o

  > instrumento público através do qual o notário capta, por seus sentidos, uma determinada situação, um determinado fato, e o translada para seus livros de

[34] Escolha esta opção, que em geral carrega consigo as imagens constantes da página, colocando-as em uma pasta.
[35] HTTrack: <https://www.httrack.com/>; MD5Summer: <http://www.md5summer.org/>.

notas ou para outro documento. É a apreensão de um ato ou fato, pelo notário, e a transcrição dessa percepção em documento próprio (BRANDELLI, 2004).

A Ata Notarial pode ser utilizada como meio de prova em ambiente eletrônico (RODRIGUES, 2004), sobre páginas eletrônicas (sites) e documentos eletrônicos, fixando data e existência de arquivos em meio eletrônico, prova de fatos contendo imagens, vídeos, textos e logotipos, além de inúmeras outras funções. Portanto, pode a parte interessada imprimir o site relacionado ao delito e/ou seu interesse, procurar um tabelionato e registrar uma Ata Notarial. Ela pode ser utilizada para fins de prova em processo cível, criminal, eleitoral, administrativo, dentre outros.

O uso da Ata Notarial tem crescido exponencialmente (USO, 2020), mais de 500% desde a primeira edição deste livro. Também, há possibilidade da Ata Notarial Digital, sendo a primeira feita em 2016 por videoconferência e com previsão normativa no Provimento 32/06 da CGJ-RS, que instituiu a Consolidação Normativa Notarial e Registral no RS (CRYPTOID, 2016).

O Provimento nº 100 do Conselho Nacional de Justiça (CNJ), de 26 de maio de 2020 (CNJ, 2020), permitiu que as atas notariais, assim como outros atos notariais, possam ser feitas de forma eletrônica, sem que as partes precisem ir até o cartório, necessitando, porém, realizar a ata notarial via videoconferência, devendo o requerente ter Certificado Digital e-Notariado ou ICP-Brasil, além de documento de identidade eletrônico (exemplo: CNH digital) ou ter ficha de firma aberta no cartório (CNJ, 2020). O ato notarial eletrônico, segundo o Provimento citado, é o "conjunto de metadados, gravações de declarações de anuência das partes por videoconferência notarial e documento eletrônico, correspondentes a um ato notarial".

Além dessa possibilidade, surgiram as validações digitais de documentos:

- Verifact – <https://www.verifact.com.br/>
- HashCool – <https://hash.cool/>

No caso da Verifact[36], os preços são mais acessíveis que a validação em tabelionatos tradicionais. Já a HashCool[37] tem mais diferenciais: colocação do documento em

---

[36] A Verifact é uma plataforma *on-line* que permite a captura e preservação técnica de fatos ocorridos no ambiente *on-line* acessados através de websites, automatizando práticas comuns na área de forense digital e medidas técnicas efetivas contra fraude e manipulação no processo de registro. A ferramenta possui uma interface amigável e fácil, permitindo que pessoas comuns, sem um conhecimento técnico especializado, consigam operar e realizar registro de provas digitais em sites como WhatsApp Web, Facebook, Instagram, lojas virtuais, *webmails* e diversos outros. (FREITAS JÚNIOR; JORGE; GARZELLA, 2021, p. 142-143).

[37] Dica da aluna da Pós-graduação em direito digital da Uniritter, Karen Lúcia Bressane Rubim.

blockchain, certificado com validade jurídica, é gratuito para pessoas físicas (tem limites) e possui uma extensão no Chrome.

- A **certidão elaborada pela Polícia Civil** representa outro importante instrumento. Não seria lógico o Delegado de Polícia ter que imprimir os dados e levá-los a um tabelionato para fins de registro de Ata Notarial. Por isso surge a quinta e última opção de salvaguarda de dados eletrônicos e/ou telemáticos: a certidão elaborada pelo Escrivão de Polícia. O agente policial, na condição de "Escrivão", tem fé pública sobre seus atos e pode, acessando uma página na Internet, promover a sua impressão e certificar data e existência. Assim, também pode e deve usar todos os meios disponíveis.

Nada impede que o Escrivão de Polícia possa, ao certificar a data e a existência de um site e seu conteúdo, utilizar o programa HTTrack Website Copier, ou, caso não tenha condições técnicas de empregar esse programa, para realizar a cópia do site ele possa usar a tecla "print screen" e colar o texto no conteúdo da certidão, propiciando seu melhor entendimento. Apesar dessa forma de aquisição de indícios não ser recomendável, nas hipóteses em que a referida ação for realizada pelo Escrivão de Polícia, ela pode ser empregada em virtude da presunção de veracidade do conteúdo da certidão. O mesmo também pode ser feito nos casos em que for necessário inserir *login* e senha, pois nestes casos o referido programa não realiza a cópia do site.

Cabe salientar que a perspectiva de utilização da certidão do Escrivão de Polícia abrange também qualquer cidadão que deseje comunicar um fato criminoso por intermédio do registro de um boletim de ocorrência. Nestes casos a vítima deve procurar uma Delegacia de Polícia e, após a elaboração do boletim de ocorrência, existe a orientação de que o policial civil promova a impressão do conteúdo do site ou blog que contenha os fatos criminosos. Caso trate-se de uma conversa mantida pelo WhatsApp, o policial civil, com o consentimento expresso da parte, poderia acessar o WhatsApp dela e clicar em "Exportar conversa" para enviar ao e-mail da Unidade de Polícia Judiciária. A medida deveria ser realizada pelo policial, considerando que as evidências apresentadas unilateralmente por partes em uma investigação podem ser descartadas por comportar a possibilidade de adulteração. Importante realizar a coleta da evidência e registrar os fatos para evitar questionamentos quanto à integridade.

De acordo com Higor Vinicius Nogueira Jorge (2018a),

> Mais recentemente, o subscritor passou a orientar o policial que realizasse o registro inicial dos fatos criminosos (Boletim de Ocorrência) a elaborar um Auto de Materialização de Evidência Eletrônica, como forma de tornar mais célere e simplificado esse registro, e também com o intuito de evitar que a evidência fosse apagada antes que a sua existência pudesse ser materializada para servir de prova no inquérito policial e na ação penal.
>
> O Auto de Materialização de Evidência Eletrônica é um documento que tem a finalidade de descrever como se deu o acesso às evidências, bem como informar data, horário e fuso horário do acesso e formalizar o conteúdo criminoso indicado pela vítima ou por outra pessoa que tenha permitido que o fato criminoso fosse investigado.
>
> É importante não se esquecer de apresentar todos os links que tenham relação com o fato em investigação – por exemplo, os links do perfil do Facebook, do Twitter, do blog e do site que tenham publicado o conteúdo de interesse policial.
>
> Quando a investigação envolver som ou imagem (fotos e vídeos), é recomendável também gravar o conteúdo em um CD ou DVD, preferencialmente não regravável, ou em outras mídias que permitam a geração de um hash, ou seja, de uma chave criptográfica capaz de comprovar a autenticidade do arquivo.

3.2. Fraudes eletrônicas e cibergolpes

O fato de a Internet ter se tornado um meio de comunicação, informação e interação social não pode ser negado, tanto é que se tornou imprescindível para a vida pessoal ou profissional de grande parte dos brasileiros. Existem inúmeros setores, públicos ou privados, que nada fazem hoje em dia sem que estejam conectados à rede mundial. O valor que a Internet assumiu no cotidiano das grandes corporações é tão grande que, se em uma dessas empresas ocorrer uma pane no sistema, capaz de inviabilizar o acesso à Internet, isso desencadeará grandes prejuízos. Imagine as consequências de um apocalipse cibernético[38].

[38] No início da segunda quinzena de março de 2010 (16/03/10), o site IDG Now!, então voltado às questões tecnológicas, publicou uma reportagem referindo-se a cinco situações possíveis no caso de um apocalipse cibernético. Em resumo, são as seguintes situações: Cenário apocalíptico 1: Apagão nacional – Notícia urgente: ataque hacker contra instalações de distribuição de energia provoca enormes apagões pelo país e deixa milhões de pessoas sem eletricidade. Cenário apocalíptico 2: E-bomba afunda sistema financeiro

Paralelos a todo esse sucesso da rede mundial de computadores – WWW –, surgem os problemas. Os principais são as fraudes no ambiente cibernético, assunto que passaremos a tratar a partir deste momento.

Para chegarmos a uma definição de "fraudes eletrônicas" necessariamente passamos pela definição do termo "fraude". Fraude, segundo o dicionário, é "qualquer ato ardiloso, enganoso, de má-fé, com o intuito de lesar ou ludibriar outrem, ou de não cumprir determinado dever; logro". Portanto, pelo conceito amplo, a fraude pode ocorrer em vários ambientes e meios; a criação do computador e das redes potencializou bastante a disseminação e o uso das fraudes no ambiente virtual.

Temos a previsão de vários tipos de fraudes no direito penal brasileiro. O estelionato é a principal delas e está previsto no art. 171 do Código Penal, incluindo a tipificação recente do 'estelionato eletrônico'[39]. Mas também temos várias outras possibilidades relacionadas às fraudes, como por exemplo: fraude processual, fraude empresarial,

---

– Notícia urgente: arma eletromagnética paralisa centro financeiro de Nova York, causando danos a equipamentos e interrupções no fornecimento de energia em grande escala; mercados deixam de operar. Cenário apocalíptico 3: Google fora do ar – Notícia urgente: milhões de internautas que tentaram acessar o maior site de buscas do planeta receberam mensagem de "página não encontrada"; todos os serviços do Google estão inacessíveis. Cenário apocalíptico 4: Desligaram a internet – Notícia urgente: a internet entrou em colapso hoje quando milhões de internautas foram redirecionados para sites errados, causado por problemas com o sistema de nome de domínio. Cenário apocalíptico 5: Ira de Deus – Notícia urgente: esta reportagem tem sido espalhada boca a boca, porque nada mais está funcionando. Cientistas acreditam que uma enorme explosão solar atingiu a atmosfera da Terra, causando pane nas redes de eletricidade e de comunicação de todo o mundo. Também recebemos notícias de terremotos e tufões, mas que ainda não foram confirmadas. In E se a internet pifar? 5 cenários de apocalipse tecnológico. IDG Now! 16 mar. 10. Reproduzido em: <https://www.materiaincognita.com.br/apocalipse-now-fim-do-mundo-depende-da-internet/>. Acesso em: 25 jul. 2021.

[39] Definição penal do Estelionato, pelo Código Penal (*caput*), e do Estelionato Eletrônico: *Art. 171 – Obter, para si ou para outrem, vantagem ilícita, em prejuízo alheio, induzindo ou mantendo alguém em erro, mediante artifício, ardil, ou qualquer outro meio fraudulento: Pena – reclusão, de um a cinco anos, e multa.* [...]

Fraude eletrônica

§ 2º-A. A pena é de reclusão, de 4 (quatro) a 8 (oito) anos, e multa, se a fraude é cometida com a utilização de informações fornecidas pela vítima ou por terceiro induzido a erro por meio de redes sociais, contatos telefônicos ou envio de correio eletrônico fraudulento, ou por qualquer outro meio fraudulento análogo.

§ 2º-B. A pena prevista no § 2º-A deste artigo, considerada a relevância do resultado gravoso, aumenta-se de 1/3 (um terço) a 2/3 (dois terços), se o crime é praticado mediante a utilização de servidor mantido fora do território nacional.

fraude em seguros, fraude no sistema financeiro[40], fraude tributária[41] e fraudes no sistema eleitoral[42].

As fraudes eletrônicas acabam por se inserir em outros tipos de fraudes, pois são o meio para a realização de um delito. Mas o que são fraudes eletrônicas?

Em face da amplitude que o conceito de "fraude eletrônica" abrange, no decorrer deste livro o assunto será delimitado aos dois tipos de fraudes mais comuns dentre aquelas praticadas em ambiente virtual, quais sejam: fraudes relacionadas com o comércio eletrônico, mais especificamente os "sites fraude"[43], e os sites de falsos empréstimos. Nos demais, a lógica de apuração e investigação é bastante similar.

De um ponto de vista, o assunto em abordagem, dentro do contexto atual da evolução da Internet no mundo e no Brasil, revela, acima de tudo, a preocupação com o crescimento constante das fraudes praticadas em ambiente virtual. E, por essas circunstâncias, observar-se-á também três aspectos de cada uma das fraudes: primeiro, o modo de ação dos criminosos, procurando englobar aspectos gerais e específicos; segundo, os procedimentos investigativos correlatos; e, por último, formas de prevenção.

---

40 Hoje esse é o tipo de fraude mais comum, abrangendo quatro variantes de fraudes, quais sejam: através do *call center*, serviço oferecido por algumas instituições bancárias como forma de agilizar os serviços bancários (é de menor incidência); relativas a cartão de crédito, tanto através da clonagem quanto o seu uso para compras virtuais (dados coletados através de cartões perdidos, furtados ou roubados e através de engenharia social pela internet); relativas a cartões de débito, cuja utilização pela Internet também é permitida; e, por fim, através do acesso indevido ao *home banking*, com pagamento de boletos bancários, documentos de arrecadação fiscal, dentre outros, além de transferências indevidas e consequentes saques das contas destinatárias.

41 Lei nº 4.502/1964, Art. 72: Fraude é toda ação ou omissão dolosa tendente a impedir ou retardar, total ou parcialmente, a ocorrência do fato gerador da obrigação tributária principal, ou a excluir ou modificar as suas características essenciais, de modo a reduzir o montante do imposto devido, ou a evitar ou diferir o seu pagamento.

42 Lei nº 9.504/1997, Art. 72: Constituem crimes, puníveis com reclusão, de cinco a dez anos:

I – obter acesso a sistema de tratamento automático de dados usado pelo serviço eleitoral, a fim de alterar a apuração ou a contagem de votos;

II – desenvolver ou introduzir comando, instrução, ou programa de computador capaz de destruir, apagar, eliminar, alterar, gravar ou transmitir dado, instrução ou programa ou provocar qualquer outro resultado diverso do esperado em sistema de tratamento automático de dados usados pelo serviço eleitoral;

III – causar, propositadamente, dano físico ao equipamento usado na votação ou na totalização de votos ou a suas partes.

43 O conceito será explicado no decorrer deste capítulo.

3.2.1. Fraudes eletrônicas no comércio eletrônico – *e-commerce*: sites fraude

Este tipo de fraude tem ocorrido com frequência, pois inúmeras pessoas acabam sendo vitimadas, principalmente aquelas que fazem compras por intermédio de sites, que são criados com a única finalidade de fraudar. A vítima efetua o pagamento do valor e não recebe a mercadoria prometida[44].

As características desse tipo de golpe de sites fraude são as seguintes:

- **Criação de domínios e hospedagem no Brasil ou exterior**: os fraudadores registram domínios, em linguagem nacional ("português do Brasil"), tanto no Brasil quanto no exterior, respectivamente usando domínios de primeiro nível (DPN) .com.br e somente .com (não é incomum uso de outras terminações: .net, .info etc.). Esses domínios, em regra, são registrados em nomes de "laranjas"[45] e/ou pessoas que perderam ou tiveram subtraídos seus documentos e/ou cartões de crédito. É importante que se esclareça que o pagamento pelo domínio, que é anual, ocorre com a utilização de cartões clonados ou furtados/roubados, dificultando também a busca por esses dados. Além disso, como se trata de uma suposta empresa de comércio virtual, o lógico e correto seria que o domínio fosse registrado em nome de uma firma legalmente constituída. Porém, praticamente em cem por cento dos casos os domínios estão registrados em nome de pessoas físicas, ou seja, há um CPF vinculado. Há que se ponderar que isso decorre da própria facilidade de se registrar um domínio na Internet[46]. A hospedagem desses sites fraude de comércio eletrônico também ocorre após a contratação de provedores de hospedagem, principalmente nacionais, geralmente antecedidos pela contratação de empresas especializadas nesta criação (layout, produtos, preços, formas de pagamento etc.).
- **Indexação em sites de pesquisa de preços**: após a contratação dos serviços de elaboração do site e sua hospedagem, os fraudadores dão "publicidade" ao "negócio", fazendo sua indexação em sites conhecidos como "buscadores de

---

[44] Os mesmos procedimentos se aplicam aos casos que envolvam o golpe do falso leilão.

[45] Laranja é "aquele que empresta/dá/vende o nome para ser usado na formação de sociedade de empresas" (MARAGNO; DE SOUZA KNUPP; BORBA, 2019).

[46] No Brasil, os registros de domínios são feitos no Registro.br (<https://registro.br>), cuja responsabilidade é do Comitê Gestor da Internet (CGI.br) no Brasil.

preço"[47], como, por exemplo, Zoom[48] ou Buscapé[49], ou até específicos, como para hotéis[50]. Para isso, também há um cadastro que o fraudador faz junto a esses sites, que cobram por direcionamentos e/ou compras efetuadas.

- **Suposta confiabilidade inicial à condição de legalidade e credibilidade do site:** outro aspecto percebido nesses sites fraude são as qualificações positivas dadas por alguns usuários, informando quanto à credibilidade do site e de seus responsáveis, indicando aos próximos consumidores que a loja virtual merece crédito e que faz a entrega do produto.

Pode-se perceber nesses sites a avaliação positiva de consumidores, que se dizem satisfeitos com a compra e o tratamento oferecido pelo "vendedor". Os termos utilizados, nesses casos, são em geral apelativos, como por exemplo: "fiz minha primeira compra e pretendo comprar novamente" ou "fiquei muito feliz com o tratamento oferecido pela loja", dentre outros[51].

- **Preço oferecido pelo site fraude é abaixo da média de outros sites de e-*commerce*:** verifica-se que o preço é a grande propaganda para a compra a ser efetivada pelo consumidor. Na maioria dos casos, o preço oferecido é de pelo menos 25% a 50% mais baixo do que nas lojas virtuais tradicionais.
- **O pagamento exigido, em regra, é à vista, por boleto ou depósito bancário em contas de pessoas físicas:** além do aspecto do preço vil ou supostamente mais acessível, há, por outro lado, a justificativa de pagamento à vista, seja por boleto bancário ou depósito bancário. O consumidor, ávido para realizar uma "boa compra", ao emitir o boleto ou coletar os dados para depósito bancário, esquece-se de uma simples observação: os dados impressos no boleto bancário ou da conta destino. Isso é importante porque, também em grande maioria, os dados dos destinatários dos valores não conferem com os dados do site, sendo, em regra, pessoas físicas.

---

[47] Os chamados sites buscadores de preço não são novidade na internet. Já no ano de 2000 o Brasil possuía 500 lojas virtuais, fazendo gerar a necessidade de sites agregadores de informações que pudessem auxiliar o consumidor na hora de escolher o melhor produto, principalmente considerando-se o aspecto do menor preço (BLACK, 2019).

[48] Site: <https://www.zoom.com.br/>.

[49] Site: <https://www.buscape.com.br/>.

[50] Trivago: <https://www.trivago.com.br/>.

[51] As falsas qualificações são comuns entre os estelionatários em diversos golpes. Existem inúmeras comunidades virtuais, restritas, em sites de relacionamentos. Nesses ambientes os fraudadores expõem seu último intento, tanto em sites de compra e venda quanto em sites fraude, solicitando aos "amigos" que qualifiquem positivamente o seu negócio, gerando a suposta confiabilidade inicial necessária para que a "engenharia social" funcione.

- **Sites fraude não possuem Política de Privacidade e Termos de Uso ou os têm bastante reduzidos:** a "política de privacidade" e os "termos de uso" de um site revelam ao seu usuário como a empresa se comporta com relação a ele na coleta dos dados e como os protege, inclusive quando da necessidade de prestar informações às autoridades públicas, principalmente as chamadas "forças da lei". No caso dos sites fraude, essas formas de segurança ao usuário-comprador ou não existem ou são incipientes, sem muitas informações.
- **Quando informado o CNPJ, a empresa é de fachada:** uma pesquisa simples quanto ao eventual CNPJ informado, feita em fonte aberta – www.sintegra.gov.br –, pode revelar muitas coisas, pois é possível verificar quanto à constituição da empresa, seus componentes e perfil social. Porém, em muitos casos sequer esta informação é revelada, e apenas são apresentados o nome e o CPF usados quando ocorre o registro de domínio e/ou o nome e CPF informados e relativos ao boleto bancário ou conta bancária.
- **Poucas formas de contato com os responsáveis pela empresa:** outra característica preocupante, e que deveria, ao menos, chamar a atenção dos pretensos compradores, é uma política obscura ou não clara de contato com os consumidores, muitas vezes disponibilizando apenas o contato por e-mail, e este, por sua vez, vinculado a um domínio que oferece gratuitamente acesso à caixa de e-mails (ex.: contas vinculadas ao Gmail, Outlook (Hotmail), Yahoo, dentre outros). A empresa não possuir um endereço físico, não ser conhecida no mercado e fornecer apenas número de celular para contato também são fatores capazes de gerar preocupação quanto aos riscos de eventuais fraudes. Com a proliferação do uso de aplicativos de mensageria, como o WhatsApp, fraudadores também o utilizam e, neste caso, há necessidade de cuidar de um elemento básico: a linguagem utilizada, pois os erros de português não podem ser perdoados e merecem descrédito.

3.2.1.1. Procedimentos investigatórios nos casos de sites fraude

Os primeiros passos de uma investigação de fraude eletrônica dessa espécie são:

a) registro das informações sobre o site, tanto de maneira impressa quanto virtual, copiando-se o site[52];

[52] Um software gratuito que pode ser utilizado é o HTTrack Website Copier, que pode ser baixado e utilizado em português (BR). Como referido no decorrer deste livro, é uma ferramenta muito útil e fácil de ser utilizada, atentando-se para a profundidade dos links e os limites na cópia, já que a cópia da simples máscara do site pode não trazer informações importantes para serem utilizadas na investigação policial. O próprio software

b) o comprador que foi vítima da fraude também pode anexar à ocorrência policial e/ou processo judicial a impressão das conversações mantidas, seja através de e-mail ou comunicadores instantâneos, como WhatsApp ou Telegram[53] (os mais usuais). Quanto aos e-mails, a vítima deve imprimi-los com a função "cabeçalho completo" habilitada, pois desta forma são disponibilizadas as informações sobre o IP e outros dados relevantes do investigado. Quanto aos comunicadores instantâneos, cabe esclarecer que é possível salvar as conversas, seja por *print*, seja por seleção e salvamento, seja ainda por envio da conversa por e-mail;

c) verificação quanto ao registro do domínio: a responsabilidade quanto ao domínio pode ser pesquisada em inúmeros sites. Para os sites com terminação ".br", localizados no Brasil, a pesquisa pode ser feita no site do Registro.br (http://registro.br → Tecnologia → Ferramentas → Serviço de diretório whois)[54], conforme já explicado anteriormente. As informações que aparecem são desde o CNPJ ou CPF e, respectivamente, o nome da empresa ou da pessoa física, com o endereço do responsável pelo domínio, contato administrativo, contato técnico, o DNS (resolução de nomes de domínio: ns1 e ns2 – e ns3 e ns4), dentre outros dados. Em relação aos sites com terminação dos domínios de primeiro nível (DPN), sem a terminação do país[55], a pesquisa pode ser feita em fontes diversas[56]. As mais usuais são: 1) http://domaintools.com/*dominio-aserpesquisado*.com[57]; 2) Whois Search do NetworkSolutions.com[58], conforme já explicitado quando da investigação de sites;

d) verificação quanto à responsabilidade por hospedagem do site, que possibilitará saber a quem dirigir eventual ordem judicial e/ou comunicar previamente quanto à existência de fraude. Há a discussão quanto à Autoridade Policial, leia-se o Delegado de Polícia, poder solicitar a desativação de um site fraude, pois o provedor não seria, em tese, obrigado a atendê-lo, e sim somente a uma

---

gera um *log* da cópia feita e um arquivo "index", possibilitando gravar todo o conteúdo em um CD para ser anexado ao Inquérito Policial e/ou processo judicial. No caso de um crime sob investigação, a orientação é que seja elaborada uma certidão sobre este fato pelo Escrivão de Polícia (Delegacia de Polícia) ou uma Ata Notarial pelo tabelião de notas (Cartório de Notas).

53 Todas são marcas registradas pelas respectivas empresas.

54 O endereço desse acesso no Registro.br é <https://registro.br/cgi-bin/whois/>.

55 A IANA (*Internet Assigned Numbers Authority*) possui, no link <https://www.iana.org/domains/root/db>, as informações sobre todos os países que possuem registros de domínio, indicando o conjunto de letras correspondente de cada país e o site onde pode ser feita a pesquisa.

56 São inúmeras as ferramentas de pesquisa disponíveis na Internet. Elencamos várias e disponibilizamos no link: <http://www.emersonwendt.com.br/p/pagina-de-ferramentas.html>.

57 Substituir essa parte em itálico pelo domínio a ser pesquisado.

58 O endereço desse acesso no NetworkSolutions é <http://www.networksolutions.com/whois/index.jsp>.

ordem judicial. Sugere-se, na dúvida, que o Delegado de Polícia comunique o fato ao provedor de hospedagem, que poderá optar por manter ou não o site ativo e, nestes casos, sob sua responsabilidade e risco;

e) pesquisa dos dados informados no registro de domínio (nome da empresa, CNPJ, pessoa física, CPF, endereço, telefone, e-mail etc.), site (telefone, nomes, e-mails, endereços etc.), boleto bancário (dados constantes, como nomes de pessoas físicas ou jurídicas etc.) e/ou contas bancárias (essa informação é importante, pois o profissional da advocacia poderá solicitar, cautelarmente, ao juízo que determine o bloqueio dos valores disponíveis na referida conta bancária, o tanto quanto for necessário para suprir o prejuízo da vítima. Da mesma forma, o Delegado de Polícia poderá solicitar o afastamento do sigilo bancário e/ou o sequestro dos valores ali depositados, para que as vítimas possam ser ressarcidas assim que concluída a investigação).

3.2.1.2. Como se prevenir desse tipo de fraude

- O usuário que desejar comprar pela Internet, antes de realizar a compra, deve fazer uma pesquisa inicial sobre a empresa no Google ou em qualquer outro mecanismo de busca.
- O segundo passo é fazer uma pesquisa pelo site e nome da empresa em sites onde consumidores divulgam suas reclamações, quais sejam:
    - Reclame Aqui – <http://www.reclameaqui.com.br/>
    - Reclamão – <https://www.mistercassino.com.br/submeter-reclamacao>
- Verificar a Política de Privacidade e os Termos de Uso da "empresa virtual".
- Verificar as formas de contato com o consumidor que a empresa disponibiliza: telefone, e-mail, chat etc. É importante testar essas ferramentas antes de fazer a compra.
- Tome cuidado com os cartões de crédito. O ideal é que adquira na instituição bancária dois cartões de crédito diferentes, um deles para compras tradicionais e outro, com limite baixo, para aquisição de produtos pela Internet, ou, também, utilização do cartão de crédito virtual somente para estas atividades comerciais *on-line*. De qualquer modo, evite compras com cartão de crédito pela Internet; é mais seguro pagar com cartão de crédito virtual, boleto bancário ou Sedex a cobrar. O MercadoPago[59] ou o PagSeguro[60] também são alternativas

---

[59] O site do MercadoPago é <https://www.mercadopago.com.br/>, serviço vinculado ao Mercado Livre (<https://www.mercadolivre.com.br/>).

[60] O site do PagSeguro é <https://pagseguro.uol.com.br/>, serviço vinculado ao UOL (<https://www.uol.com.br/>).

mais adequadas. Monitore de forma pormenorizada os gastos do seu cartão de crédito e dê atenção diferenciada para as compras realizadas pela Internet. Muitas vezes a vítima não confere os dados do extrato do cartão e acaba não tendo conhecimento de eventuais prejuízos.

- Evite utilizar sites de leilão de centavos. Diversos especialistas comprovaram que é possível programar os computadores para que os compradores nunca consigam oferecer um lance capaz de comprar os produtos.
- Escolha uma senha difícil de ser descoberta e realize alterações constantes:
  1. A senha deve ter pelo menos oito caracteres, sendo letras maiúsculas, minúsculas e números, aleatoriamente escolhidos.
  2. Não escolha senhas que sejam fáceis de descobrir, como por exemplo data de nascimento, aniversário de familiares, nomes de pessoas próximas, time favorito, dados do endereço, animal de estimação etc.
  3. Conforme mencionado no segundo capítulo, uma modalidade de ação de criminosos cibernéticos chamada engenharia social consiste em fazer com que a vítima forneça informações pessoais, sem que perceba que elas oferecem subsídios para o criminoso descobrir senhas ou outras informações sensíveis.
  4. Nunca utilize a mesma senha para atividades diferentes. Tenha senhas diferentes para transações bancárias, e-mails e cadastro em sites de comércio eletrônico.
  5. Mantenha em sigilo suas senhas e não as salve no computador. Altere-as constantemente.
  6. Não se esqueça de clicar em sair (*logout*) depois que realizar a sua compra, principalmente se utilizar um computador compartilhado por outras pessoas.
- Verificar o certificado de segurança e/ou os mecanismos de segurança para compras virtuais oferecidas pelo site.
  1. Evite sites que não possuem protocolos de segurança na comunicação entre o seu computador e o servidor: o nome do protocolo é SSL (*Secure Socket Layer*) ou TLS (*Transport Layer Security*) e significa que os dados transmitidos são criptografados.
  2. Sites que utilizam este protocolo de segurança possuem o endereço no formato "https://www", diferente do usual "http://www".
  3. Quando acessar um site de comércio eletrônico observe na parte inferior do navegador se aparece um cadeado ativado, pois geralmente a existência dele significa que o site é confiável e possui certificado de segurança. Se o usuário clicar no cadeado é possível conferir o certificado digital do site.
  4. O certificado é criado por uma Autoridade Certificadora (AC), como por exemplo o Verisign, o Multicert, o Saphety, o Certisign etc.

5. A existência do cadeado não é garantia absoluta de que o site seja confiável, pois existe a possibilidade de ele ser forjado. Ocorreram casos em computadores cujo aplicativo Java estava desatualizado e em razão desta vulnerabilidade foi instalado aplicativo que simulou a existência do cadeado.

3.2.1.3. Procedimentos em caso de ser vítima de sites fraude

Caso o usuário de Internet tenha sido vítima de uma fraude dessa espécie, as recomendações são as seguintes e lógicas, tendo em vista o que já foi exposto anteriormente: imprimir/guardar digitalmente todas as informações disponíveis no site, se possível, copiando-o; imprimir/salvar os comprovantes da transação virtual, inclusive e-mails (corpo e cabeçalho completo, provável identificador da origem) e conversas via comunicadores instantâneos[61]; registrar o fato na Delegacia de Polícia mais próxima e procurar um advogado especialista no assunto para que possa ser buscada a compensação dos danos financeiros sofridos – inclusive, tentar cautelarmente junto ao Poder Judiciário o bloqueio de valores eventualmente existentes na(s) conta(s) bancária(s) do fraudador.

3.2.2. Fraudes eletrônicas através de sites de falsos empréstimos

As observações aqui são similares ao caso anterior, porém com algumas diferenciações. Os sites de falsos empréstimos prometem dinheiro fácil e de uma maneira mais fácil ainda, ou seja, sem a comprovação de documentos, renda e avaliação patrimonial.

A diferenciação principal e básica é quanto ao conteúdo do site, que é bastante simples e cuja linguagem imita aquela utilizada por instituições bancárias.

Além disso, em regra esses sites oferecem empréstimos de maneira tão fácil que trazem em seu nome de domínio alguma informação característica ou de instituição bancária ou de empresas *Factoring*[62].

---

[61] É importante o registro desse tipo de conversa, pois é uma forma de comprovar a fraude e buscar informações que auxiliem na investigação policial.

[62] O *Factoring* é uma atividade de financiamento desenvolvida por uma instituição financeira especializada na compra de créditos de curto prazo que as empresas detêm sobre os respectivos clientes ou outros devedores. Ao adquirirem esses créditos, estas instituições assumem a respectiva cobrança, podendo ou não assumir o risco de descumprimento no pagamento pelos devedores. Conceituação disponível em: <https://knoow.net/cienceconempr/sectoresactividade/sociedades-de-factoring/>. Acesso em: 25 jul. 2021.

Características principais desta fraude:

- Os sites fraude de empréstimos exigem que o beneficiário do empréstimo faça um depósito prévio, como se fosse uma garantia para a contratação (ao contrário de uma instituição financeira, que faz o empréstimo e não exige uma contrapartida imediata). Esse depósito é a vantagem que o site obterá na negociação, já que o empréstimo nunca será concedido.
- Por vezes, vítimas ansiosas pelo recebimento do valor contratado contatam várias vezes o responsável pelo site e este lhe solicita sempre mais uma contraprestação, seja para a garantia, seja para o pagamento do imposto sobre transações financeiras, seja o pagamento do que seria a primeira prestação, dentre outras justificativas, aceitas pela vítima e empregadas como engenharia social pelo fraudador.
- Em muitos casos, os *cibercriminosos* fazem uma simulação de depósito na conta da vítima, ou seja, eles efetuam um depósito de envelope nos caixas eletrônicos, de modo que a vítima vê em seu extrato um "depósito", que acaba por não se confirmar nas horas e dias sequenciais justamente porque o envelope utilizado na fraude estava vazio. Alguns bancos deixaram de creditar na conta o valor informado pelo depositante, objetivando não estimular esse tipo de fraude.
- O contrato vem pré-impresso no site, ficando disponível para preenchimento *on-line* ou impressão e preenchimento de próprio punho pelo contratante do empréstimo. Há que se observar que na maioria das vezes os dados da parte da empresa que estaria fazendo o empréstimo são incompletos e não contemplam sequer o cadastro nacional de pessoa jurídica (CNPJ).

3.2.2.1. Como se prevenir em relação a sites de falso empréstimo

Preventivamente, cabe ao usuário de Internet sempre verificar:

1. se o site contém ou não menção quanto à atividade *factoring* e com autorização do Banco Central do Brasil;
2. se o site contém, no contrato disponibilizado *on-line*, qualquer menção ao CNPJ da empresa, procurando pesquisá-lo para ver se corresponde à instituição bancária informada;
3. se o site possui autorização para funcionar como estabelecimento que ofereça créditos;
4. se o site possui endereço(s) fixo(s) informado(s) como sendo a sede e/ou a filial da instituição financeira;

5. se o site possui **política de privacidade** e **termos de uso**[63];
6. se for possível, verificar se o domínio está registrado em nome de pessoa física ou jurídica;
7. se o site contém algum indicativo de contato facilitado com clientes, conforme exige o CDC[64];
8. efetivar pesquisa nos sites de reclamação anteriormente citados e outros de sua confiança;
9. na dúvida, contatar a instituição financeira através de outro meio que não os informados no site em suspeição;
10. por fim e mais importante, procurar sempre fazer empréstimo junto a uma instituição bancária cujo endereço é real e não virtual, e cujo contrato é fornecido pessoalmente por colaboradores e/ou gerentes.

3.2.3. Tipificação penal das fraudes analisadas

Não poderíamos deixar de concluir o presente assunto sem análise, mesmo que breve, da tipificação penal das fraudes analisadas: sites fraudes de comércio eletrônico e de falsos empréstimos. Tanto no primeiro quanto no segundo caso a tipificação incidente é, por falta de legislação específica para a tipificação dos crimes cometidos em ambiente virtual, aquela prevista no art. 171 do Código Penal Brasileiro, ou seja, estelionato.

Pode o Delegado de Polícia, no decorrer da investigação policial, detectar outros delitos, como geralmente ocorre. Por exemplo, é comum a prática destes crimes por quadrilha ou bando, incidindo o art. 288 do Código Penal Brasileiro.

Cumpre observar algo quanto à atribuição e competência, respectivamente, para investigar e processar autores de estelionato: é do local onde se obteve a vantagem financeira indevida. Vejamos a jurisprudência:

> PENAL E PROCESSO PENAL. HABEAS CORPUS. NARRATIVA DE CONDUTA QUE, EM TESE, SE SUBSUME AO ARTIGO 171, CAPUT, C/C ARTIGO 71, DO CÓDIGO PENAL.
>
> CRIME DE DUPLO RESULTADO MATERIAL. CONSUMAÇÃO DO ESTELIONATO: OBTENÇÃO DA VANTAGEM PATRIMONIAL EM DETRIMENTO DA VÍTIMA.

---

63 Valem aqui as mesmas observações quanto à fraude dos sites falsos de comércio eletrônico.

64 Código de Defesa do Consumidor.

> CHEQUES SACADOS DIRETAMENTE NO CAIXA BANCÁRIO. INDICAÇÃO DO ATO CONSUMATIVO QUE SE FAZ INDEPENDENTEMENTE DE SE SABER SE A VANTAGEM ERA "DEVIDA" OU "INDEVIDA". JUÍZO COMPETENTE: O DO LUGAR EM QUE SE DERAM OS SAQUES.
>
> ORDEM DENEGADA. 1. A doutrina penal ensina que o resultado, no estelionato, é duplo: benefício para o agente e lesão ao patrimônio da vítima. 2. A fraude, no estelionato, é circunstância de meio para a obtenção do resultado. 3. Desacompanhada da obtenção da vantagem, em prejuízo alheio, a fraude não caracteriza a consumação do delito. 4. Para a fixação da competência, basta a indicação do lugar em que se deu a consumação do delito em tese, ou seja, o local onde foi obtida a vantagem patrimonial – o exame acerca da ilicitude dessa vantagem é objeto da ação penal condenatória. 5. Benefício patrimonial obtido através de saques realizados diretamente no caixa de banco situado na cidade do Rio de Janeiro: lugar da consumação. Ordem denegada. (HC 36760/RJ, STJ, Relator Ministro PAULO MEDINA, Sexta Turma, DJ 18.04.2005 p. 396) (grifos nossos).

Concluindo, em sumárias anotações, percebe-se que o campo da Internet é vasto à prática delitiva e que a existência ou não de vítimas é, principalmente, aspecto atinente à falta de atenção pelos usuários e/ou ignorância quanto ao uso seguro da Internet e compras *on-line*. O usuário é, portanto, aspecto fundamental, e um processo de orientação contínuo, principalmente envolvendo órgãos públicos, organizações não governamentais e instituições financeiras, fará com que tenhamos cada vez menos vítimas destas espécies de fraudes eletrônicas.

3.3. Fraudes eletrônicas no sistema bancário

O raciocínio de todo e qualquer procedimento administrativo na seara da rede mundial de computadores não é muito diverso, porém existem algumas especificidades, principalmente em se tratando do sistema bancário brasileiro[65].

---

[65] O art. 155 do Código Penal sofreu acréscimo pela Lei nº 14.155/2021:

§ 4º-B. A pena é de reclusão, de 4 (quatro) a 8 (oito) anos, e multa, se o furto mediante fraude é cometido por meio de dispositivo eletrônico ou informático, conectado ou não à rede de computadores, com ou sem a violação de mecanismo de segurança ou a utilização de programa malicioso, ou por qualquer outro meio fraudulento análogo.

§ 4º-C. A pena prevista no § 4º-B deste artigo, considerada a relevância do resultado gravoso:

I – aumenta-se de 1/3 (um terço) a 2/3 (dois terços), se o crime é praticado mediante a utilização de servidor mantido fora do território nacional;

II – aumenta-se de 1/3 (um terço) ao dobro, se o crime é praticado contra idoso ou vulnerável.

As fraudes eletrônicas no sistema bancário podem ocorrer com utilização de cartão de débito, cartão de crédito, *home banking* (plataforma de acesso à Internet disponibilizada pelos bancos) e *call center* (serviço disponibilizado via sistema de telefonia aos clientes de bancos). Procura-se enfocar nesta obra as situações que envolvem fraudes com a utilização do *home banking*, com pequena incursão sobre as fraudes através do *call center* e cartões de débito e crédito, quando estes são usados em compras virtuais fraudulentas.

No caso dos bancos virtuais (*home banking*), há que se fazer referência, inicialmente, à principal forma de atividade dos criminosos para captação de vítimas: e-mails e mensagens contendo ou cavalos de Troia (*trojans*) ou *phishing scams* (links para páginas falsas de bancos e/ou administradoras de cartões de crédito)[66].

Identificar a forma pela qual a vítima forneceu as informações pode ajudar a esclarecer a metodologia empregada pelo criminoso virtual e facilitar o procedimento investigativo – portanto, os passos principais a seguir na investigação criminal.

Assim, o primeiro passo após a comunicação do fato por alguém que teve sua conta invadida é providenciar, junto ao banco correspondente (gerência e/ou setores de segurança/auditoria), a obtenção dos dados referentes a IP, data, hora e padrão GMT (UTC) e como ocorreu a transação indevida.

Alguns bancos apenas informam os dados mencionados mediante autorização formal do correntista que foi vítima da invasão, enquanto outros exigem apenas o registro da ocorrência. Em todos os casos, sugere-se o envio de documento (ofício), pela autoridade policial, referenciando a ocorrência e o procedimento policial e requisitando tais dados. Outros bancos, não havendo autorização da vítima, apenas prestam informações mediante ordem judicial, por um lado burocratizando o início do procedimento investigativo e por outro atendendo ao que diz a legislação.

Os dados obtidos com essa primeira resposta do sistema financeiro podem incluir, alternadamente ou cumulativamente:

- dados de conta favorecida com eventual transferência feita pelo criminoso virtual;
- pagamento de boletos bancários, por vezes indicando apenas o código (linha digitável do código de barras) referente ao pagamento e o banco expedidor do título;

66 Vide Capítulo 2 desta obra, mais especificamente os itens 2.14 e 2.15, sobre os principais métodos de distribuição de pragas virtuais e a "pescaria virtual".

- pagamento de outros títulos, como os relacionados a impostos veiculares (IPVA), Receitas Federal (DARFs) e estaduais, serviços de água, luz, esgoto, condomínio etc.

De posse dessas informações, principalmente do IP informado, há necessidade de requerer ao juízo o afastamento de sigilo de dados telemáticos e/ou a requisição tão-somente de dados cadastrais. A ordem/requisição será dirigida ao provedor de serviços de Internet, que responderá com indicação de qual usuário, endereço e todos os dados cadastrais referentes ao protocolo de Internet (IP) utilizado para a fraude eletrônica.

Paralelamente, em se tratando de um serviço de acesso à Internet vinculado a um sistema de telefonia, pode-se requerer ao juízo que determine o envio de informações cadastrais e de localização sobre o terminal telefônico vinculado. Da mesma forma, tratando-se de serviço de conexão à Internet vinculada à telefonia móvel (3G, 4G ou similiar), pode-se requerer a informação a respeito da geolocalização do sinal de celular, ou seja, a estação rádio base (ERB) que foi utilizada ou está em utilização para a conexão, além das informações de geolocalização das aplicações utilizadas pelo investigado e que registrem esse tipo de dado.

No caso de pagamento de boletos bancários, pode ser necessário o requerimento ao juízo para que haja afastamento de sigilo bancário[67] referente ao documento e aos dados pessoais vinculados ao(s) beneficiário(s). Da mesma forma, no caso de pagamento de títulos vinculados a órgãos públicos fiscais (Receitas Federal e Estadual), também pode ser necessária ordem judicial de afastamento de sigilo fiscal. Ainda, tratando-se de outros títulos apenas identificados pela linha digitável do código de barras, pode ser necessário o envio de ordem judicial à empresa correspondente para identificar o beneficiário.

Assevera-se que o indivíduo que obteve alguma vantagem ilícita com a fraude pode e deve ser responsabilizado criminalmente e, também, oferecer mais informações sobre outros envolvidos com o fato criminoso. Por exemplo, um indivíduo encontra na Internet um anúncio sobre o pagamento do IPVA e de boletos bancários pela metade do valor e realiza o pagamento do IPVA do seu veículo por intermédio das pessoas (criminosos virtuais) que publicaram este anúncio. Caso, no decorrer da investigação, identifique-se que foi utilizada uma fraude contra instituição bancária para efetuar o pagamento do IPVA, a instituição bancária e o Departamento Estadual de Trânsito poderão colaborar na identificação do proprietário do veículo, e ele poderá informar

---

[67] Com base na Lei Complementar nº 105/2001.

o site onde localizou o anúncio, bem como os dados de contato da pessoa que recebeu o valor. Por lógica, sem a atuação do beneficiário o crime não seria praticado, havendo relação, portanto, de causalidade entre as ações e conjunção de esforços para que o crime ocorresse.

Outra situação que merece destaque diz respeito aos casos em que, por meios fraudulentos, o criminoso sacou determinada quantia em uma agência bancária ou caixa eletrônico, causando prejuízos a ela ou a seus clientes. Nestes casos o delegado de polícia que estiver conduzindo a investigação pode representar para que forneçam as imagens dos criminosos que ficam registradas nas câmeras destes locais.

Por outro lado, nas hipóteses de fraudes que ocorrem via *call center*, é comum que a ligação à central de atendimento bancário seja feita com utilização de sistema VoIP (voz sobre IP). Nesse caso, o banco pode fornecer a origem da ligação, devendo ser pesquisados os dados sobre o telefone utilizado. Para a obtenção dos dados cadastrais desse número telefônico há necessidade de uma ordem judicial[68], bem como há necessidade de solicitar informações ao provedor do referido serviço sobre a origem do acesso VoIP, em determinado dia e hora, que gerou ligação para o *call center* do banco do correntista lesado. O parâmetro, repetimos, é o número do *call center* da instituição financeira.

Por último, no caso das fraudes com uso de cartões de crédito ou débito nas compras fraudulentas, há necessidade de identificar o responsável pelo serviço/comércio eletrônico, que fornecerá os dados do protocolo IP, data, hora e padrão GMT (UTC) utilizados pelo criminoso virtual. Eventualmente, o site de comércio eletrônico poderá indicar um serviço de pagamento *on-line* como, por exemplo, o PagSeguro[69] (da empresa UOL), sendo necessária nova ordem de afastamento de sigilo judicial a este serviço para que informe os dados sobre o pagamento fraudulento realizado (dados cadastrais, *logs* de criação e de acesso e identificação do beneficiário).

No caso de compras fraudulentas na Internet com cartões de crédito e débito clonados, furtados ou roubados, pode-se solicitar o afastamento de sigilo dos dados cadastrais do usuário, com informações adicionais sobre o e-mail e o CPF vinculados, além dos *logs* de criação e acessos ao usuário criado, como também do endereço de entrega cadastrado e/ou utilizado na compra ilegal.

---

68 Vide possibilidade de requisição direta dos dados, pelo MP e autoridade policial, conforme arts. 13-A e 13-B do CPP, art. 15 da Lei nº 12.850/2013 e art. 17-B da Lei nº 9.613/1998.

69 Site do serviço é <https://pagseguro.uol.com.br/>.

Todos os dados são importantes para localizar suspeitos e envolvidos, direta ou indiretamente, nos delitos. Também neste caso é fundamental que o investigador conheça os serviços disponibilizados. Seguir os rastros digitais é importante, mas também o é seguir as movimentações bancárias dos suspeitos.

3.4. Mídias e/ou redes sociais

Quando falamos de mídias e/ou redes sociais estamos mencionando as diversas formas de relacionamento através das redes disponíveis na Internet. As redes sociais mais usuais no Brasil são Facebook, LinkedIn e Instagram. Outra mídia social bastante utilizada, que é um misto de rede social e microblog, é o Twitter.

Quando a investigação deparar com as mídias/redes sociais é fundamental que o investigador conheça as ferramentas e os conteúdos que elas disponibilizam, bem como as formas de contato entre os usuários.

Assim, quanto às redes sociais, é fundamental que, desde logo, sejam considerados os seguintes aspectos, atendendo às especificidades:

Facebook: vide Capítulo 5, no item 5.5, as orientações e os procedimentos específicos em relação ao Facebook, os quais também servem para o Instagram, especialmente quanto à plataforma de interação com as forças policiais/legais.

Twitter: neste caso, a identificação do usuário é pelo *nickname* constante após o nome do domínio do Twitter. Existe dificuldade com relação ao cumprimento de ordens judiciais no Brasil, havendo a necessidade de encaminhamentos de cooperação jurídica internacional em matéria penal.

O Twitter, assim como outros sites de relacionamento, promete a retirada imediata de perfis que divulguem, por exemplo, a pedofilia (WENDT, 2013). Vamos separar o procedimento adequado em "qualquer pessoa" e "forças da lei":

- Qualquer pessoa pode denunciar um perfil, um tuíte ou uma lista. Quando se trata de perfil ou tuíte que divulgue ou está relacionado à pornografia infantil no Twitter clicando no ícone do próprio perfil, tuíte ou lista e efetivar a denúncia correspondente. No caso de exposição de informações pessoais, deve-se preencher o formulário constante do link <https://help.twitter.com/pt/forms/safety-and-sensitive-content/private-information> e preenchê-lo, incluindo links e detalhando qual informação está sendo exposta (para obter o link, clique no *timestamp* – data e hora de um tuíte). Existe uma política específica para o caso de fraudes finaceiras (<https://help.twitter.com/pt/rules-and-policies/financial-scam>).

- As chamadas "forças da lei" devem enviar uma requisição/ordem de afastamento judicial na plataforma <https://legalrequests.twitter.com/forms/>. Tais pedidos, no entanto, só deverão ser provenientes de órgãos oficiais e devem incluir identificação apropriada (tal como documento timbrado, e-mail oficial do órgão, número de processo etc.). Pedidos enviados por agentes/órgãos desprovidos de competência para tanto serão descartados. Mais informações sobre as diretrizes do Twitter podem ser obtidas no endereço: <https://help.twitter.com/pt/rules-and-policies/twitter-law-enforcement-support>.

Como se vê, existem mecanismos prévios a qualquer ação policial e/ou judicial e que podem ser solicitados junto aos serviços das mídias e redes sociais. O importante é que a medida seja solicitada imediatamente, para evitar danos maiores.

3.5. Vídeos e fotos na Internet

Fotos, vídeos e outros dados da vítima disponibilizados indevidamente na Internet podem ser retirados do site ou rede social onde tenha ocorrido a publicação, por intermédio de um pedido administrativo da vítima. No caso de "imagens, de vídeos ou de outros materiais contendo cenas de nudez ou de atos sexuais de caráter privado", segundo o art. 21 da Lei nº 12.965/2014, a solicitação pode ser feita diretamente, pela vítima ou seu representante legal, ao provedor de aplicação, que o retirará, sob pena de responsabilidade.

Outro caminho é, caso tratar-se de crime (por exemplo, arts. 216-B e 218-C do Código Penal), procurar uma Delegacia de Polícia, para que a Autoridade Policial requisite os dados cadastrais e/ou represente para obter os dados do sigilo telemático e para que ocorra a retirada do conteúdo ofensivo da rede social ou do site em que tenha sido publicado.

Também por intermédio de um advogado pode-se realizar esse tipo de representação perante o Poder Judiciário, buscando-se cautelarmente uma medida direcionada ao site que contém o registro do fato criminoso.

A retirada desse conteúdo da Internet, no entanto, é mais comum nos casos que envolvem a publicação indevida de fotos e/ou vídeos de cunho sexual das vítimas ou de outro tipo de conteúdo que atinja a sua reputação. Existem outras possibilidades de retirada do conteúdo, porém com ordem judicial, no caso de racismo e no caso de violação da legislação eleitoral.

Os dados que a vítima deve possuir e informar, ao registrar o fato na Delegacia de Polícia ou em Ata Notarial, são relativos às URLs onde foi publicado o conteúdo[70].

3.6. Pornografia infantil

A pornografia infantil é uma forma ilegal de pornografia que se caracteriza pela utilização de imagens de cunho erótico de crianças e adolescentes e representa uma das maiores preocupações na Internet.

O suposto anonimato que envolve a utilização da Internet muitas vezes representa um campo fértil para inúmeros tipos de comportamentos que o indivíduo não teria coragem de realizar se tivesse que se expor. Nesse contexto, a Internet pode propiciar divulgação de pornografia infantil ou prática de crimes contra crianças e adolescentes sob uma conotação sexual.

O que se percebe é geralmente a existência de criminosos individuais que produzem fotos e vídeos eróticos com crianças e adolescentes e realizam a sua divulgação na Internet ou que consomem esse tipo de produto havendo, também, outro tipo de criminoso, que se caracteriza por fazer parte de redes nacionais ou internacionais de pornografia infantil.

Os criminosos que possuem esse tipo de desvio representam um grande problema para a sociedade e para os órgãos de segurança, principalmente em razão da dificuldade que têm de deixar de delinquir. Assim, pode-se dizer que uma pessoa que pratica esse tipo de crime, em razão de sentir atração por criança e adolescente, geralmente volta a praticar essa modalidade de crime.

Em recente entrevista, o psiquiatra Guido Palomba, um dos maiores conhecedores no Brasil de psicopatas que possuem desejos sexuais por crianças, ao comentar sobre um indivíduo preso por cometer abusos sexuais contra as crianças vítimas, disse ser

> impossível curar um psicopata. O melhor é mantê-lo afastado da sociedade. O erro mais comum é condenar um criminoso com esse diagnóstico a penas

70 Vide o subitem "Formas de guarda de prova para uso em Inquérito Policial e Procedimento Judicial", quando tratamos das formas usuais de guarda de provas de um delito cometido através de sites na Internet.

> corporais, como a detenção. O mais sensato é a medida de segurança, que permite tratamento e estabilização do quadro diagnosticado (...) a diferença é que a pena de reclusão permite a progressão da pena e o sentenciado vai para a rua, volta para a casa e ao convívio social. A medida de segurança pode ser para a vida toda do criminoso. Por não haver cura para a psicopatia, ele não deixará a Casa de Custódia e Tratamento (ARAÚJO, 2010).

Em razão da aprovação da Lei nº 11.829/2008, que acrescentou vários dispositivos ao Estatuto da Criança e do Adolescente, o Brasil tornou-se um dos países do mundo que possuem legislação que criminaliza especificamente a pornografia infantil praticada por intermédio de computadores e da Internet. Após essa normatização tornou-se crime, inclusive, o armazenamento de fotografia, vídeo ou outro registro que contenha cena de sexo explícito ou pornográfica envolvendo criança ou adolescente, conforme dispõe o artigo 241-B do Estatuto da Criança e do Adolescente[71].

Um passo que pode favorecer que se chegue ao autor desse tipo de crime é obter informações sobre o usuário de Internet que promoveu a publicação do conteúdo pornográfico. Nos casos que envolvam sites alocados em servidores no Brasil e em outros países recomenda-se a utilização dos procedimentos apontados no item 3.1.1 deste capítulo.

Outro aspecto que merece ser considerado é a possibilidade de o criminoso ter em sua residência ou local de trabalho computadores ou mídias contendo pornografia infantil. Em razão desse fato, é necessário apreender todo tipo de equipamento de informática considerado suspeito, ou seja, que possa ser utilizado para armazenar esse tipo de conteúdo. São exemplos desse recurso: HD externo, CD, DVD, *pen drives*, cartões de memória, aparelho celular etc.

O monitoramento do e-mail ou da conexão de Internet (pelo seu IP e/ou acesso telefônico) do usuário de computador pode ajudar, com acertada eficácia, a comprovação de sua relação com a pornografia infantil. Com o dispositivo e o software adequados, pode-se fazer esse monitoramento, previsto em lei, inclusive na *deep web*.

É interessante acrescentar que criminosos com esse tipo de desvio de conduta procuram realizar atividades que permitam que tenham contato com suas potenciais

---

[71] A divulgação, a posse, a simulação de imagens de conteúdo pornográfico envolvendo criança e adolescente, bem como o aliciamento de crianças, passou a ser crime a partir de 2008. Vide Lei nº 8.069/1990, arts. 241-A a 241-E.

vítimas, e, no âmbito da Internet, esse tipo de comportamento se repete. Além disso, as redes sociais representam verdadeiras "vitrines" para esses criminosos escolherem suas vítimas, que dificilmente fazem ideia do perfil psicológico desse tipo de pessoa.

Por esse motivo é muito importante que os pais acompanhem o que seus filhos postam nas redes sociais, com quem eles mantêm contato e, acima de tudo, que desenvolvam um constante diálogo e uma relação recíproca de confiança com eles.

Em um caso de cena de sexo explícito com crianças e adolescentes em um ambiente virtual sob suspeita e investigação, destacamos como fundamentais, dentre outros aspectos já considerados, as seguintes atividades prévias de preservação de evidências:

- identificação da URL e/ou direcionamento de links, com consequente verificação de responsabilidade de domínio e hospedagem;
- coletar todas as informações disponíveis sobre o responsável pela postagem, como e-mails, links e *nicknames* envolvidos;
- captura da imagem da tela e, caso possível, cópia do conteúdo do site com o uso do software HTTrack, conforme já especificado no item 3.1.1.8;
- no caso de vídeo, imediato *download* do arquivo ou realização de captura de *streaming* de vídeo exibido através de algumas ferramentas disponíveis na web (VDownloader[72], Debut Video Capture[73], Camtasia[74] etc.);
- após essas medidas, pode-se solicitar formalmente ao provedor de conteúdo que, além de preservar as evidências para fins de instrução de investigação criminal, retire o conteúdo criminoso do ar, sob pena de incorrer em crime, substituindo a página por uma com informações oficiais sobre a investigação e ordem judicial;
- finalmente, e nos casos de provedor de conteúdo localizado em solo brasileiro, representar ao juízo para que, dentre outras medidas possíveis, o responsável pelo armazenamento do conteúdo ilegal detectado encaminhe, em uma mídia não regravável, o conteúdo da página ou URL investigada, dados cadastrais de usuários, *logs* de criação e de acesso subsequentes, com informações sobre eventuais alterações do conteúdo investigado.

72 Disponível no seguinte endereço eletrônico: <http://vdownloader.com>.

73 O Debut Video Capture está disponível no seguinte endereço eletrônico: <http://www.nchsoftware.com/capture/debutsetup.exe>.

74 O Camtasia está disponível no seguinte endereço eletrônico: <https://camtasia-studio.br.uptodown.com/windows>.

3.7. Atuação de grupos racistas e outras organizações criminosas

A Internet potencializa as mais variadas ações criminosas, e uma manifestação racista verbal nem sempre é compartilhada por muitas pessoas. Em contrapartida a essa informação, quando ocorre pela Internet, a repercussão pode ser muito maior.

Para efetuar esse tipo de investigação, inicialmente cabe esclarecer se o criminoso atua individualmente ou participa de organização criminosa.

Esse tipo de crime envolve a veiculação de imagens, comentários, vídeos ou outros tipos de manifestações discriminatórias que atinjam a cor, raça, etnia, religião ou procedência nacional, conforme disposto na Lei nº 9.459/1997. Além disso, o crime de racismo é inafiançável, imprescritível e sujeito a pena de reclusão.

Conforme ocorre a veiculação de um conteúdo discriminatório na Internet, seja em uma rede social, um blog, um site ou por intermédio de um e-mail, ocorre a geração de *logs* que permitem a identificação do criminoso. Também é possível que o juízo determine a retirada do conteúdo, conforme previsto no inciso II do § 3º do art. 20 da Lei nº 7.716/1989 (alteração de 2012).

Existe grande possibilidade de localizar, nos computadores desses criminosos, indícios da prática do crime de racismo, como, por exemplo, nos casos envolvendo grupos neonazistas, *skinheads* ou que promovam intolerância religiosa.

Outro ponto que pode facilitar a investigação é a infiltração de policiais, prevista na Lei nº 12.850/2013 em razão de uma alteração em 2019, para obter prova em investigação criminal que pode ser deferida pelo Poder Judiciário e permitiria, por exemplo, que o policial simulasse interesse em fazer parte desses grupos para obter informações sobre seus integrantes. Essa estratégia pode ser utilizada também na investigação de outros tipos de organizações criminosas.

3.8. *Cyberbullying* e *cyberstalking*[75]

Muitos imaginam que violência signifique unicamente agressão física contra outras pessoas, ou seja, a ação de infligir uma dor corporal contra a vítima, como no caso em que ela recebe um tapa, um soco ou um empurrão. O que as pessoas geralmente não levam em consideração é que existem modalidades de violência que podem ser produ-

75 Jorge (2011).

zidas de forma diferente. Um exemplo é a agressão moral, e, mais recentemente, esse mesmo tipo de ofensa, só que praticado por instrumentos eletrônicos (ou cibernéticos).

As ofensas praticadas por meios eletrônicos se assemelham com as outras modalidades, mas seus efeitos podem ser piores e algumas vezes perdurar por toda a vida da vítima. Nesse viés estão o *bullying* e, mais recentemente, o *cyberbullying*.

Independentemente do tipo de agressão, quando esta se torna reiterada, pode tratar-se do denominado *bullying*. Palavra originada da língua inglesa que significa valentão, caracteriza-se pela prática de agressões físicas ou psicológicas de forma habitual, traumática e prejudicial às vítimas.

Mais recentemente surgiu o termo *cyberbullying*, que consiste no mesmo tipo de agressão, porém praticado por intermédio de computadores ou outros recursos tecnológicos. Esse tipo de ofensa pode ser praticado das mais variadas formas e tem como característica a rápida disseminação pela rede, ou seja, em pouco tempo a ofensa é disponibilizada em uma infinidade de sites e blogs. Dificilmente a vítima consegue extirpar a informação de todos os locais onde se encontra.

Dentre as modalidades de *cyberbullying* temos o envio de e-mails ofensivos para a vítima ou conhecidos dela, envio de mensagens SMS via celulares, postagem de vídeos, publicação de ofensas em sites, blogs, redes sociais, fóruns de discussão, hotéis virtuais (Habbo), mensageiros instantâneos etc.

O *cyberbullying*, de forma semelhante ao *bullying*, é muito frequente no ambiente escolar, entre jovens, porém pode ser praticado também no ambiente corporativo (quando é denominado *mobbing*), no seio familiar, entre vizinhos, amigos ou em outros ambientes.

Em nosso dia a dia temos visto o *cyberbullying* ser praticado pelos mais variados motivos, desde diferenças entre características físicas das pessoas, como por exemplo um indivíduo que usa óculos, que é obeso, que tem alguma deformidade física, ou em relação a outras características, como nos casos em que um jovem se destaca muito intelectualmente ou que possui uma religião, etnia ou preferência sexual diferente da maioria.

Esse tipo de problema tem proporcionado diversas consequências, como traumas, baixo desempenho escolar, depressão, sentimento de inferioridade, dificuldade nos relacionamentos e outros malefícios.

Cabe ainda destacar que alguns casos de *cyberbullying* rompem os limites da licitude e se enquadram em previsões penais. Surgem, nestes casos, os crimes cibernéticos, que se caracterizam pela prática de delitos fazendo uso de recursos tecnológicos, especialmente computadores. Neste tipo de situação também é deflagrada a atuação dos órgãos de persecução penal e na sua primeira fase pode atuar a Polícia Civil ou a Polícia Federal, que possuem a função de apurar infrações penais, conforme consta no artigo 144 da Constituição Federal.

Dentre os principais exemplos de *cyberbullying*, considerado criminoso, destacamos:

a) **Calúnia**: afirmar que a vítima praticou algum fato criminoso. Um exemplo comum é o caso de mensagens deixadas no perfil de um usuário do Facebook, Instagram ou outro site de relacionamento que imputa a ele a prática de determinado crime, como, por exemplo, que certa pessoa praticou um furto ou um estupro. A pena para este tipo de delito é de detenção de seis meses a dois anos e multa.
b) **Difamação**: propagar fatos ofensivos contra a reputação da vítima. O estudante que divulgou no Twitter que determinado empresário foi visto saindo do motel acompanhado da vizinha praticou o crime de difamação. Mesmo que o estudante prove que realmente o empresário foi visto no local, o crime subsistirá, pois independe do fato ser verdadeiro ou falso, o que importa é que prejudique a reputação da vítima. O delito tem uma pena de detenção de três meses a um ano e multa.
c) **Injúria**: ofender a dignidade ou o decoro de outras pessoas. Geralmente se relaciona com xingamentos – por exemplo, escrever no Facebook da vítima ou publicar na Wikipédia que ela seria prostituta, vagabunda e dependente de drogas. Também comete este crime aquele que filma a vítima sendo agredida ou humilhada e divulga no YouTube. A pena é de detenção e varia entre um a seis meses ou multa. Se a injúria for praticada com violência ou vias de fato, a pena varia de três meses a um ano de detenção e multa. Caso as ofensas sejam relacionadas com a raça, cor, etnia, religião, origem ou condição de pessoa idosa ou portadora de deficiência, o crime se agrava e a pena passa a ser de reclusão de um a três anos e multa.
d) **Ameaça**: ameaçar a vítima de mal injusto e grave. É corriqueiro a vítima procurar a Delegacia de Polícia para informar que recebeu e-mails, mensagens de WhatsApp ou telefonemas com ameaças de morte. A pena é de detenção de um a seis meses ou multa.
e) **Constrangimento ilegal**: em relação ao *cyberbullying*, o crime de constrangimento ilegal pode ocorrer se for feita uma ameaça para que a vítima faça algo que não deseja fazer e que a lei não determine, por exemplo, se um garoto

manda uma mensagem instantânea para a vítima dizendo que vai agredir um familiar dela caso não aceite ligar a câmera de computador (*webcam*). Também comete este crime aquele que obriga a vítima a não fazer o que a lei permite, como no caso da garota que manda um e-mail para uma conhecida e ameaça matar seu cachorro caso continue a namorar o seu ex-namorado. A pena para este delito é a detenção de três meses a um ano ou multa.

f) **Falsa identidade**: ação de se atribuir ou atribuir a outra pessoa falsa identidade para obter vantagem em proveito próprio ou de outro indivíduo ou para proporcionar algum dano. Tem sido frequente a utilização de *fakes* em sites de relacionamentos, como no caso de uma mulher casada que criou um *fake* para poder se passar por pessoa solteira e conhecer outros homens. Também comete o delito a pessoa que utiliza a foto de um desafeto para criar um perfil falso em rede social, passando-se por ela e proferindo ofensas contra diversas pessoas, visando colocar a(s) vítima(s) em uma situação embaraçosa. A pena prevista para este tipo de ilícito é de três meses a um ano ou multa se o fato não for considerado elemento de crime mais grave.

g) **Perseguição**: neste caso, pelo novo tipo penal do art. 147-A[76], há um crime que permite punir aquele que persegue alguém, reiteradamente e por qualquer meio, ameaçando-lhe a integridade física ou psicológica, restringindo-lhe a capacidade de locomoção ou, de qualquer forma, invadindo ou perturbando sua esfera de liberdade ou privacidade. São exemplos os casos em que o autor passa a enviar mensagens desagradáveis e capazes de incomodar a vítima. Esse tipo de comportamento é observado pelos denominados *trolls*, que são pessoas que utilizam a Internet para criar discussões, além de irritar e desestabilizar outras pessoas. É o caso do indivíduo que passava o dia inteiro realizando ligações telefônicas e enviando centenas de mensagens SMS com frases românticas para a vítima. A prática do *cyberstalking*, que consiste no ato de perseguir a vítima e ultrapassar os limites da sua privacidade, também se enquadra neste

---

[76] **Perseguição, tipo penal incluído pela Lei nº 14.132, de 2021:**

Art. 147-A. Perseguir alguém, reiteradamente e por qualquer meio, ameaçando-lhe a integridade física ou psicológica, restringindo-lhe a capacidade de locomoção ou, de qualquer forma, invadindo ou perturbando sua esfera de liberdade ou privacidade.

Pena – reclusão, de 6 (seis) meses a 2 (dois) anos, e multa.

§ 1º A pena é aumentada de metade se o crime é cometido:

I – contra criança, adolescente ou idoso;

II – contra mulher por razões da condição de sexo feminino, nos termos do § 2º-A do art. 121 deste Código;

III – mediante concurso de 2 (duas) ou mais pessoas ou com o emprego de arma.

§ 2º As penas deste artigo são aplicáveis sem prejuízo das correspondentes à violência.

§ 3º Somente se procede mediante representação.

crime, como nas situações em que o autor incomoda a vítima com telefonemas a todo momento ou que manda e-mails repetidamente para ela.

h) **Violência psicológica contra a mulher**: já tido como um dos motivos para a aplicação da Lei Maria da Penha (art. 7º, II), a violência psicológica, a partir da Lei nº 14.188/2021, passou a ser crime com a redação do art. 147-B[77]. Toda ação, realizada pela Internet, com o objetivo causar dano emocional à mulher, dano esse que a prejudique e perturbe seu pleno desenvolvimento, ou, ainda, que vise a degradar ou a controlar suas ações, comportamentos, crenças e decisões, utilizando o autor de ameaça(s), atos de constrangimento, humilhação, manipulação, isolamento, chantagem, ridicularização, limitação do direito de ir e vir ou, finalmente, qualquer outro meio que cause prejuízo à sua saúde psicológica e autodeterminação, pode ser investigada e punida nos termos da Lei penal. O criminoso pode usar de redes sociais, especialmente de mensageria instantânea, como WhatsApp, para a prática dessa ação.

A prática deste tipo de crime pela Internet não é sinônimo de impunidade, muito pelo contrário. A Polícia Civil e a Polícia Federal possuem instrumentos adequados e profissionais capacitados para que, por intermédio da investigação criminal, a autoria e a materialidade sejam comprovadas. No Congresso Nacional existem Projetos de Lei visando criar tipos criminais específicos para os casos de *bullying* quando cometidos via rede mundial de computadores.

A prática destas ofensas de *bullying* virtual também desencadeia diversos reflexos no âmbito civil, como, por exemplo, a obrigação de reparar os danos morais ou materiais proporcionados pelos autores das ofensas.

Neste sentido a Constituição Federal, no artigo 5º, inciso X, assegura o direito à indenização pelo dano material ou moral ao determinar que "são invioláveis a intimidade, a vida privada, a honra e a imagem das pessoas, assegurado o direito a indenização pelo dano material ou moral decorrente de sua violação".

No mesmo sentido, o Código Civil estabelece no artigo 927 que "aquele que, por ato ilícito (arts. 186 e 187), causar dano a outrem, fica obrigado a repará-lo".

---

[77] Art. 147-B. Causar dano emocional à mulher que a prejudique e perturbe seu pleno desenvolvimento ou que vise a degradar ou a controlar suas ações, comportamentos, crenças e decisões, mediante ameaça, constrangimento, humilhação, manipulação, isolamento, chantagem, ridicularização, limitação do direito de ir e vir ou qualquer outro meio que cause prejuízo à sua saúde psicológica e autodeterminação:
Pena – reclusão, de 6 (seis) meses a 2 (dois) anos, e multa, se a conduta não constitui crime mais grave.

Esta norma define ato ilícito no artigo 186 do CC ao afirmar que "aquele que, por ação ou omissão voluntária, negligência ou imprudência, violar direito e causar dano a outrem, ainda que exclusivamente moral, comete ato ilícito".

O artigo 953 do CC prevê que "a indenização por injúria, difamação ou calúnia consistirá na reparação do dano que delas resulte ao ofendido". Em seguida o parágrafo único deste artigo declara que "se o ofendido não puder provar prejuízo material, caberá ao juiz fixar, equitativamente, o valor da indenização, na conformidade das circunstâncias do caso".

Estas normas do Código Civil fundamentaram diversas condenações, como aquela proferida pelo juiz de direito da 4ª Vara Cível de Taguatinga e mantida pela 2ª Turma Cível do Tribunal de Justiça do Distrito Federal, que condenou uma pessoa a indenizar duas vítimas em razão de ter postado no (extinto) Orkut mensagens com palavras e expressões de baixo calão (Processo: 200701014929) (TRIBUNAL DE JUSTIÇA DO DISTRITO FEDERAL E TERRITÓRIOS, 2010).

No Rio de Janeiro um grupo de pais de alunos e ex-alunos foi condenado a pagar uma indenização de R$ 18.000,00 por danos morais em razão da criação de uma comunidade na mesma rede social com a finalidade de ofender a vítima (14ª Câmara Cível do Tribunal de Justiça do Rio Janeiro).

No Estado de Minas Gerais no ano de 2007, um indivíduo que foi comparado ao ET de Varginha em um site de relacionamento recebeu indenização de R$ 3.500,00 de um colega de faculdade (9ª Câmara Cível do Tribunal de Justiça de Minas Gerais).

Uma singela busca na Internet permitiu localizar diversos casos de *cyberbullying* em outros estados cujos autores foram condenados ao pagamento de indenização para as vítimas.

Para que a Polícia tenha condições de prestar um serviço adequado e eficiente, é necessário que a vítima forneça o maior número possível de informações, que se cerque de precauções para colaborar na persecução penal do delito que foi deflagrado por intermédio do computador e também para evitar que possa vir a ser responsabilizada nos casos em que noticia o fato criminoso, mas não consegue comprovar o delito. Se a vítima não conseguir comprovar o crime, dependendo do contexto, pode inclusive ser punida pelo crime de comunicação falsa de crime ou contravenção (detenção de um a seis meses ou multa) ou denunciação caluniosa (reclusão de dois a oito anos e multa – e nos casos de utilização de anonimato ou nome suposto a pena é aumentada).

4. INVESTIGAÇÃO EM CASO DE E-MAILS

Entendendo o processo de formação, registro e hospedagem de domínios, fica mais fácil a compreensão quanto à investigação de origem de um e-mail.

Assim, para que um usuário de Internet possa enviar e receber e-mails, deve possuir um nome de usuário vinculado a um domínio, no formato padrão "usuario@ nomedodominio.com.br", onde "@" significa "AT" (em). Traduzindo: *usuario* em *nomededominio.com.br.* Há que se referir que, obrigatoriamente, esse domínio deve possuir um serviço de provedor de e-mails vinculado. Assim, os e-mails seguem do *host* do emissor para o do recipiente, onde se alocam no servidor de correio (computador que guarda e entrega e-mails). Esses e-mails serão acessados tanto pelo serviço de *webmail* quanto pelos aplicativos instalados nos computadores e dispositivos móveis no próximo acesso.

O mais comum e usual, para que o leitor compreenda, é o usuário de Internet cadastrar-se em serviços de e-mail gratuitos, como Yahoo!, Gmail (Google) e Hotmail (Microsoft). Mesmo assim, um usuário um pouco mais avançado pode registrar seu domínio e usar esse domínio também vinculando o serviço de e-mail gratuito ou pago de algum provedor existente. O exemplo mais comum é o uso de contas pessoais vinculadas ao serviço do Google, ficando o acesso semelhante ao do Gmail.

Esses dados são importantes na hora de investigarmos um e-mail, pois devemos ter a noção de qual foi o caminho percorrido pela mensagem virtual. Portanto, para acessar um serviço de e-mail, necessariamente o usuário deverá estar conectado à Internet por um Provedor de Serviços de Internet (PSI). Assim, podemos buscar informações sobre um usuário de e-mail, suas conexões e acessos, junto ao provedor de e-mail e, após isso, junto ao PSI. Aliás, para acesso aos dados cadastrais, conforme o Marco

Civil da Internet, não há necessidade de ordem judicial, bastando uma requisição ao provedor de aplicação do e-mail (arts. 10 e ss da Lei nº 12.965/2014).

4.1. Onde procurar vestígios dos e-mails

Para buscar provas das atividades realizadas através de e-mails, cópias de mensagens enviadas anteriormente podem ser guardadas:

- no sistema do emissor;
- no servidor do recipiente (mesmo depois que o destinatário o tenha lido);
- no próprio computador do recipiente, dependendo da forma de leitura, pois tal informação estará disponível se utilizado o leitor de e-mail instalado na máquina. O registro da transmissão de um e-mail (data, hora, fonte, destino) normalmente é mantido nos *mail logs* (registros de correio) do sistema do emissor (provedor de e-mails do emitente);
- no servidor do recipiente (provedor de e-mails do destinatário).

Assim, caso seja necessário buscar uma prova de um e-mail enviado utilizando o provedor de e-mails Outlook (Hotmail) com destino para um usuário de e-mails do Yahoo!, é possível efetivar a solicitação a ambos os serviços, se assim for do interesse da investigação.

4.2. Investigação de origem de e-mail a partir do registro de ocorrência feito pela vítima

Em regra, as vítimas de crimes cometidos com uso de e-mails comparecem a uma Delegacia de Polícia com o e-mail impresso. Esse dado é substancial para a prova do crime denunciado, porém não é fundamental para a apuração da origem do e-mail. Para a completa apuração da origem de uma mensagem de e-mail é necessário que obtenhamos acesso ao chamado "cabeçalho completo" ou "código-fonte" dele.

Assim, a origem do e-mail pode ser determinada pela parte de um cabeçalho completo chamado "Received". Esse item normalmente não é exibido, mas é facilmente revelado pela opção de "Exibir todos os cabeçalhos", "Exibir código-fonte", "Cabeçalho completo", "Mostrar original" ou algo semelhante, presente em muitos *webmails* e em todos os clientes de e-mail, seguindo o protocolo RFC 822.

Em alguns casos o "Received" identifica diretamente o computador de onde partiu a mensagem. Em outros, somente o provedor que serviu de intermediário para envio da mensagem. Se o caso for esse último, será necessário obter uma ordem judicial que force o provedor a identificar o usuário que enviou a mensagem, através de seus *logs* de acesso (por período determinado), acompanhados, quando possível, da porta lógica.

O grande problema é que alguns provedores não mantêm registros adequados/padronizados, não seguindo as recomendações internacionais. Nesses casos, a acusação pode até cair sobre o usuário errado – portanto, a investigação merece todo o cuidado.

Não é incomum que o provedor usado possa estar localizado em outro país, como China ou Rússia, o que praticamente impossibilitará qualquer ação, principalmente se o país não tiver qualquer tipo de acordo formal com o Brasil.

No entanto, se o "Received" identificar diretamente quem enviou a mensagem, ou durante a investigação obtivermos uma ordem judicial para forçar o provedor de e-mail a revelar essa informação, será necessário obter outra ordem judicial, desta vez para obrigar o provedor de Internet (PSI) a identificar o internauta que de fato enviou a mensagem.

Algumas informações também poderão estar em outro tópico importante do cabeçalho do e-mail: "X-Originating-IP". Nesta parte poderá vir identificada a configuração da rede local da máquina ou o provedor de serviços de Internet utilizado, o que facilitará o trabalho investigativo e suprimirá um dos passos da investigação.

4.3. O que analisar no código-fonte de e-mail?[78]

Para o investigador iniciante não é tão fácil efetivar a leitura de um cabeçalho de e-mail. Porém, depois dos primeiros passos haverá maior facilidade e compreensão dos códigos. Vejamos um exemplo:

> X-Apparently-To: emersonwendt@yahoo.com.br via 216.252.110.196; Tue, 16 Jun 2009 11:24:36
>
> -0700
>
> X-YahooFilteredBulk: 200.154.152.96 X-YMailISG:
>
> LZNe7HcWLDuXrcSmSNZGlqPogSoyxvW_G8PypyqkvM5xSsB.fl4LXA-eymBJ4hsNLi7d9K 4 w L m M u Y S k o w B s i y b K F 2 M 9 KQ z U v J r

[78] Atualmente não é comum constar no cabeçalho do e-mail o endereçamento IP do dispositivo utilizado para acessar a conta de e-mail.

rY8SmWY2BJR8qHmR2oSBM.Oes2iWs MFJ gy5kHStpA-5ZpJjNMcV6xGj4XlknKA8str.EnyDeW5ILLIlfoqAG3N9tjD4vBEjfJU5EWbAag_Y3FBBli0GD3WKBwUaI7M0KyZNsh3Y5BL1kuStQBjC2j4fcxPP.xniLe7QS0L-2d8XC..B33p7L3R.

Z3VU0.pxgucmlxunc0JvZLsB3PrNKp6eG3l0pDYnOEaJ3eV-m1Iiq8Wu6fdu9iSyR3k8HTSk26BZo-H5DaHD0KB3GtTUWaZeH-deGW._M9KyLNN8I_X405sHqp8swXAjPzccEwcoH3I6o-eLl04EgxBQK6j75. nGm8wdteZWhwax1UxmOMtYKBG.FaZnebnUSZYaa7JC87zEXJvJ_GYMNdFKOkEA--

X-Originating-IP: [200.154.152.96]

Authentication-Results: mta196.mail.ac4.yahoo.com from=yahoo.com.br; domainkeys=neutral (no sig); from=yahoo.com.br; dkim=neutral (no sig)

Received: from 200.154.152.96 (EHLO fb05-07.mta.terra.com.br) (200.154.152.96)

by mta196.mail.ac4.yahoo.com with SMTP; Tue, 16 Jun 2009 11:24:36 -0700 Received: from sr04-01.mta.terra.com.br (sr04-01.mta.terra.com.br [200.154.152.50])

by quadra.hst.terra.com.br (Postfix) with ESMTP id 6394D6381AE

for <emersonwendt@yahoo.com.br>; Tue, 16 Jun 2009 13:59:55 -0300 (BRT) Received: from ralston.hst.terra.com.br (ralston.hst.terra.com.br [200.176.12.21])

by buniche.hst.terra.com.br (Postfix) with ESMTP id A8A5BE0001F4

for <emersonwendt@yahoo.com.br>; Tue, 16 Jun 2009 16:59:50 +0000 (UTC) Received: by ralston.hst.terra.com.br (Postfix, from userid 502)

id A610B7D004B; Tue, 16 Jun 2009 13:59:50 -0300 (BRT)

From: emersonwendt@yahoo.com.br To: emersonwendt@yahoo.com.br

Subject: Imagens Dos Corpos do voo447 Perito perdeu a camera agora fotos vasaram na Internet: 5:12:22 AM: 5:14:51 AM: 5:16:58 AM: 8:11:10 AM: 8:11:10 AM: 9:35:04 AM: 9:36:15 AM: 10:08:48 AM: 1:59:40 PM

Content-Type: text/html;

Message-Id: <20090616165950.A610B7D004B@ralston.hst.terra.com.br> Date: Tue, 16 Jun 2009 13:59:50 -0300 (BRT)

A leitura do cabeçalho ocorre, em regra, de baixo para cima. As informações iniciais são as que aparecem em um cabeçalho normal de e-mail, sem a exibição do cabeçalho completo, como data, hora, origem e destino. A origem do e-mail "From" pode ser burlada, como ocorreu no caso do exemplo. Pode-se verificar a fraude quando o cabeçalho aponta diferentes origens na análise dos itens "From" e "Return-Path", sendo que este revela, em regra, o verdadeiro emitente do e-mail. Esta informação serve para requisitar dados cadastrais e, também, solicitar o afastamento de sigilo para obtenção dos *logs* de acesso do e-mail remetente.

No caso em exemplo, percebe-se, pelos itens "Received", que o e-mail veio de um usuário do serviço de e-mail do Terra e foi destinado a um usuário (um dos autores) do serviço de e-mail do Yahoo!. O provedor Terra tem condições de fornecer informações desse usuário, pois também "funcionou" como PSI (X-Originating-IP: [200.154.152.96]).

Outro exemplo:

X-Apparently-To: emersonwendt@yahoo.com.br via 216.252.110.195; Mon, 15 Jun 2009 21:09:45

-0700

X-YMailISG:

.csD3cMWLDuTlFfjrPljO36CKNJqDowdhbRAuTTCEhbTEVziZ8P4.CvSse-TKac7h2eMAn2Wl4 ii1K9OTgoL0vvQRQAmmgPJoXMgcyOkVG2oOUr. vZYncUUmn6jch.9l12.73q.qZIvU5vmWeAA- XfsWZ11YTK6ylmsjCi21j3Od-VBNPyMvlhWjqyiK4kr8s_.IXwwgFOsL4OlGQ_glBfpNUGkng8d1Ftl2- Xu.1q 7S4877r5rM7KB47Td5Oa18SY6mKc3F8n7ZeikeCWvDRxeBnDflWJkxBslxZ WxomH7JP..jzfP- NKLrb2o0HYP.kviy8Whx2g7vecJa.2xhNwHYT6PtuyTz1BE nvlNRXn9NwqlwwA5St

X-Originating-IP: [208.84.243.79]

Authentication-Results: mta149.mail.re3.yahoo.com from=terra.com.br; domainkeys=neutral (no sig); from=terra.com.br; dkim=neutral (no sig)

Received: from 208.84.243.79 (EHLO if07-mail-sr02-mia.mta.terra.com) (208.84.243.79)

by mta149.mail.re3.yahoo.com with SMTP; Mon, 15 Jun 2009 21:09:22 -0700

Received: from nipissin.terra.com (nipissin.tpn.terra.com [10.235.200.60])

by mail-sr02-mia.tpn.terra.com (Postfix) with ESMTP id E702F50000059; Tue, 16 Jun 2009 04:09:17 +0000 (UTC)

X-Terra-Karma: -2%

X-Terra-Hash: c87fe379435aea24229f7455d603a3d1

Received-SPF: pass (nipissin.terra.com: domain of terra.com.br designates 208.84.242.62 as permit- tedsender) client-ip=208.84.242.62; envelope--from=xxxxxx@terra.com.br; helo=user1981899969;

Received: from user1981899969 (unknown [187.36.27.150]) (authenticated user xxxxxx)

by nipissin.terra.com (Postfix) with ESMTPA id 010974000008A; ue, 16 Jun 2009 04:04:50 +0000 (UTC)

Message-ID: <002301c9ee37$9e2ed0d0$6701a8c0@user1981899969> From: "Fulano de Tal" <xxxxxx@terra.com.br>

To: <Undisclosed-Recipient:;>

Subject: =?utf-8?Q?Fw:_Como_p=C3=B4r_uma_lancha_na_=C3=A1gua=2C?= =?utf-8?Q?_aprendam...?=

Date: Tue, 16 Jun 2009 01:02:15 -0300

MIME-Version: 1.0

Content-Type: multipart/mixed;

boundary="----=_NextPart_000_0013_01C9EE1E.16947F30" X-Priority: 3

X-MSMail-Priority: Normal

X-Mailer: Microsoft Outlook Express 6.00.2900.3138

X-MimeOLE: Produced By Microsoft MimeOLE V6.00.2900.3350

Neste caso, também efetivando-se a leitura de baixo para cima, verifica-se que quem enviou o e-mail utilizou o aplicativo Outlook Express e o primeiro "Received" nos traz todas as informações necessárias: id de usuário; provedor de e-mail Terra; IP do provedor de serviços de Internet (187.36.27.150), no caso o Net Vírtua (NET Serviços de Comunicação S.A.).

Importante observar nesses casos que, ao informar o provedor de serviço de e-mail, a hora padrão deve ser observada. Portanto, devem ser informados a data, o horário e o formato do horário (GMT, UTC, PDT etc.).

4.4. Como encontrar o código-fonte dos e-mails

Como referido, cada provedor de e-mail tem uma forma de mostrar o código-fonte ou o cabeçalho padrão dos e-mails. A seguir demonstraremos como encontrar essa informação com base em alguns dos principais serviços de e-mail utilizados no Brasil.

É importante registrar que esses passos foram formatados com o auxílio do policial Luís Fernando da Silva Bittencourt, da Polícia Civil do Rio Grande do Sul, durante o Curso de Crimes Praticados pela Internet ministrado em 19 edições nos anos de 2008 e 2009.

4.4.1. Gmail e serviços de e-mail que o usam

Cabe esclarecer que os e-mails enviados pelo Gmail (e a maioria dos e-mails) não oferecem o número de IP no referido cabeçalho. Nesses casos será necessário encaminhar representação para o Poder Judiciário determinar que o Google informe os *logs* de utilização da referida conta de e-mail e, desta forma, obter os IPs necessários para promover a identificação do usuário do computador que praticou o crime em investigação. Para localizar o cabeçalho de e-mail do Gmail é necessário abrir a caixa de entrada e selecionar a mensagem desejada. Após, observe que no canto superior direito existem os ícones de "mostrar detalhes" e "Responder". Ao abrir o ícone de responder, visualize e clique no item "Mostrar original". Pronto! O Gmail mostrará, em uma nova aba, o cabeçalho completo da mensagem, podendo ela ser exportada e preservada para a investigação.

4.4.2. Outros serviços de e-mail

Em relação a outros serviços de e-mail, o procedimento é semelhante, sendo necessário observar as orientações dos provedores respectivos para encontrar o código-fonte. Em alguns serviços é necessário efetuar o *download* da mensagem de e-mail para ler o código completo e confirmar o e-mail verdadeiro e os dados de transmissão.

4.5. Ferramentas de análise do código-fonte dos e-mails

Alguns programas e ferramentas disponíveis na Internet facilitam o trabalho de leitura da origem do e-mail. É importante ressaltar que, infelizmente, nem todos os serviços de e-mail têm as informações aptas a uma boa leitura e, assim, a conferência do cabeçalho serviria, basicamente, para confirmar ou não a conta verdadeira do remetente. Essas ferramentas de análise funcionam da mesma forma, ou seja, basta copiar e colar o cabeçalho completo no local indicado e eles nos dão algumas respostas.

Programa indicado:

- **eMailTrackerPro (ETP)**: disponível no site <http://www.emailtrackerpro. com/>, o programa, que precisa ser instalado no PC, tem como principal funcionalidade a análise dos cabeçalhos de e-mail[79], porém também pode verificar qual é o provedor da conta de um e-mail.

Paralelamente ao programa mencionado, existem sites que oferecem ferramentas gratuitas que auxiliam na leitura dos códigos-fontes dos e-mails investigados. Vejamos:

- **Find Email Search**: disponível no link <http://www.find-ip-address.org/email--search/find-email.php>.
- **Trace Email (What Is My IP)**: disponível no link <http://whatismyipaddress.com/trace-email>.
- **Trace Email Address**: disponível no link <http://my-addr.com/trace_email_address/free_email_trace_route/online_email_trace_route_tool.php>.
- **Trace Email IP Address**: disponível no link <http://www.ip-adress.com/trace_email/>.
- **IPLigence Trace Email**: disponível no link <http://www.ipligence.com/email-trace>.
- **Google:** <https://toolbox.googleapps.com/apps/messageheader/?lang=pt-BR>.

Essas ferramentas são sugeridas aos investigadores que, estando no início do aprendizado, não conseguem fazer a leitura correta e/ou não têm certeza se a leitura realizada sobre o código-fonte do e-mail está correta.

4.6. Interceptação de e-mail e acesso ao conteúdo dos e-mails

Uma das possibilidades da investigação criminal é o acesso ao conteúdo do e-mail de um determinado alvo em investigação. Tal circunstância pode ocorrer em relação ao que já aconteceu (passado) ou sobre aquilo que está acontecendo (presente), este procedimento sempre mediante ordem judicial com base na Lei nº 9.296/96. No primeiro caso, a ordem judicial deve ser dirigida ao provedor de e-mail para que remeta todo o conteúdo existente na caixa postal do investigado, devendo a ordem ser bastante clara quanto ao conteúdo requisitado (caixa de entrada, enviados, lixeira, rascunho, demais pastas etc.). Já no segundo caso teremos a hipótese clara de interceptação telemática de e-mails.

---

[79] A versão gratuita por 15 dias pode ser baixada no link <http://www.emailtrackerpro.com/download.html>. Após esse prazo o programa não responde à execução, tendo de ser pago.

Para captar e-mails recebidos de um suspeito ao longo do tempo de interceptação, há possibilidade de "clonar" a caixa de entrada do investigado, ou seja: todas as vezes que uma mensagem chega ou é enviada, uma cópia adicional é feita sigilosamente e enviada a uma caixa postal indicada pela autoridade policial. Também é possível que a empresa que oferece o serviço de e-mail crie uma conta de e-mail espelho, semelhante à conta de e-mail sob investigação.

Nesse processo de interceptação telemática de e-mail existem, portanto, duas possibilidades técnicas que podem ser utilizadas concomitantemente. Vejamos, portanto, como funciona a interceptação de e-mails.

4.6.1. Espelhamento de e-mails

A autoridade policial, de posse da ordem judicial de interceptação do e-mail, indica ao provedor correspondente um e-mail para que haja o desvio das comunicações por e-mail. Utilizando esta opção, somente não se terá acesso à caixa postal denominada *rascunho*, cujo instrumento é útil ao investigado para troca de informações com os seus contatos. Também, segundo alguns provedores, alguns e-mails enviados pelo investigado poderão não ser redirecionados à caixa postal destinatária, indicada pela autoridade policial, por problemas técnicos de configuração do espelhamento.

4.6.2. Espelhamento de conta de e-mail

Neste caso, o provedor de conteúdo cria uma conta espelho, semelhante à conta de e-mail sob investigação, de acordo com seu próprio padrão e orientações da área jurídica. Essa conta espelho é acessada pela autoridade ou agente, que tem acesso às mesmas mensagens que o investigado, porém sem a possibilidade de manipular o conteúdo. É o processo mais adequado, pois permite visualizar o mesmo que o investigado vê.

Em ambas as situações, é importante que a Autoridade requeira ao Juiz que, ao final do período de interceptação do e-mail, o provedor de serviço de e-mail forneça uma mídia não regravável com as cópias de todas as mensagens recebidas, enviadas, arquivadas e rascunhadas pelo investigado. Tal opção denotará, no curso da investigação criminal, a credibilidade do conteúdo e consequente análise.

Existem vários dados que podem ser úteis durante uma investigação criminal, além dos já citados, e que dizem respeito aos e-mails:

- dados cadastrais informados quando da criação da conta de e-mail;
- *logs* de criação (registro do IP, data, hora e padrão de horário quando da criação da conta de e-mail);
- *logs* de acesso (registros de IP, data, hora e padrão de horário quando de todos os acessos à conta de e-mail, podendo ser especificado um período de análise);
- modificações do cadastro no transcorrer do tempo (geralmente disponível em contas pagas);
- relação de contatos (fundamental para estabelecermos prova de proximidade dos investigados e formatarmos a análise de vínculos);
- relação de mensagens e o conteúdo dos e-mails (sempre solicitando que sejam enviadas em mídia não regravável e especificando o período desejado e correspondente à investigação);
- outros dados, de acordo com o interesse da investigação criminal em curso.

É pertinente esclarecer que no dia 12 de junho de 2015 a ABNT publicou a norma ABNT NBR 16386:2015 – Tecnologia da informação – Diretrizes para o processamento de interceptação telemática judicial, elaborada pelo Comitê Brasileiro de Computadores e Processamento de Dados (ABNT/CB-21). A norma oferece um referencial para a interceptação telemática decorrente de ordem judicial, considerando o relacionamento entre provedores de acessos, os responsáveis pela investigação e/ou responsáveis pela interceptação e o judiciário.

4.7. Diferença entre interceptação telemática e afastamento de sigilo telemático

Muitas vezes ocorre confusão entre a interceptação das comunicações telemáticas e o afastamento do sigilo telemático, ocasionando interpretações errôneas inclusive para o deferimento ou não de uma medida cautelar penal e/ou cível.

Assim, enquanto na interceptação das comunicações telemáticas aplica-se o disposto no artigo 5º, incisos X e XII, da Constituição Federal[80], bem como a Lei nº 9.296/96[81], no afastamento do sigilo telemático não existem exigências semelhantes.

---

[80] Artigo 5º, inciso XII – é inviolável o sigilo da correspondência e das comunicações telegráficas, de dados e das comunicações telefônicas, salvo, no último caso, por ordem judicial, nas hipóteses e na forma que a lei estabelecer para fins de investigação criminal ou instrução processual penal.

[81] Artigo 1º – A interceptação de comunicações telefônicas, de qualquer natureza, para prova em investigação criminal e em instrução processual penal, observará o disposto nesta Lei e dependerá de ordem do juiz competente da ação principal, sob segredo de justiça.

Parágrafo único. O disposto nesta Lei aplica-se à interceptação do fluxo de comunicações em sistemas de informática e telemática.

Apesar disso, de um modo equivocado, muitas vezes o afastamento de sigilo telemático é indeferido pelo Poder Judiciário sob o argumento de que não respeita os requisitos relacionados com as referidas normas. Por exemplo, nos casos de crimes contra a honra praticados por intermédio da Internet, em que o juiz de direito equivocadamente indefere a representação para o afastamento do sigilo telemático e argumenta que a pena para o crime é de detenção, enquanto a Lei de Interceptação Telefônica exige a pena de reclusão.

É pertinente expor que os provedores de conexão ou de aplicação (Outlook – Hotmail, Mercado Livre, TIM etc.) não necessitam exigir a ordem emanada do Poder Judiciário para permitir o fornecimento dos dados cadastrais dos clientes, sendo necessária apenas a requisição firmada por um Delegado de Polícia, nos termos do Marco Civil da Internet.

Inclusive os Tribunais, mesmo antes do Marco Civil da Internet, vinham se manifestando neste sentido, conforme se observa ao vislumbrar o *Habeas Corpus* 83.338 – DF (2007/0116172-1) do Superior Tribunal de Justiça, que prevê

> I. O resguardo do sigilo de dados, genericamente considerado, possui, como garantia que é, função instrumental, no sentido de viabilizar a efetiva realização de direitos individuais relativos à incolumidade da intimidade e da vida privada. Isso significa dizer que a garantia, conceitualmente, por si só, não tem qualquer sentido satisfatório, sendo antes uma projeção do direito cuja tutela instrumentaliza (STF, MS 23452/RJ – RIO DE JANEIRO, Rel. Min. Celso de Melo).
>
> Nesse contexto, o campo de manifestação da garantia informa-se exatamente pela latitude da necessidade de tutela do direito, a entendermos, conseguintemente, que não se cogitando de ameaça ou efetiva lesão ao direito à intimidade e vida privada, igualmente não se pode cogitar em garantia de sigilo de dados.
>
> II. O conhecimento de dados meramente cadastrais, inclusive de e-mail, quando disso não se extrapola para a dimensão de informações sobre o status ou modus vivendi da pessoa, não atinge a intimidade ou a vida privada de alguém, não estando submetido à cláusula de reserva de jurisdição. Licitude da prova produzida nesses termos.

Em outro tópico do voto o ministro Hamilton Carvalhido assevera que os dados cadastrais não estão resguardados pelo sigilo previsto nos incisos X e XII do artigo 5º da Constituição Federal. Segundo ele

> (...) os dados cadastrais obtidos através do ofício requisitório do Ministro Presidente do Superior Tribunal de Justiça ao Senhor Diretor Jurídico da Brasil Telecom não estão resguardados pelo sigilo de que cuida o inciso XII do artigo 5º da Constituição da República, nem tampouco pelo direito à intimidade prescrito no inciso X, que não é absoluto, como já decidiu o Egrégio Supremo Tribunal Federal: "A garantia constitucional da intimidade, contudo, não tem caráter absoluto. Na realidade, como já decidiu esta Suprema Corte, 'Não há, no sistema constitucional brasileiro, direitos ou garantias que se revistam de caráter absoluto, mesmo porque razões de relevante interesse público ou exigências derivadas do princípio de convivência das liberdades legitimam, ainda que excepcionalmente, a adoção, por parte dos órgãos estatais, de medidas restritivas das prerrogativas individuais ou coletivas, desde que respeitados os termos estabelecidos pela própria Constituição' (RTJ 173/805-810, Rel. Min. CELSO DE MELLO, Pleno)" (Inquérito nº 1.867/DF, Relator Ministro Celso de Mello, in DJ 12/2/2003).

Também é importante reproduzir a seguinte decisão proferida pelo ministro Raphael de Barros Monteiro Filho e citada no voto do ministro Hamilton Carvalhido:

> Veja-se, a propósito, a decisão proferida pelo Ministro Raphael de Barros Monteiro Filho, na Carta Rogatória nº 297/DE, in DJ 29/09/2006:
>
> (...)
>
> No tocante à diligência requerida, verifica-se não haver caráter constritivo na medida, vez que visa somente obter os dados do usuário conectado ao IP n. 200.98.154.187, no dia e hora mencionados, a fim de instruir investigação instaurada perante a Justiça estrangeira.

Em outro ponto desta importante decisão, o ministro afirmou que

> **Da inexistência de sigilo de dados cadastrais e/ou telemáticos**
>
> Salvo melhor juízo, os dados cadastrais e/ou telemáticos não gozam da proteção da cláusula de reserva jurisdicional, pois suas obtenções não adentram a dimensão de informações sobre o status, modus vivendi, teor de conversações da pessoa etc. Qualquer interpretação contrária, ultrapassando os limites da razoabilidade, 'significaria acabar com a competência fiscalizadora do Estado' (Tércio Sampaio Ferraz Júnior. Sigilo de Dados: O Direito à Privacidade e os Limites à Função Fiscalizadora do Estado. Revista da Faculdade de Direito USP,

São Paulo, 88:452, 1993). Aliás, a questão não é propriamente de inviolabilidade das comunicações de dados (inciso XII) e, sim, de proteção ao sigilo dos dados, como projeção do direito à privacidade (inciso X do art. 5º da Constituição Federal) (HC 23.452-RJ, DJU 12.05.2000). Em síntese, o conhecimento destes dados, por autoridades públicas, no exercício dos seus deveres funcionais, não atinge a intimidade ou a vida privada de alguém (art. 5º, inciso X, CF).

Esse tipo de posicionamento, em muitos casos, evita todo um trâmite burocrático e torna a investigação dos crimes cibernéticos mais célere e eficaz. A aprovação da Lei nº 12.683, de 2012, corroborou este posicionamento, tendo em vista que incluiu na Lei dos crimes de "lavagem" ou ocultação de bens, direitos e valores (Lei nº 9.613, de 3 de março de 1998) o artigo 17-B, que assegura o direito do Delegado de Polícia e do membro do Ministério Público terem acesso, exclusivamente, aos dados cadastrais do investigado que informam qualificação pessoal, filiação e endereço, independentemente de autorização judicial, mantidos pela Justiça Eleitoral, pelas empresas telefônicas, pelas instituições financeiras, pelos provedores de Internet e pelas administradoras de cartão de crédito, tendo em vista que representam importantes fundamentos legais para requisição visando obtenção de dados cadastrais. No mesmo sentido o artigo 15 da Lei nº 12.850/2013 e os artigos 13-A e 13-B do Código de Processo Penal.

4.8. Outras opções de diligências

Também existem outras possibilidades de diligências investigativas que discutem o tema, como por exemplo:

- o fornecimento de dados cadastrais do usuário de Internet que utilizou determinado número de IP ou determinada linha telefônica;
- a linha telefônica à qual a conexão de Internet esteja vinculada;
- e a interceptação telemática do computador do assinante.

Neste último caso, todas as movimentações do usuário de computadores são compartilhadas com o policial, ou seja, tudo que o investigado realizar no computador, o policial estará monitorando: se ele acessa seu e-mail, vê uma foto, acessa um vídeo, enfim, a tudo isso o policial terá acesso. Os dados serão repassados pelo provedor, após recebimento judicial da interceptação telemática, em regra através de um servidor seguro – SFTP –, enviando os pacotes da navegação do investigado. São esses os dados que serão analisados pelo policial investigador[82].

[82] Algumas empresas oferecem soluções prontas para proceder a interceptação telemática.

5. Aspectos procedimentais

5.1. Como são formadas as evidências eletrônicas?

Os usuários acessam seus computadores e também a rede mundial de computadores e sequer sabem quais os registros (também denominados *logs*) são gerados por esse uso. Por isso, costuma-se referir que esse acesso ocorre, em maioria, na pura inocência, pois, em geral, os usuários não precisam se preocupar com pacotes, endereços de IP ou rota.

O trabalho difícil de gestão das atividades de nível mais básico da rede é realizado por programas e aplicativos. Os usuários interagem com estes programas através da interface do usuário (normalmente uma imagem gráfica com janelas e o cursor do mouse, que permitem sua utilização de forma intuitiva).

A maioria dos *hosts* da rede (máquinas) não possuem funções de monitoramento, que são em grande parte invisíveis e automáticos. Porém, quase toda atividade de rede acaba sendo registrada em algum lugar. Esse registro pode ser assim constatado:

- algumas vezes, de forma substantiva (por exemplo, texto de um e-mail ou uma imagem acessada em determinado site);
- mais frequentemente, na forma de registros de operações (não o que foi dito – conteúdo –, mas informações sobre quando, onde e como etc., ou seja, os *logs* ou registros sobre a operação).

Por isso, optamos também por considerar a circunstância de que, nas hipóteses em que a rede é a cena do crime, o caso pode voltar-se inteiramente para os registros (= *logs*).

Assim, por exemplo, o usuário pode verificar seu histórico de navegação usando aplicativos, como o IEView[83], ou apenas apertando as teclas "Ctrl + H".

5.1.1. Registros de *login* (*logs*)

O *log* é o equivalente cibernético dos registros mantidos pela companhia telefônica, porém com uma leitura um pouco diferenciada, pois, enquanto estes são apresentados de forma organizada, os *logs* são apresentados de uma forma mais bruta e desorganizada, sendo necessário um esforço maior para serem interpretados.

O importante é saber que a maioria dos sistemas registra todas as vezes que um usuário entra (*log in*) no sistema (ou tenta e não consegue).

Em regra, os registros apresentam a hora de início, duração da sessão, conta do usuário e (para usuários com conexão de discagem, ainda existente) o endereço de IP designado ao computador do usuário para aquela sessão.

5.1.2. Amostra de registros de sessão

A seguir, um exemplo de registros de várias sessões – conexões de um usuário ao provedor de serviço de Internet – referentes a um usuário:

emerson 189.16.43.129 Seg 01/08 19:32 – 20:01 (00:29)

emerson 189.16.44.206 Qua 03/08 11:10 – 11:51 (00:41)

emerson 189.16.43.5 Dom 07/08 08:45 – 10:20 (01:35)

Estes registros do exemplo apresentam o **nome do usuário**, o **endereço de IP** designado, **dia**, **data**, **horários** de início e término e duração da sessão para o usuário "emerson".

O importante é que deve haver uma forma de guarnecimento dos *logs*, com ao menos um aplicativo, que precisará registrar:

- data e horário em que ocorreu uma determinada atividade;
- endereço IP de origem da atividade;
- portas e máquinas envolvidas (entrada/saída).

---

83 Basta procurar por esse termo em buscadores na internet. Existem complementos para navegadores diferentes do Edge, que é da Microsoft.

5.1.3. Registros de navegação na Internet

Toda vez que um usuário digita um endereço no seu navegador de Internet ocorre o armazenamento de um registro, conforme já especificado. Portanto, o que pode ser encontrado pelo perito na coleta de evidências digitais corresponde a:

- **Diretório de cache**: cópias das páginas da web visitadas recentemente;
- **Arquivo de histórico**: lista das páginas visitadas recentemente ("Ctrl + H");
- Registros detalhados para cada pedido por qualquer página;
- Data, hora, número de *bytes* e, o mais importante, o endereço de IP do sistema que solicitou o dado.

Exemplo de registros gerados pelo acesso à Internet usando o navegador:

2011:04:01:05:18:06 64.209.181.52 36141/web/dir/meusite/foto.jpg
2011:04:01:13:00:36 192.168.70.13 22349/web/dir/meusite/pedofilia.html
2011:04:02:04:06:30 209.54.25.212 1763/web/dir/meusite/indice.html

Estes registros (do início de abril de 2011) mostram a data e a hora do acesso, o endereço de IP do visitante, número de *bytes* transferidos e nome do arquivo/página acessada.

O importante de conhecer como esses registros são gerados pelo uso do computador e pelo acesso à Internet é que se pode indicar ao perito (oficial ou não) o que se deseja ou, principalmente, quais dados solicitar ao provedor de acesso à Internet ou ao provedor de conteúdo. Sobre os aspectos periciais, importante consultar a obra de Evandro Dalla Vecchia Pereira (DALLA VECCHIA, 2019).

5.2. Contato com os provedores estrangeiros – cooperação internacional, jurídica e policial

A dificuldade da investigação surge quando se está frente a um provedor estrangeiro que não possui escritório de representação no Brasil.

Assim, no caso do e-mail, site ou conexão de Internet ser de responsabilidade do provedor estrangeiro, deve-se contatar o Departamento de Recuperação de Ativos e Cooperação Jurídica Internacional (DRCI) do Ministério da Justiça.

5.2.1. Cooperação Internacional Jurídica

Com base nas informações prestadas pelo referido departamento, apresentamos o roteiro de solicitação de interceptação telemática, relacionada com e-mails e conversação instantânea, perante empresa localizada nos Estados Unidos da América. Com fundamentos no art. 88, parágrafo único, do CPC, e, também, no MCI, se, respectivamente, somente quando o provedor não tem filial no Brasil e se não prestar serviços no Brasil.

Para tal é necessária uma ordem específica oriunda do Poder Judiciário norte-americano, nos termos da legislação daquele país, mais especificamente o *Eletronic Communications Privacy Act of 1986* (legislação que protege os interesses privados de usuários de serviços de comunicação eletrônica).

Em razão de o Brasil ser signatário de um tratado para cooperação judicial (*Mutual Legal Assistence Treaty* – MLAT), órgãos investigativos do país podem representar pela concessão desse tipo de medida investigativa.

As solicitações de Assistência Jurídica em Matéria Penal direcionadas aos Estados Unidos da América regem-se pelos termos do Artigo IV (Forma e Conteúdo das Solicitações) do Acordo de Assistência Judiciária em Matéria Penal entre o Governo da República Federativa do Brasil e o Governo dos Estados Unidos da América (Decreto nº 3810, de 02 de maio de 2001).

De acordo com o Departamento de Recuperação de Ativos e Cooperação Jurídica Internacional (DRCI), os pedidos direcionados à obtenção de dados telemáticos nos Estados Unidos da América devem demonstrar de forma inequívoca a relação entre o detentor das informações e o fato típico com o uso de expressões que remetam à certeza e à clareza. O referido departamento se prontifica a analisar, previamente, minuta de solicitação de assistência jurídica em matéria penal confeccionada pelas autoridades solicitantes, procurando adequá-la às exigências do Estado requerido. A minuta preferencialmente deve ser encaminhada para o e-mail <cooperacaopenal@mj.gov.br>.

Em nosso país, conforme exposto anteriormente, o encaminhamento dos documentos é feito pelo Ministério da Justiça, por intermédio do Departamento de Recuperação de Ativos e Cooperação Jurídica Internacional (DRCI), vinculado à Secretaria Nacional de Justiça (SNJ) e ao Ministério da Justiça e Segurança Pública (MJSP).

Este departamento se localiza no endereço SCN Quadra 6, Ed. Venâncio, 3.000 (Shopping ID), Bloco A, 2º andar – Brasília – DF – CEP 70716-900. Para obter mais informações sobre este órgão, os telefones são (61) 2025-8904, (61) 2025-8913 e (61) 2025.8915. O contato por e-mail pode ser feito via <drci@mj.gov.br>. O formulário para ser preenchido com o pedido de auxílio pode ser encontrado no endereço: <https://www.justica.gov.br/sua-protecao/cooperacao-internacional/formularios-online>.

A seguir, apresentamos o formulário de auxílio jurídico em matéria penal, com as explicações oriundas do Ministério da Justiça:

1. **Destinatário (Para)**: autoridade para a qual é endereçado o pedido – no caso dos EUA, por exemplo, a Autoridade Central é o Departamento de Justiça dos Estados Unidos da América.
2. **Remetente (De)**: Departamento de Recuperação de Ativos e Cooperação Jurídica Internacional/Secretaria Nacional de Justiça/Ministério da Justiça do Brasil – Autoridade Central.
3. **Assunto**: requerimento de assistência jurídica em matéria penal para (finalidade do pedido) em razão de (motivo que ensejou o pedido) e indicação do Tratado, Acordo ou Convenção, como legislação de cooperação jurídica internacional, que rege a solicitação.
4. **Referência**: identificação nominal do caso para facilitar sua identificação nos arquivos (por exemplo: Caso TRT de São Paulo; Caso Nicolau Santos etc.).
5. **Sumário**: breve resumo acerca do órgão e da autoridade responsável pela condução da investigação, do inquérito policial ou da ação penal em curso, assim como o número do procedimento, a qualificação completa do(a) investigado(a) e a referência aos dispositivos legais das infrações perpetradas.
6. **Fatos**: Narrativa clara, objetiva e completa de todos os fatos, para apresentar o nexo de causalidade entre a investigação em curso, os suspeitos e o pedido de assistência formulado – se já houver denúncia oferecida, poderá ser utilizada como base para a descrição.
7. **Transcrição do conteúdo dos dispositivos legais**: referência e cópia literal e integral dos dispositivos legais previstos em legislação esparsa, infraconstitucional ou constitucional nos quais estejam supostamente incursos os suspeitos ou que embasem o pedido de oitiva de testemunhas, se for este o caso. Finalidade: demonstrar ao país requerido a legislação vigente no país requerente, ou seja, no Brasil.
8. **Descrição da assistência solicitada e rol dos quesitos para sua obtenção**: informar o tipo de assistência desejada. Nos casos de citação e/ou intimação, informar o nome e o endereço completos do alvo da diligência. Nos casos de interrogatório, apresentar os quesitos para sua prestação, que devem ser claros

e objetivos. No caso de oitiva de testemunha, mencionar a relação dela com o crime apurado e de que forma ela seria útil para o esclarecimento do caso, apresentando também os quesitos para a inquirição. Já naqueles cuja finalidade é intimação para comparecimento do alvo da diligência, aconselhamos que a comunicação da audiência se realize com antecedência mínima de 180 dias, para que o Estado requerido tenha tempo hábil para diligenciar a solicitação de assistência pretendida.

9. **Objetivo da solicitação**: nos casos de citação, por exemplo: "O processo criminal instaurado somente terá andamento uma vez consumada a citação do réu, ato através do qual tomará conhecimento da acusação contra ele(ela) formulada". Exemplo para os casos de interrogatório: "Mediante o interrogatório judicial do(a) réu(ré), em audiência a ser designada, este(a) poderá confessar ou negar os crimes que lhe são atribuídos. Na mesma audiência, o(a) réu(ré) deverá indicar, se for da sua vontade, advogado(a) que possa promover sua defesa".
10. **Procedimentos a serem observados**: observações relevantes sobre, por exemplo, a importância do sigilo, sobre o direito constitucional reservado ao(à) interrogado(a) de permanecer em silêncio durante o interrogatório; o pedido de pesquisa, caso o alvo da diligência não seja encontrado no local indicado, junto às concessionárias de luz, água e telefone; cadastros municipais; lista telefônica; entre outras "dicas" sobre o funcionamento do processo penal brasileiro quanto à obtenção e ao manuseio das informações e (ou) documentos relativos ao pedido de assistência.
11. **Anexos**: indicar quais os documentos que instruem a solicitação, tais como: denúncia, queixa-crime, inquérito policial, laudos periciais, documento no qual conste o arrolamento de testemunha etc.

É necessário esclarecer que toda a documentação deve ser traduzida para o idioma do Estado requerido e a solicitação em português deve ser encaminhada na versão original, devidamente assinada.

5.2.2. Cooperação Internacional Policial

Nosso país ainda faz parte da rede para assuntos de crime de informática (*network for computer crime matters*) e, de acordo com o documento firmado entre os países signatários, o contato no Brasil é o setor de Crimes de Informática da Polícia Federal.

Esta rede pertence à rede 24/7 do G8, que foi expandida para outros países, como o Brasil. Fazem parte dessa rede Unidades de Crimes Cibernéticos, e o maior intuito é a preservação da evidência e solução de dúvidas em legislação de cooperação jurídica internacional. Podemos dizer que é uma rede especializada facilitadora, já que é menos burocrática. Por não ser a autoridade central do país, existem limitações.

Esta rede, por exemplo, encaminha pedidos de preservação de evidências digitais diretamente aos integrantes da rede, incluindo o pedido de retirada, mas a eficácia da medida depende das leis do país destinatário[84].

Segundo Elmer Coelho Vicente (2010)[85], muitas cooperações não são sequer processadas porque faltam elementos mínimos nos pedidos, os quais asseguram a integridade do processo. Revela o autor que

> Pelo empirismo, principalmente na utilização dos canais em que a cooperação é tramitada, como INTERPOL e rede 24/7 de crimes eletrônicos do G8, tais elementos são:
>
> a) Referência do caso – número da investigação no país/Processo Judicial/outro procedimento;
>
> b) Autoridade responsável pelo procedimento, com seu e-mail, telefones de contato e instituição;
>
> c) Sumário do caso, sem quebrar qualquer sigilo, principalmente: como o crime foi cometido, se foi consumado ou restou tentado, se há vítima e onde está localizada, data e local da ofensa (considerada onde o mal foi sentido pela vítima ou localização do suspeito), se há autorização da vítima para a persecução penal;
>
> d) Tipos Penais envolvidos (nome do crime e referência legal);
>
> e) Objetivo da Medida (indício de autoria, localização de testemunha etc.);
>
> f) Risco na demora ou na impossibilidade de obtenção da informação;
>
> g) Alguma observação quanto ao encaminhamento da resposta.

---

84 Essa cooperação policial tem a Interpol como exemplo.

85 Artigo enviado aos autores da obra.

5.3. Peculiaridades em relação a provedores de conteúdo

5.3.1. Especificidades dos serviços relacionados com a Microsoft[86]

A Microsoft oferece diversos serviços muito utilizados pelas pessoas, sendo importante destacar os seguintes: Outlook (Hotmail), Skype (antigo MSN), Windows Azure, OneDrive, Windows, Xbox etc.

Todo documento (ordem judicial, requisição ou representação) que envolva a Microsoft deve ter como destinatário o seguinte: Microsoft Corporation (One Microsoft Way, Redmond, State of Washington, 98052, United States of America), encaminhando a solicitação aos cuidados da Microsoft Informática, que se localiza na Av. das Nações Unidas, 12901 – 27º andar – Torre Norte – São Paulo – SP – CEP 04578-000 –Telefones: (11) 5504-2155 e 5504-2227. Esta, a título de colaboração, encaminhará o expediente para a Microsoft Corporation.

É necessário inserir na ordem judicial ou na requisição do delegado de polícia ou promotor de justiça **um ou mais dos identificadores apresentados a seguir** para que a Microsoft pesquise sobre seus clientes nos respectivos bancos de dados:

- Endereço de e-mail/Conta da Microsoft (MSA)
- Número de telefone (MSA)
- CID ou PUID
- Número do cartão de crédito (número completo)
- *Gamertag* Xbox, número de série ou *card* 5x5
- Nome de usuário/ID do Skype
- Número Skype acompanhado por um intervalo de datas específico
- Número PSTN discado acompanhado da data, hora e duração específicas da chamada
- Número do pedido do Skype

Nas próximas linhas são apresentados os principais dados apresentados pela Microsoft, sendo importante consignar que para o fornecimento de alguns dados é necessário que exista ordem judicial e, para outros dados, essencialmente dados cadastrais, não

86 Cabe esclarecer que, dentre as empresas/serviços vinculados à Microsoft, possuem as mesmas especificidades, por pertencerem à empresa: Windows Azure, One Drive, Outlook (Hotmail), Windows, Skype (MSN), etc. Vide site: <http://www.microsoft.com/info/Cloud.html>. Além disso, as violações aos direitos autorais nessas plataformas podem ser denunciadas por intermédio do formulário que consta no site: <http://www.microsoft.com/info/FormForCloud.html>.

há a necessidade de ordem judicial, sendo necessária apenas requisição do delegado de polícia ou promotor de justiça.

Dados da conta da Microsoft (MSA – *Microsoft Account*):

- Detalhes de registro (informações capturadas no momento do registro da conta) – Sem necessidade de ordem judicial.
- Informações de faturamento (pode incluir endereço e modos de pagamento) – Necessária ordem judicial.
- Transações de faturamento – Necessária ordem judicial.
- *Logs* de IP (endereços IP capturados no momento do *login* do usuário em um serviço específico) – Necessária ordem judicial.
- E-mail alternativo e/ou *alias* – Sem necessidade de ordem judicial.
- Serviços utilizados – Sem necessidade de ordem judicial.

Dados do serviço de e-mail:

a) Detalhes de registro (informações capturadas no momento do registro da conta) – Sem necessidade de ordem judicial.
b) *Logs* de IP (endereços IP capturados no momento do *login* do usuário no serviço de e-mail) – Necessária ordem judicial.
c) Cabeçalhos de e-mail – Necessária ordem judicial.
d) Conteúdo de e-mail – Necessária ordem judicial.
e) Contatos de e-mail – Necessária ordem judicial.

Dados de serviço XBOX:

a) Detalhes de registro (informações capturadas no momento do registro da conta) – Sem necessidade de ordem judicial.
b) *Gamertag* – Sem necessidade de ordem judicial.
c) Número de série – Sem necessidade de ordem judicial.
d) *Logs* de IP (endereços de IP capturados no momento do *login* do usuário no serviço XBOX) – Necessária apresentação de ordem judicial.
e) Histórico de mudança de *gamertag* – Sem necessidade de ordem judicial.
f) Contatos XBOX – Necessária apresentação de ordem judicial.
g) Histórico de jogos *on-line* XBOX – Necessária apresentação de ordem judicial.
h) Comunicações armazenadas – Necessária apresentação de ordem judicial.

Dados do serviço Skype:

a) Detalhes de registro (informações capturadas no momento do registro da conta) – Sem necessidade de ordem judicial.
b) Endereço de cobrança (endereço de cobrança fornecido pelo usuário) – Necessária ordem judicial.

c) Método de pagamento/dados do instrumento – Necessária ordem judicial.
d) Histórico de compras (registros transacionais) – Necessária ordem judicial.
e) *Logs* de IP (endereços de IP capturados no momento do *login* do usuário no serviço Skype) – Necessária ordem judicial.
f) Histórico do serviço de número Skype (lista de números Skype assinados por um usuário) – Sem necessidade de ordem judicial.
g) Skype Out Records (registros históricos de detalhes de chamadas para chamadas feitas à rede telefônica pública comutada (PSTN)) – Sem necessidade de ordem judicial.
h) Registros de números do Skype (registros históricos de detalhes de chamadas para chamadas recebidas da rede telefônica pública comutada (PSTN)) – Sem necessidade de ordem judicial.
i) Registros de SMS (registros de detalhes históricos de SMS) – Necessária ordem judicial.
j) Registros de e-mail (registro histórico de atividade de alteração de e-mail) – Sem necessidade de ordem judicial.
k) Lista de contatos/amigos do nome de usuário do Skype – Necessária ordem judicial.
l) *Chat*/conteúdo de mídia do nome de usuário do Skype – Necessária ordem judicial.

É mister consignar que a Microsoft possui o LE Portal no endereço <https://leportal.microsoft.com>, com a finalidade de receber solicitações judiciais e extrajudiciais, bem como apresentar as informações solicitadas, sendo muito simples e intuitivo o cadastramento no referido portal.

Por outro lado, caso a solicitação seja emergencial, ou seja, caso exista o perigo de morte ou lesão corporal contra alguém, é necessário enviar e-mail com a solicitação para LEALERT@microsoft.com com as informações sobre a gravidade dos fatos e as informações pretendidas pelos policiais. O ideal nesse caso é que a solicitação emergencial seja formalizada em um documento em inglês, com os dados do órgão que elaborou o documento.

5.3.2. Especificidades com relação ao Google

Quando se tratar de caso relacionado aos serviços oferecidos pela empresa Google (YouTube, Gmail etc.), visualizados através do "dashboard" – <http://www.google.com/dashboard>), há possibilidade de:

- **Primeiro**: encaminhar/protocolar documento solicitando que determinados dados sejam excluídos e que as provas digitais sejam preservadas até o envio da ordem judicial. Pela política da referida empresa, os dados são preservados por noventa dias e se houver necessidade serão preservados por mais outros noventa dias, mediante solicitação.
- **Segundo**: de posse da ordem judicial, pode-se encaminhá-la/carregá-la, para fins de cumprimento, na Plataforma LERS (<https://lers.google.com/>). Como as observações aqui são mais de cunho procedimental, é importante observar que, de acordo com as políticas da empresa, as informações são restritas aos IPs de acesso e origem do Brasil, sendo que os acessos originários de outros países serão informados mediante o procedimento previsto no item 5.2.

O procedimento para realizar interceptação de e-mails – Gmail – também só pode ser feito de acordo com a vênia judicial e esta sendo lançada na Plataforma referida, sendo que os casos de pedofilia são considerados prioritários, pois a empresa Google do Brasil assinou um Termo de Ajustamento de Conduta com o Ministério Público Federal.

É necessário que as solicitações perante o Google ofereçam o seguinte destinatário:

Google LLC 1600 Amphitheatre Parkway, Mountain View, CA 94043 (Google Brasil Internet Ltda – Avenida Brigadeiro Faria Lima, 3477, 18º andar, CEP 04538-133, São Paulo, SP).

Cabe também esclarecer que as principais informações podem ser armazenadas pelo Google e podem ser fornecidas mediante ordem judicial:

1. Dados cadastrais, registros de criação e acesso, contendo data, horário, padrão de fuso horário, endereçamento IP e porta lógica.
2. Dados armazenados no histórico do "Sua linha de tempo" do Google Maps, locais salvos e outras informações de localização.
3. Histórico de exibição, histórico de pesquisas, curtidas e comentários do YouTube.
4. Histórico no Google Pesquisa (termos pesquisados) e em outros serviços do Google.
5. Imagens armazenadas no Google Fotos, incluindo *exifs*/metadados.
6. Dados armazenados no Google Drive, incluindo *backup* do WhatsApp, Telegram e de outros aplicativos de comunicação que realizem *backup* por intermédio do Google, incluindo os diretórios privados e compartilhados, preservadas suas hierarquias.

7. Caixa de entrada, enviados, rascunhos e lixeira do Gmail.
8. Histórico de navegação do Google Chrome sincronizado com a conta do Google.
9. Contatos.
10. Informações sobre tipo e configurações de navegador, tipo e configurações de dispositivo, sistema operacional, informações de rede móvel, incluindo nome e número de telefone e número da versão do dispositivo/aplicativo, informações sobre interação de *apps*, navegadores e dispositivos com os serviços do Google e histórico de redes *wi-fi* utilizadas.
11. Informações sobre aplicativos adquiridos e instalados por intermédio da PlayStore (Google Play).
12. Caso o alvo utilize os serviços do Google para fazer e receber chamadas ou enviar e receber mensagens, informar registro de telefonia, incluindo número do telefone do alvo, chamadas efetuadas e recebidas, números encaminhados, horário e data de chamadas e mensagens, duração das chamadas, informações de roteamento e tipos de chamadas, bem como conteúdo de Hangouts (*chats*).
13. Informações de pagamento, incluindo números de cartões de débito/crédito.
14. Informações de voz e áudio caso o alvo utilize recursos de áudio.
15. Pessoas com quem o alvo se comunicou e/ou compartilhou conteúdo.

5.3.3. Especificidades em relação ao iFood

A empresa objetiva aproximar consumidores e restaurantes cadastrados, de modo que os consumidores encaminhem aos restaurantes pedidos de entrega de gêneros alimentícios.

As solicitações perante a empresa podem ser enviadas para <privacidade@ifood.com.br>

Os dados cadastrais são fornecidos diretamente ao delegado de polícia; todavia, quando tratar-se de informações sobre registros de acesso da ferramenta, incluindo endereçamentos IPs, endereços de entregas e forma de pagamento, será necessária ordem judicial.

De acordo com a empresa, são coletadas as seguintes informações[87]:

> 3.1 Dados que você nos fornece
>
> Quando você criar uma conta para ser um usuário registrado no iFood, poderemos obter uma série de informações sobre você, tais como:

[87] Disponível em: <https://webmiddleware.ifood.com.br/termos>. Acesso em: 26 jul. 2021.

A) Dados do seu perfil

Esses dados incluem seu nome, CPF (quando aplicável), e-mail, endereço de entrega, número de telefone e preferências de contato. Informamos que comunicar o CPF é opcional, sendo necessária sua indicação para certos estabelecimentos para fins fiscais.

Para criar o seu cadastro no Website ou Aplicativo do iFood, você pode ainda usar a sua conta em redes sociais. Por exemplo, ao utilizar o Facebook para se inscrever no nosso Serviço, você estará permitindo que o iFood acesse as informações pessoais em sua conta do Facebook, tais como seu nome e e-mail (caso os tenha cadastrado no Facebook). As informações que iremos obter, nesse caso, são as mesmas e dependem das suas configurações de privacidade junto ao serviço de rede social.

B) Dados de pagamento

Ao fazer o seu pedido pelo iFood, é possível que, a depender do restaurante escolhido, você possa fazer o pagamento diretamente por nossas plataformas.

Ao escolher fazer o pagamento direto no nosso Website ou Aplicativo, você poderá nos fornecer os seus dados de pagamento, tais como aqueles de cartão de crédito e de meios de pagamento parceiros.

Atenção: suas informações de pagamento online são armazenadas somente de forma anonimizada pelo iFood (6 primeiros e 4 últimos dígitos do cartão), de modo que não temos acesso aos seus dados financeiros completos.

C) Dados de localização

Para realizarmos a entrega do seu pedido, nós precisamos que você também nos informe a sua localização ou a localização do local em que gostaria que entregássemos o seu pedido.

Essa localização pode ser fornecida pelo endereço que você inserir manualmente no aplicativo, ou através da localização obtida do seu dispositivo via GPS e redes móveis (torres de celular, Wi-Fi e outras modalidades de localização) e confirmada por você.

Para fins da lei nº 12.965 de 2014 (Marco Civil da Internet), ou qualquer lei que venha substituí-la, a localização fornecida será considerada como dado cadastral.

3.2 Dados gerados durante a utilização dos serviços

A) Dados dos seus dispositivos

Nós podemos coletar informações automaticamente sobre os dispositivos a partir dos quais você acessa o iFood como: endereços IP, tipo de navegador e idioma, provedor de Serviços de Internet (ISP), páginas de consulta e saída, sistema operacional, informações sobre data e horário, dados sobre a sequência de cliques, fabricante do dispositivo, operadora, modelo, versão do aparelho, versão do aplicativo, versão do sistema operacional, identificador de publicidade do aparelho (IDFA), informações de acessibilidade do aparelho e redes Wi-Fi.

B) Dados transacionais e dados sobre sua utilização

Coletamos dados sobre suas interações em nossa plataforma, incluindo data e horário de acessos, buscas e visualizações na Plataforma. Também podemos coletar dados transacionais relacionados ao uso dos nossos serviços como detalhes do pedido, data e hora do pedido, valor cobrado, distância entre o estabelecimento e local de entrega e método de pagamento.

C) Dados de comunicação

Intermediamos a comunicação entre usuários, entregadores e estabelecimentos parceiros através da nossa Plataforma. Permitimos, por exemplo, que usuários, entregadores e estabelecimentos parceiros, enviem mensagens através do chat ou de telefone anonimizados. Para prestar este serviço, o iFood recebe alguns dados relativos às chamadas, textos ou outras comunicações, incluindo a data e hora das comunicações e o conteúdo das comunicações.

- Dados cadastrais (e-mail, CPF, nome, telefone) com ofício POLICIAL.
- Contas em redes sociais utilizadas para cadastro no aplicativo.
- informações de localização (GPS, *wi-fi*, celular). OBS: "...Para fins da lei nº 12.965 de 2014 (Marco Civil da Internet), ou qualquer lei que venha substituí-la, a localização fornecida será considerada como dado cadastral...".

5.3.4. Especificidades em relação ao Uber[88]

Fundada em 2009, nos Estados Unidos (São Francisco, Califórnia), a Uber se popularizou por todo o mundo, inclusive no Brasil, e tem sido uma solução de transporte privado urbano por intermédio de um aplicativo que promove a comunicação entre passageiro e motorista.

[88] Adaptação do capítulo "Investigação criminal e Uber" publicado no volume 1 do livro "Investigação Criminal Tecnológica" (JORGE, 2018a).

Um dos principais atrativos da ferramenta é o seu custo muito baixo, se comparado com os valores cobrados pelos táxis convencionais.

O crime também acompanhou a popularização da Uber, como pode ser constatado ao observar diversos crimes praticados contra motoristas ou passageiros, sendo necessário que os policiais que realizarão a investigação tenham conhecimentos essenciais sobre as informações que podem ser fornecidas.

A empresa possui o Portal de respostas às Autoridades da Persecução Criminal e Saúde Pública no endereço <https://lert.uber.com> com o objetivo de receber as solicitações de informações.

De acordo com informações fornecidas pelo Uber (UBER, s.d.):

> Registros Comerciais
>
> Armazenamos e mantemos informações da forma descrita em nossos Termos de Privacidade e Termos de Uso. Isso inclui informações contidas nos recibos de viagem disponíveis aos usuários e motoristas parceiros que usam a plataforma tecnológica Uber. Quando usuários se cadastram e usam o serviço, algumas informações são obtidas e mantidas no curso normal da prestação dos serviços. Isso poderá incluir um número de telefone, endereço de e-mail, nome, data de início e encerramento da conta Uber, endereço de registro de IP, status, avaliação, forma de pagamento, comunicações com o serviço de atendimento ao cliente e fotografia. Quando motoristas parceiros se cadastram para usar a plataforma tecnológica Uber, poderemos ter outras informações, inclusive os números de placas, informações sobre veículos, endereço, o nome do motorista principal a quem o motorista está vinculado (se houver), informações sobre seguro, contratos, algumas comunicações entre motoristas e usuários, e alguns dados de localização de GPS.
>
> Preservação de Registros
>
> Mediante o recebimento de requerimento escrito por e-mail em LERT@uber.com, trabalharemos para preservar registros associados a investigações criminais oficiais por 90 dias. Autoridades Policiais/Judiciárias poderão prorrogar o requerimento de preservação uma vez, por mais 90 dias. Não mantemos registros preservados, a menos que recebamos um requerimento de prorrogação ou intimação/mandado/notificação.
>
> [...]

Requerimentos Urgentes e Extraordinários

Temos um processo para a avaliação de requerimentos urgentes e extraordinários, quando há urgência ou circunstâncias excepcionais que envolvem a proteção de um usuário, motorista, ou terceiro que tenha sido fisicamente ferido ou para interromper atividade ilegal que traga ameaça iminente de dano físico, ou em caso de investigações em que o tempo seja comprovadamente um elemento determinante. Requerentes devem apresentar um Formulário de Requerimento de Urgência (que pode ser solicitado por meio de lert@uber.com) descrevendo em detalhes a natureza da emergência ou urgência, inclusive os detalhes sobre a natureza dos alegados danos físicos reais ou ameaçados ou circunstâncias excepcionais, e analisamos esses requerimentos caso a caso. Poderemos prestar resposta com informações quando entendermos, de boa fé, que isso poderá proteger usuários, motoristas, terceiros, a Uber, ou também ajudar com investigações em circunstâncias extraordinárias. Uma vez superada a emergência ou situação extraordinária, requeremos que as autoridades Policiais/Judiciárias prossigam com o processo legal aplicável. Não obstante, poderemos requerer que as autoridades Policiais/Judiciárias sigam o devido processo legal para que façamos qualquer divulgação inicial ou adicional. Para facilitar nossa análise, autoridades Policiais/Judiciárias devem fornecer todos os detalhes possíveis sobre o incidente ou emergência.

Forma do Requerimento

Autoridade Policial/Judiciária competente usando domínio governamental oficial poderá enviar citação/intimação/mandado/notificação para lert@uber.com. Aceitamos cópias de documentos enviados como cortesia por meio de lert@uber.com para facilitação, mas reservamo-nos todos os direitos e objeções, tais como objeção a foro e a invalidade de citação/intimação/mandado/notificação. Autoridades Policiais/Judiciárias devem levar em consideração as questões de privacidade e proteção de dados em vigor, tais como proporcionalidade e subsidiariedade e, no mínimo, incluir em seu requerimento:

Base legal sólida para o requerimento, observadas as hipóteses previstas no Marco Civil da Internet (Lei Federal 12.965/2014):

Especificar os detalhes das informações buscadas e como essas informações em particular poderão beneficiar as investigações. Não poderemos atender requerimentos excessivamente amplos nem vagos, que não identifiquem os particulares das informações buscadas; e

O nome da autoridade requerente, número do distintivo/identidade do agente ou autoridade responsável, endereço de e-mail com nome de domínio da entidade Policial/Judiciária e número de contato direto do agente ou autoridade responsável.

Aviso de Requerimento

Poderemos informar usuários e motoristas parceiros sobre requerimentos de autoridades Policiais/Judiciárias de suas informações antes de divulgarmos qualquer dado pessoal.

Importante considerar que o delegado de polícia pode requisitar as seguintes informações perante o Uber:

1. Os dados cadastrais de passageiros, incluindo nome, CPF, foto, data de cadastro, telefone, e-mail, informações bancárias e cópia dos documentos fornecidos no cadastro.
2. Os dados cadastrais de motoristas, incluindo nome, CPF, foto, placa de veículos cadastrados, CNH, CRLV, data de cadastro, telefone, e-mail, informações bancárias e cópia dos documentos fornecidos no cadastro.

Um aspecto interessante que pode auxiliar a investigação é que o delegado represente perante o Poder Judiciário para que o Uber informe a relação de motoristas/passageiros que utilizaram o aplicativo em determinada área e horário (informar as coordenadas geográficas e o período em que o fato em investigação ocorreu).

Também é relevante, conforme a necessidade, que o delegado represente perante o Poder Judiciário para que determine que o Uber informe as viagens realizadas e a forma de pagamento.

Importante consignar perante a empresa que não informem os usuários sobre a investigação, para não comprometer seus resultados.

5.3.5. Especificidades em relação ao Waze[89]

No que concerne ao Waze, é importante consignar que existem dados cadastrais que o delegado de polícia pode requisitar e as demais informações que dependem de ordem judicial.

De acordo com a Política de Privacidade do Waze, a empresa coleta as seguintes informações:

---

89 Baseado em WAZE (s.d.).

Informações da Conta: informações que precisam ser fornecidas durante a configuração da Conta, como seu nome, endereço de e-mail ou informações necessárias para a criação de um perfil no Waze Carpool (caso você decida habilitá-lo). Lembre-se de que informações falsas, incorretas ou desatualizadas prejudicam a capacidade do Waze de oferecer os Serviços e entrar em contato com você caso necessário. O Waze indicará explicitamente os campos de preenchimento obrigatório. Se você não inserir os dados obrigatórios nesses campos, não será possível cadastrar sua Conta ou ter acesso a certos recursos, como o Waze Carpool, mas ainda será possível usar nossos Serviços (...).

Informações que você compartilha com o Waze: dados que você compartilha com o Waze, incluindo o nome de usuário escolhido e relatórios associados a ele, número de telefone, endereços de casa ou trabalho e demais endereços definidos como favoritos, dados do carro, destinos de viagem, consultas de pesquisa, informações da agenda (caso você ative e use alguns recursos do Serviço, como lembretes sobre a hora de sair) e arquivos enviados, inclusive arquivos de voz e áudio, caso aplicável. Você também pode adicionar informações de pagamento à sua Conta, caso aplicável, especificamente para os serviços pagos (como o Waze Carpool). Mesmo que não esteja cadastrado em uma Conta do Waze, você poderá optar por nos fornecer informações.

Serviços de comunicação que podem ser usados por meio do Waze: você pode usar o Waze para se comunicar com outros usuários do Aplicativo ou terceiros por meio dos Serviços, como mensagens de bate-papo ou envio de locais fixados na plataforma do Waze. Também podemos coletar informações quando você se comunica com o Waze, por exemplo, ao enviar uma solicitação, falar com a equipe de suporte do Waze ou denunciar uma violação à equipe contra abusos.

Informações das suas redes sociais que você vincula à Conta do Waze: você pode conectar a Conta do Waze às redes sociais. Nesse caso, poderá compartilhar com o Waze e/ou outros usuários dados das suas contas de redes sociais, como a foto do perfil do Facebook ou outras informações pessoais. (...)

Recurso "Encontrar amigos": se você usar esse recurso, o Waze coletará as seguintes informações:

De tempos em tempos, o Waze coletará todos os números de telefone armazenados na agenda de contatos do seu dispositivo. Coletamos apenas os números em um formulário anônimo para o Waze a fim de usá-los no recurso "Encontrar amigos". Essas informações serão utilizadas para encontrar e criar uma lista de outros usuários do Waze que talvez você conheça e com que gostaria de se conectar. Não coletaremos nomes, endereços ou outras informações da agenda de contatos. No entanto, alguns desses dados serão salvos no dispositivo e usados nas pesquisas de nome ou endereço do seu amigo nos Serviços.

Seu número de telefone. O número de telefone será usado para verificar a conta e como parte do recurso "Encontrar amigos", se aplicável, a fim de encontrar e criar uma lista de outros usuários do Waze que talvez você conheça e com que gostaria de se conectar.

Você também pode oferecer informações adicionais que serão usadas para personalizar os Serviços e aprimorar sua experiência. Por exemplo, caso forneça as informações de casa e trabalho, mostraremos o trajeto preferido entre esses locais.

Informações que coletamos quando você usa nossos Serviços

Coletamos informações sobre sua atividade e as usamos para fornecer os Serviços do Waze, incluindo os recursos de personalização da experiência. Isso inclui encontrar o melhor trajeto e propor destinos ou endereços favoritos ou destinos frequentemente usados por você para otimizar a pesquisa e a viagem e, caso você utilize o Waze Carpool, conectar você com outros motoristas ou passageiros. Estas são algumas das informações de atividade que coletamos:

Informações detalhadas de local, viagem e trajeto: Informações detalhadas de local e trajeto que são coletadas, por exemplo, na forma de sinais de GPS (combinados com uma designação de data/hora), registros de acesso (endereço de IP) e outros dados de sensores e receptores enviados pelo seu dispositivo móvel e ao redor dele em que o Aplicativo está instalado e ativado. Essas informações são salvas em um histórico de trajetos com todas as viagens feitas durante o uso do Aplicativo. Os tipos de dados de local que coletamos dependem das configurações do seu dispositivo e da conta. Por exemplo, dependendo dessas configurações, podemos coletar dados do local e da viagem ou sobre a ausência dessas informações enquanto você não estiver usando o Aplicativo. Assim, será possível informar a hora de sair para a viagem, notificar sobre congestionamentos na sua região, oferecer assistência de estacionamento, analisar a eficiência dos nossos anúncios e muito mais.

Termos ou lugares que você pesquisou.

Suas visualizações e interações com conteúdos e anúncios.

Suas informações de voz e áudio ao usar os recursos relacionados.

Comunicação ou outro conteúdo que você escolheu compartilhar com terceiros, incluindo usuários do Waze, por meio dos Serviços.

Atividade em sites e aplicativos de terceiros que você escolheu vincular à sua Conta do Waze ou com que interage por meio do Serviço.

Sua atividade como passageiro ou motorista do Waze Carpool, por exemplo os usuários com quem você interagiu e as avaliações que recebeu

Metadados (informações sobre seu dispositivo, navegador e uso do Aplicativo)

O Waze coleta informações sobre o uso dos Serviços e informações do dispositivo instalado ou do navegador a partir do qual você usa os Serviços. Por exemplo:

O Waze pode coletar e registrar a duração e a frequência com que você usa nossos Serviços, o tipo do dispositivo, os identificadores exclusivos do dispositivo, o tipo e a versão do sistema operacional, o uso da bateria, as páginas da Web ou os aplicativos de terceiros que você acessa ou que interage por meio do Aplicativo, as informações visualizadas nos nossos Serviços e os anúncios exibidos que você visualizou ou clicou. Além disso, podemos saber se o usuário se comunicou com outras pessoas por meio dos nossos Serviços ou de aplicativos/serviços de terceiros e descobrir a duração dessas interações, o registro de acesso (endereço de IP) e o nome do domínio usado no acesso aos Serviços, além da localização geográfica do dispositivo utilizado para fazer login e usar o Waze.

Também podemos coletar informações sobre os aplicativos que estão instalados no seu dispositivo e que podem ser vinculados ao Waze, como aplicativos de serviços de áudio de mídia ou de música de terceiros (por exemplo, Spotify).

Também coletamos informações sobre a interação dos seus dispositivos com nossos Serviços, incluindo relatórios de erros e atividade do sistema, além de data, hora e URL referenciador da solicitação.

5.4. Afastamento do sigilo perante Google e Apple e investigação criminal tecnológica[90]

Em decorrência desta evolução, a sociedade brasileira e internacional, nos últimos vinte anos, vivenciou grandes transformações que culminaram na massificação de registros, em sistemas computacionais e bancos de dados, de eventos dos mais variados tipos.

90 Adaptação do capítulo "Emprego do afastamento do sigilo perante Google e Apple no enfrentamento da corrupção" elaborado por Higor Vinicius Nogueira Jorge, Márcio Rogério Porto, Hélio Molina Jorge Júnior e Ulisses da Nóbrega Silva na obra "Enfrentamento da Corrupção e Investigação Criminal Tecnológica", coordenada por Higor Vinicius Nogueira Jorge (2020).

Indícios que antes somente poderiam ser obtidos através de relatos de testemunhas, como, por exemplo, a informação da presença de determinado suspeito nas imediações de um eventual local de crime, na data e hora em que o fato ocorreu, atualmente pode ser obtida com relativa facilidade em decorrência do advento tecnológico, seja através da triangulação de informações de sistemas relacionados com antenas de telefonia móvel (ERBs), seja por meio de informações de sistemas de geolocalização presentes nos dispositivos móveis atuais, muitas vezes vinculados ao Google ou à Apple, seja por intermédio de imagens de câmeras de segurança.

5.4.1. Google

O Google armazena uma grande quantidade de informações de seus usuários, mas grande parte deles não possuem consciência desse fato, e, muitas vezes, os policiais que realizam a investigação criminal não compreendem a dimensão das possibilidades ofertadas pela ferramenta.

Neste tópico abordaremos algumas informações que podem ser extraídas da nuvem do Google do celular. O mesmo ocorre com relação à Apple, que também armazena inúmeras informações.

Considerando esse pressuposto, apresentamos alguns aspectos essenciais sobre esse tipo de recurso, de modo a nortear a polícia judiciária a utilizar as informações armazenadas pelo Google.

Aprioristicamente, cabe considerar que o delegado de polícia, durante a tramitação de um inquérito policial, pode representar para que o Poder Judiciário emita uma determinação para que Google, Apple ou Microsoft promova o fornecimento de informações de interesse da investigação.

Ao se tomar conhecimento de dados vinculados a contas Google, Apple ou Microsoft de determinado investigado, é recomendável que já se faça o pedido de preservação dos dados, mediante Ofício da Autoridade Policial, o que evitará a perda de provas quando o usuário investigado tomar conhecimento da investigação ou não for preso em possível operação.

A seguir apresentaremos, no que concerne ao Google, as informações que podem ser armazenadas e a aplicação prática das informações na investigação dos crimes supra indicados:

Dados armazenados na "Sua linha de tempo" do Google Maps e outras informações de localização

As informações armazenadas na "Sua linha de tempo" do Google Maps permitem ter acesso à localização aproximada do alvo durante o período de interesse. São fornecidas as coordenadas geográficas dos locais onde o alvo esteve, juntamente com outros dados capazes de auxiliar a compreensão dos fatos.

Histórico de exibição, histórico de pesquisas, curtidas e comentários do YouTube

Saber o tipo de vídeo que o investigado assiste, por intermédio do YouTube, pode também colaborar com uma investigação, bem como compreender o tipo de vídeo que o alvo tem reproduzido no seu dispositivo.

O Google pode informar o histórico de exibição (vídeos a que o alvo assistiu), histórico de pesquisas (termos pesquisados pelo investigado), curtidas e comentários nos vídeos disponibilizados pelo YouTube.

Histórico no Google Pesquisa (termos pesquisados)

É relevante ter acesso aos termos pesquisados no Google pelo investigado, sendo mais uma ferramenta que pode auxiliar na investigação criminal, considerando que atualmente é muito comum a pessoa realizar pesquisas no referido buscador sobre qualquer assunto de interesse, sem imaginar que referidos dados podem colaborar com a apuração de eventuais atos criminosos.

Imagens armazenadas no Google Fotos

Muitas vezes o celular é configurado para que as fotos armazenadas sejam enviadas para o Google Fotos, sendo que, durante a investigação e o afastamento do sigilo da nuvem do Google, os policiais recebem acesso às imagens que podem comprovar eventuais práticas ilícitas pelo investigado.

Dados armazenados no Google Drive, incluindo *backup* do WhatsApp[91] e de outros aplicativos de comunicação que realizem *backup* por intermédio do Google

Os dados armazenados no Google Drive são muito importantes e, em alguns casos, são capazes de fazer a diferença entre elucidar ou não elucidar determinado delito.

Dentre os inúmeros dados armazenados no Google Drive, o *backup* do WhatsApp permite obter elementos muito relevantes durante uma investigação.

91 Importante salientar que o *backup* das conversas é criptografado, mas o *backup* dos áudios, fotos e vídeos não. Recentemente o Google passou a informar que não estavam mais informando o *backup*. Recomendável informar o Poder Judiciário caso tal fato ocorrer.

Importante considerar que as conversas do alvo são criptografadas e não são aproveitadas; contudo, os áudios, fotos e vídeos podem ser reproduzidos e analisados pelos policiais.

Caixa de entrada, enviados, rascunhos e lixeira do Gmail, bem como dados cadastrais, registros de acessos, contendo data, horário, padrão de fuso horário e endereçamento IP[92]

Os e-mails do Gmail do alvo podem colaborar com a investigação tendo em vista que muitos criminosos realizam tratativas por intermédio do serviço de mensagens e outros enviam cópias das conversas sensíveis para e-mail. É possível também obter os registros de acesso contendo IP, data, horário, padrão de fuso horário e endereçamento IP, que podem colaborar com a identificação ou até mesmo localização da pessoa que esteja utilizando indevidamente o e-mail.

Os arquivos são recebidos no formato MBOX e devem ser importados para o Mozilla Thunderbird (conforme recomendação da própria Google) e tratados na busca das mensagens importantes para o conteúdo probatório.

Histórico de navegação do Google Chrome sincronizado com a conta do Google

O usuário do navegador Google Chrome pode sincronizar o navegador com sua conta do Google e as informações podem ficar armazenadas na conta do referido serviço, que, mediante ordem judicial decorrente de representação de delegado de polícia, podem ser fornecidas, de modo que seja possível compreender melhor como realiza a navegação na Internet.

---

92 Um tema polêmico reside no fornecimento da porta de origem, também denominada no meio investigativo de "porta lógica". O Google fornece os endereçamentos IPs, mas não as portas de origem. O problema é que alguns provedores de Internet informam que os IPs que constam nos *logs* (registros de acesso contendo data, horário, padrão de fuso horário e IPs) informados pela Autoridade Policial foram fornecidos para diversos clientes e, por isso, o Delegado de Polícia deveria fornecer a porta de origem relacionada com cada *log*. Grande parte das empresas provedoras de conteúdo se recusa a informar a porta de origem (exemplos: Google, Facebook, Instagram etc.), mesmo diante de ordem judicial determinando que apresente referida informação. Caso a porta de origem não seja informada, é recomendável oficiar a empresa provedora de conexão, para que informe cada um dos clientes que utilizaram os IPs, conforme os logs que foram apresentados pela empresa provedora de conteúdo. Em seguida, será necessário analisar os dados para identificar os clientes que utilizaram os IPs em todos os acessos que constam nos logs do provedor de conteúdo. É possível utilizar planilha do Excel para facilitar a análise e identificação.

Contatos
Os contatos do alvo, armazenados pelo Google, são fornecidos e podem permitir que os policiais tenham acesso aos reais telefones do alvo ou para que saibam os telefones de outras pessoas ligadas ao perfil.

Informações sobre tipo e configurações de navegador, tipo e configurações de dispositivo, sistema operacional, rede móvel, bem como interação de *apps*, navegadores e dispositivos com os serviços do Google
O Google possui condições de informar tipo e configurações de navegador, tipo e configurações de dispositivo, sistema operacional, rede móvel, bem como interação de *apps*, navegadores e dispositivos com os serviços do Google.

Informações sobre aplicativos adquiridos e instalados por intermédio da PlayStore
Os aplicativos instalados no dispositivo do investigado permitem iniciar um novo flanco de investigação, com fulcro no afastamento de sigilo de cada um dos aplicativos utilizados pelo alvo.

Caso o alvo utilize os serviços do Google para fazer e receber chamadas ou enviar e receber mensagens, a empresa deve apresentar as informações que possuir, além das informações de voz e áudio caso o alvo utilize recursos de áudio e pessoas com quem o alvo se comunicou e/ou compartilhou conteúdo
Referidos dados podem conter informações relevantes dependendo das peculiaridades da investigação.

O Google LERS não faz pesquisas com nomes, dados, CPFs ou dados dos documentos do investigado.

A seguir são apresentadas as informações que podem ser utilizadas para realizar pesquisas via Google:

- Conta do Google (*Google Account*)
- IMEI ou MEID
- Número CSSN
- Número de série com fabricante e modelo
- ID do Android

Importante considerar que, em razão da grande quantidade de informações armazenadas no Google, inicialmente, a título de resposta, o Google apresentará as contas dos seus clientes que utilizaram seus serviços no período de interesse (geralmente são apresentados os e-mails dos clientes, para que a autoridade informe em quais contas possui interesse e os serviços dos quais pretende obter as informações) e um ofício informando sobre os produtos (serviços) oferecidos pelo Google que os referidos usuários utilizam. Será necessário fazer o *download* das informações e, após analisar o que é interessante para a investigação, encaminhar um ofício direto para o Google, indicando os usuários do Google (contas dos clientes – e-mails), os produtos e o período de interesse para que seja fornecido novo link na plataforma do Google, com todas as informações produzidas sobre os alvos. Dentre os modelos apresentados nestas orientações, consta modelo desse tipo de ofício.

Sistema de solicitação de aplicação da lei (*Law Enforcement Request System* – LERS) do Google

A plataforma LERS, do Google, permite acesso ao seu sistema de auxílio da persecução penal. Em poder da ordem judicial ou da requisição do delegado de polícia, a plataforma LERS do Google é utilizada para enviar referidos documentos para a empresa e para receber as respostas e os conhecimentos produzidos em virtude da solicitação.

Para isso, o policial deve acessar o endereço **lers.google.com**, clicar em "Criar Conta", inserir o seu e-mail institucional e enviar. Imediatamente receberá um link que permitirá o cadastramento de suas informações (nome completo e cargo das autoridades que precisam de contas, endereço de e-mail institucional individual, números de telefone fixos, nome e endereço físico da agência/delegacia/vara). Depois de alguns dias receberá um nome de usuário permanente (*permanent username*) e uma senha temporária (*temporary password*), que será alterada no primeiro acesso. A plataforma será acessada no endereço **lers.google.com**, sendo necessário apenas que realize a digitalização da solicitação (ordem judicial, requisição etc.) para o envio pela referida plataforma nos formatos **.pdf**, **.doc** ou **.tif**. A resposta do Google também será oferecida por intermédio da plataforma para que seja realizado o *download*.

5.4.2. Apple

No caso de um iPhone, ou seja, de um dispositivo pertencente à Apple, é recomendável solicitar as informações como no modelo a seguir e, após o deferimento da representação, encaminhar a ordem judicial para o e-mail: <lawenforcement@apple.com>.

Os procedimentos são muito semelhantes, mas a Apple não possui uma plataforma para o Sistema de Solicitação de Aplicação da Lei, e, por isso, a única forma de envio, além do envio físico da documentação, que não recomendável pelo subscritor, é por intermédio de e-mail.

A resposta será fornecida através de dois e-mails oriundos da Apple, sendo que um apresentará os dados e informações produzidos criptografados e outro apresentará a senha que permitirá fazer o *download* do conteúdo e também permitirá retirar a criptografia do conteúdo por intermédio de software indicado pela empresa.

5.5. Orientação e procedimentos de investigação de crimes praticados através do Facebook e Instagram

5.5.1. Funcionalidade do Facebook

O Facebook é, atualmente, a rede social que mais cresceu em número de usuários no Brasil. Esse "provedor de conteúdo social" também possui, além dos perfis, grupos criados por seus usuários e páginas de pessoas e/ou empresas.

Na identificação de usuários do Facebook podem ocorrer duas situações: a primeira, onde a identificação do usuário é representada numericamente (15 dígitos) após o "id" (https://www.facebook.com/profile. php?id=*números*); e a segunda, quando o próprio usuário escolhe o nome, substituindo a identificação numérica. Neste caso, a identificação será após o nome de domínio, nestes moldes: https://www.facebook. com/*nomedousuario*.

Os grupos do Facebook também têm a identificação numérica (15 dígitos) após a URL, neste formato: https://www.facebook.com/groups/*número*.

No caso do Instagram, o referencial é feito pelo nome de usuário, correspondente a www.instagram.com/nomedeusuario. A lógica procedimental e legal relativa ao Facebook, destacada nos próximos tópicos, é aplicada ao Instagram, inclusive quanto à plataforma de interação com as forças de lei.

5.5.2. Relação do Facebook com as "forças da lei"

O Facebook foi o primeiro a inovar em relação a outras mídias sociais e há mais de oito anos criou uma plataforma *on-line* de execução das requisições da justiça, para que os órgãos de investigação possam solicitar a preservação dos *logs* de perfis que estejam em investigação e também para disponibilizar as informações sobre os *logs* dos autores de crimes. Com a evolução, o Facebook também inseriu a possibilidade de as forças da lei interagirem da mesma forma quando se tratar de alguma requisição relativa à rede social Instagram.

De acordo com informações obtidas no próprio site do Facebook, existem inúmeras recomendações de como proceder, conforme veremos na sequência.

Como bem lembrado pelo delegado Carlos Eduardo Miguel Sobral, em discussões sobre o tema, a lei americana permite o repasse dos dados de registro e cadastro às Autoridades Policiais, pois não são protegidos por sigilo constitucional e podem ser feitas requisições diretas, sem que seja necessário elaborar representação para que o juiz de direito conceda o fornecimento das informações básicas de uma conta. Nesse contexto, cabe lembrar também que a lei americana autoriza o repasse do conteúdo às Autoridades Policiais em caso de emergência, ainda que sem a determinação judicial. Porém, nestes casos, o ideal é requerer a autorização judicial no Brasil antes de solicitar diretamente o conteúdo. Nos casos em que a determinação constante das ordens judiciais brasileiras não seja cumprida, recomenda-se que seja arbitrada multa, nos termos do Marco Civil da Internet, e identificado o funcionário para responder pelo crime de desobediência.

A solicitação de preservação de dados, solicitação de dados cadastrais, situações de emergência e determinações judiciais devem ser inseridas na Plataforma do Facebook com as Forças da Lei. A determinação judicial e os pedidos/requisições devem ser salvos no formato .pdf e enviados pelo "Sistema Online de Execução das Requisições das Forças da Lei" (plataforma eletrônica do Facebook para auxiliar a investigação criminal).

Para essa finalidade, é necessário acessar o site <www.facebook.com/records> e solicitar o acesso.

Para acessar a referida plataforma é necessário que se promova o cadastramento de e-mail institucional (exemplo: [...]@policiacivil.rs.gov.br) do policial civil ou federal que realizará a investigação. Depois de alguns instantes, o referido profissional receberá um e-mail contendo um link que permite o acesso à plataforma. Da mesma forma, o próprio servidor judicial poderá fazer tal procedimento, porém deverá atentar para os próximos passos de obtenção das informações, que são importantes para a investigação criminal.

Na sequência, o servidor, como referido, receberá um e-mail contendo link de acesso à referida Plataforma, o qual terá validade temporária, porém poderá interagir de maneira não síncrona com os responsáveis, visando buscar auxílio à investigação criminal.

Entre as opções oferecidas pelo Facebook na referida plataforma, consta o formulário para que seja cadastrada a solicitação de preservação de *logs* relacionados com perfis que tenham praticado crimes.

Tal formulário de solicitação de preservação de *logs* é bastante completo. Por isso, cabe observar que consta espaço para realizar o envio (*upload*) dos documentos digitalizados, oriundos do Poder Judiciário, que determinam o fornecimento das referidas informações.

Após o preenchimento do formulário, o servidor receberá, em seu e-mail, uma mensagem informando sobre o cadastramento visando a preservação dos *logs*, com um número de "Facebook Case" e as orientações de que a informação expira em noventa dias.

Feito isso, o servidor pode confirmar o registro da solicitação de preservação dos *logs* na plataforma do Facebook, devendo atentar ao prazo da preservação do dado, podendo ser necessário pedir a prorrogação.

Na sequência da investigação, é importante o preenchimento do formulário direcionado à solicitação dos *logs* dos usuários de perfis que estejam sob suspeita. É importante salientar que também consta espaço para realizar o envio (*upload*) dos documentos digitalizados oriundos do Poder Judiciário que determinam o fornecimento das referidas informações.

Da mesma forma que o formulário de preservação de *logs*, o de solicitação de informações de *logs* dos usuários de perfis que tenham praticado o crime em investigação é bastante completo, devendo ser preenchido com todo o cuidado e observando a colocação das informações corretas.

Após isso, o servidor receberá um e-mail do Facebook que informa sobre a solicitação dos *logs* dos referidos perfis, indicando o número do "Facebook Case".

Na sequência, o servidor, ao acessar a plataforma de auxílio à investigação criminal, pode verificar as solicitações encaminhadas pelo órgão de investigação.

Em sequência ao trabalho de investigação, há que se aguardar a resposta oferecida pelo Facebook para a solicitação de *logs*. Quando há a liberação dessas informações, o acesso deve ser efetuado na mesma plataforma (<www.facebook. com/records>). Neste acesso, poderá ser observado um link para o *download* das informações de interesse da investigação. Caso haja indeferimento da solicitação, pode-se contra--argumentar no próprio sistema.

Após, pode-se visualizar o conteúdo das informações oferecidas pelo Facebook, contendo data, horário, fuso horário e IPs utilizados pela pessoa que criou o perfil em investigação.

Após a avaliação dos dados informados pelo Facebook, a sequência lógica da investigação é pesquisar os IPs informados. Assim, sugere-se que os referidos IPs sejam pesquisados no site Registro.br, no serviço de diretório whois, conforme explicado no Capítulo 3. Depois de digitar, individualmente, cada IP utilizado, através da "versão com informações de contato", são obtidas as informações do provedor de serviços de Internet utilizado pela pessoa que usava o perfil falso investigado.

Nos casos de a resposta vir com os *logs* de acesso e identificado o Provedor de Serviços de Internet, visando concluir a investigação e considerando as informações coletadas, pode ser elaborada requisição perante o provedor de conexão para que informe os dados do cliente que utilizou os IPs apontados pelo Facebook como sendo aqueles utilizados pela pessoa que criou e utilizou o perfil em investigação. A requisição pode ser elaborada nos seguintes moldes:

> Inquérito Policial Nº [...]/2018
>
> [cidade], [dia] de [mês] de [ano].
>
> SENHOR RESPONSÁVEL
>
> Com o fito de instruir investigação criminal decorrente de fatos apresentados no Inquérito Policial Nº [...]/2018, instaurado nesta Unidade de Polícia Judiciária para apurar crime praticado por pessoas ainda não identificadas, solicito, com a máxima urgência, as seguintes informações:
>
> I- Os dados cadastrais e todas as outras informações identificativas dos clientes que utilizaram os protocolos de Internet que constam em anexo e que foram acostados entre as fls. [...] deste inquérito policial.
>
> II- Os números de eventuais linhas telefônicas relacionadas com os protocolos de Internet supra referidos.
>
> Em razão da gravidade do caso e da necessidade de celeridade, solicito que os dados sejam enviados por intermédio do e-mail [...].

Aproveito a oportunidade para renovar os protestos de elevada estima e distinta consideração.

[nome do Delegado de Polícia signatário]
DELEGADO DE POLÍCIA

AO

ILUSTRÍSSIMO SENHOR RESPONSÁVEL PELA

OPERADORA [...]

Assim, é possível concluir os casos de investigação com sucesso, utilizando-se os meios legais e procedimentais disponíveis, sem necessidade de cooperação internacional.

Para conhecimento do leitor, é importante ler as orientações do próprio Facebook quanto ao seu "tratamento" com as forças da lei, constantes do link <https://www.facebook.com/records/faq>.

5.6. Investigação criminal em relação ao WhatsApp

O WhatsApp é um aplicativo de *smartphones* utilizado para troca de mensagens instantâneas, chamadas de voz, bem como envio de fotos, áudios, vídeos e documentos, por intermédio de uma conexão com a Internet. O aplicativo permite também o compartilhamento da localização do usuário, quando autorizado por este, mitigando ainda mais sua privacidade.

As seguintes solicitações podem ser feitas perante o WhatsApp[93]:

Diretamente pelo Delegado de Polícia, Promotor de Justiça ou com ordem judicial

- Preservação de dados[94].

93 Apesar dos autores das **Orientações** considerarem que o WhatsApp poderia promover a criação de usuário oculto para inserir em grupos do aplicativo, a empresa tem informado que não possui condições técnicas de realizar as referidas atividades. No início de 2018, foi divulgado na conferência de segurança Real World Crypto, em Zurique, na Suíça, um estudo da Universidade de Ruhr, na Alemanha, que demonstra ser possível ingressar em grupos do WhatsApp, por intermédio de um link encurtado, bem como controlar o fluxo das conversas, sem a autorização do administrador do grupo. Mais informações podem ser obtidas na revista Wired (GREENBERG, 2018) e no site da International Association for Cryptologic Research (<https://rwc.iacr.org>).

94 Com relação à preservação, é necessário respeitar o prazo estabelecido no artigo 15, § 2º da Lei nº 12.965/14 (Marco Civil da Internet) para ingressar com o pedido de autorização judicial de acesso aos registros.

- Dados básicos de registro da conta (*Basic Subscriber Identification* – BSI)[95].
  - Nome.
  - Endereço de e-mail, se disponível.
  - Versão do *app*.
  - Status de conexão.
  - Informações sobre a data e a hora de criação do perfil.
  - Dados do dispositivo e sistema operacional utilizados para o acesso à Internet[96].
  - Data e hora da última conexão.
  - Informação sobre conexão/uso do WhatsApp Web (se existir).
  - Data e hora da última conexão do WhatsApp Web (se existir).

Exclusivamente com ordem judicial

- Dados básicos de registro da conta (*Basic Subscriber Identification* – BSI).
  - Nome.
  - Endereço de e-mail, se disponível.
  - Versão do *app*.
  - Status de conexão.
  - Informações sobre a data e a hora de criação do perfil.
  - Dados do dispositivo e sistema operacional utilizados para o acesso à Internet[97].
  - Data e hora da última conexão.
  - Informação sobre conexão/uso do WhatsApp Web (se existir).
  - Data e hora da última conexão do WhatsApp Web (se existir).
- Foto de perfil.
- Registros de acesso (IPs) dos últimos seis meses.
- Porta lógica.
- Histórico de mudança de números.
- Grupos (data de criação, descrição, identificador ("group-ID"), foto, quantidade de membros e nome). Após o fornecimento da listagem de grupos, fica autorizado o fornecimento de membros dos grupos que vierem a ser indicados formalmente pela Autoridade Policial, por meio de ofício, caso a ordem judicial original também inclua tal pedido.
- Agenda de contatos (simétricos e assimétricos).

95 Sem endereçamento IP.

96 O WhatsApp não coleta informações com base no número IMEI do celular.

97 O WhatsApp não coleta informações com base no número IMEI do celular.

➢ Cancelamento do perfil de usuário de WhatsApp utilizado para a prática reiterada de crimes.

Procedimentalização

Deve ser enviado ofício, encaminhando a requisição do Delegado de Polícia (dados cadastrais) ou a ordem de afastamento judicial, contendo os documentos digitalizados, na plataforma de interação com as forças de Lei: <www.whatsapp.com/records>.

Conforme informações da empresa WhatsApp LLC., o aplicativo utiliza criptografia ponto-a-ponto (*end-to-end*), não armazena mensagens após terem sido entregues, nem registros de transações de tais mensagens enviadas. As mensagens não entregues são excluídas dos servidores após 30 dias. Em casos de longa investigação, é prudente que a ordem judicial seja solicitada com a determinação de preservação dos dados.

É imprescindível utilizar um endereço de e-mail oficial para cadastro na plataforma e obtenção das informações almejadas.

Outro ponto necessário versa sobre os telefones alvos, que devem obrigatoriamente ser informados no formato internacional (+código do país–código de área–número de telefone). No caso do Brasil, o código do país é +55. Um telefone da cidade de São Paulo – SP seria representado da seguinte forma: +55-11-000000000.

Caso o WhatsApp se negue a fornecer as informações supra referidas, exigindo que a solicitação seja feita por intermédio de carta rogatória ou Acordo de Assistência Judiciária em Matéria Penal (MLAT), sugere-se que seja solicitado o arbitramento prévio de multa diária por desobediência/atraso; porém, a critério da Autoridade Policial, o arbitramento prévio de multa poderá deixar de fazer parte do pedido, cabendo a esta Autoridade Policial, na ocorrência de desobediência por parte da empresa alvo da ordem judicial, proceder com a imediata comunicação ao juízo e a apuração penal da citada conduta recalcitrante, além da representação para que o Poder Judiciário determine o bloqueio do CNPJ da empresa, até que as informações sejam oferecidas[98].

---

98 Considerando o artigo 11, § 2º da Lei nº 12.965/14 (Marco Civil da Internet), temos defendido que o arbitramento da multa possa ser dirigido também à empresa Facebook Serviços Online do Brasil Ltda (CNPJ 13.347.016/0001-17 – Rua Leopoldo Couto de Magalhães Junior, 700, 5º andar, Edifício Infinity, Itaim Bibi, São Paulo/SP, CEP 04542-000), em razão de Facebook e WhatsApp pertencerem ao mesmo grupo econômico.

É importante salientar que, nos casos de obtenção de dados cadastrais, conforme o § 3º do artigo 10º da Lei nº 12.965/14, esses podem ser requisitados diretamente pelo Delegado de Polícia via ofício enviado por meio eletrônico para o e-mail <records@whatsapp.com>; lembrando que, no caso de negativa no fornecimento dessas informações, é pertinente a apuração do crime de desobediência decorrente.

Utilização dos *logs* de acesso

Após o fornecimento dos *logs* de acesso pelo WhatsApp, os provedores responsáveis pelos endereços IPs informados devem ser identificados. A identificação é possível por intermédio da pesquisa IP no site do Registro.br, conforme Item 3.1.1.

Verificados os provedores, deve o Delegado de Polícia requisitar desses o fornecimento dos dados cadastrais do assinante. A informação sobre a alocação de endereço IP para o cliente da operadora pode ser requisitada diretamente pelo Delegado de Polícia, por serem estes apenas dados cadastrais, conforme o disposto no artigo 10, § 3º do Marco Civil da Internet.

5.6.1. Aspectos essenciais da interceptação telemática de comunicações do WhatsApp (bilhetagem – extrato de mensagens)[99]

A **interceptação telemática das comunicações do WhatsApp** do alvo permite receber o **extrato das mensagens**[100], mas cabe esclarecer que não será possível ter acesso ao conteúdo dessas comunicações.

A interceptação telemática das comunicações do WhatsApp, com o correspondente envio dos extratos das comunicações do alvo, abrange as informações sobre remetente, destinatário, data e horário e padrão de fuso horário da mensagem, tipo da mensagem e o registro de acesso do remetente da mensagem (incluindo ende-

---

[99] Adaptação do capítulo "Interceptação telemática de contas do WhatsApp (bilhetagem – extrato de mensagens)" elaborado por Emerson Wendt e Higor Vinicius Nogueira Jorge na obra "Tratado de Investigação Criminal Tecnológica", coordenada por Higor Vinicius Nogueira Jorge (2020).

[100] Considerando, como afirmando anteriormente, a utilização em larga escala, de aplicativos de comunicação entre criminosos, recomenda-se representar pela interceptação telefônica e também pela interceptação telemática de comunicações do WhatsApp (extrato de mensagens) dos alvos. A utilização combinada dos referidos instrumentos de investigação incrementa a possibilidade de êxito na apuração de delitos de maior gravidade. Quando possível, geralmente após o cumprimento de mandado de busca e apreensão nos endereços dos investigados, é recomendável o envio dos dispositivos para o setor de perícias para que a extração dos dados seja realizada.

reçamento IP e porta lógica), se disponível, a cada 24 horas[101], contados da data de implementação da medida até os 15 dias seguintes.

Desta forma, por intermédio da interceptação telemática de WhatsApp, será possível saber os números de telefone dos interlocutores do investigado (em poder dessa informação é possível obter informações do WhatsApp e de operadoras sobre cada um deles), esclarecer os tipos de conteúdo que foram enviados durante as conversas (exemplos: texto, figura, vídeo etc.), receber informações sobre tipo de dispositivo, datas, horários, endereçamentos IP e portas lógicas de cada conversa que o investigado manteve e outras informações relevantes para a investigação criminal. O mesmo tipo de interceptação pode ocorrer com relação às ligações realizadas e recebidas pelo WhatsApp. Durante a interceptação o policial recebe as informações sobre as ligações, os números de telefone envolvidos e as durações das ligações. Por outro lado, cabe esclarecer que durante esse tipo de interceptação não é possível ter acesso ao conteúdo da ligação. É recomendável utilizar o termo "comunicações" para se referir à obtenção das informações sobre mensagens e ligações do WhatsApp.

A seguir são apresentadas informações sobre uma das conversas realizadas entre alvo e interlocutor durante a interceptação telemática do extrato de mensagens:

Service WhatsApp
Account Identifier +55-11-99xxx-9xxx
Account Type WhatsApp User
Generated 2019-05-30 00:01:53 UTC
Date Range 2019-05-29 00:00:00 UTC to 2019-05-30 00:00:00 UTC
Message Log **Timestamp**
2019-05-29 00:08:31 UTC
Message ID
3AE25613D43Dxxxxxxxx
Content
<TextProduct> <TextID>201952817xxxxxxx</TextID> <TextDate>05-28-2019 17:01:30 PDT</TextDate> <TextTarget>551199xx99xxx</TextTarget> <TextType>video</TextType> <Size>12131</Size> <TextCustomId>3AE25613D43Dxxxxxxxx</TextCustomId> <TextParticipant> <TextID>201952817xxxxxxx</TextID> <TextParticipantName>551199xx99xxx</TextParticipantName> <TextParticipantType>1</TextParticipantType> <TextParticipantDevice>iphone</TextParticipantDevice> </TextParticipant> <TextParticipant> <TextID>2019528178311 7xxxxxxxxxx</TextID> <TextParticipantName>551798xx2xxx</TextParticipantName> <TextParticipantType>2</TextParticipantType> </TextParticipant> <SenderIP>152.250.14.xxx</SenderIP> <SenderPort>27692</SenderPort> </TextProduct>

---

[101] A quantia de horas para o fornecimento das informações (geralmente a cada 24 horas), em casos mais graves, pode ser alterada para tornar mais eficaz a atuação da polícia. Exemplo: Informações fornecidas a cada 12 horas.

5.6.2. Solicitação de Divulgação de Emergência de WhatsApp – *Emergency Disclosure Request* (EDR)

Nas hipóteses de risco de morte ou ferimentos físicos graves, como, por exemplo, nos casos de sequestro, suicídio, pessoa desaparecida, ameaça à segurança nacional etc., as regras da empresa são flexibilizadas e existe uma maior facilidade para o fornecimento de informações, anteriormente por intermédio do Formulário de Solicitação de Divulgação de Emergência – *Emergency Disclosure Requests* (EDR) – e, atualmente, por meio de sua Plataforma: <www.whatsapp.com/records>. Basta clicar em natureza do caso, escolher "Emergency" e será necessário responder às seguintes questões:

- Qual é a natureza da emergência (por exemplo, sequestro, suicídio, pessoa desaparecida, ameaça à segurança nacional) e quem está sob risco de morte ou ferimentos graves? Se uma mensagem que foi enviada de uma conta do WhatsApp for a base para a crença de que há risco de morte ou ferimentos graves, anexe uma cópia de uma ou mais mensagens a este formulário.
- Descreva a natureza iminente da ameaça ou forneça informações que sugiram que há um prazo específico antes do qual seja necessário receber as informações solicitadas e/ou que sugiram que há um prazo específico no qual o ato indicado em resposta à primeira pergunta ocorrerá (por exemplo, hoje à noite, amanhã ao meio-dia etc.).
- Quais informações específicas em posse do WhatsApp relacionadas à emergência você está procurando? ESPECIFIQUE O NÚMERO DA CONTA DO WHATSAPP (INCLUINDO O CÓDIGO DO PAÍS) PARA A QUAL AS INFORMAÇÕES ESTÃO SENDO SOLICITADAS. (Nota: Não solicite tudo o que o WhatsApp tem em sua posse, pois esse tipo de solicitação provavelmente resultará em atraso na resposta ou na negação da solicitação.)
- Descreva como as informações que você está solicitando ajudarão a evitar o risco de morte ou ferimentos graves.

5.7. Modelos de representações, relação de contatos de provedores e endereços

Optamos por facilitar a atividade de investigação e indicar os modelos de documentos mais utilizados durante a persecução de crimes praticados nos ambientes cibernéticos.

Nestes moldes, apresentaremos as principais solicitações direcionadas ao Poder Judiciário e também as solicitações administrativas, oferecidas aos provedores de conteúdo e/ou de conexão.

5.7.1. Modelo de representação destinada ao WhatsApp para oferecer informações sobre usuários do aplicativo[102]

EXCELENTÍSSIMO SENHOR DOUTOR JUIZ DE DIREITO DA COMARCA DE [...]
A POLÍCIA CIVIL DO ESTADO DE SÃO PAULO, representada neste ato pelo Delegado de Polícia subscritor, que no uso de suas atribuições legais e regulamentares conferidas pelo artigo 144, § 4º, da Constituição Federal, artigo 140, da Constituição Estadual Paulista, artigo 4º e seguintes do Código de Processo Penal Brasileiro, Portaria DGP-18/1998, sob as premissas da Lei nº 12.830/13 e demais dispositivos legais correlatos, representa pelo AFASTAMENTO DO SIGILO DE DADOS ELETRÔNICOS pelos motivos de fato e de direito abaixo apresentados.

DO FATO
O presente inquérito foi instaurado para apurar a infração [descrever a infração e informar os números de Boletim de Ocorrência/Inquérito Policial que apuram os fatos].

Pode-se observar que o telefone número [...] [descrever as condutas realizadas com o uso de número de celular, sua vinculação com o WhatsApp e relação com o fato criminoso].

DA INVESTIGAÇÃO
[Descrever os principais momentos da investigação e demonstrar o esgotamento de meios tradicionais para a elucidação do crime].

DA SOLICITAÇÃO
Dessa forma, como medida visando a absoluta elucidação do delito, que tem proporcionado grande transtorno para as vítimas, e pela impossibilidade de produzir provas por outros meios, solicito que Vossa Excelência, após vista do ínclito membro do Ministério Público, requisite a medida infra para oferecer a informação pretendida:

1. Perante a empresa WhatsApp LLC. (Portal: <www.whatsapp.com.br/records>) e, conforme artigo 11, § 2º da Lei nº 12.965/14 (Marco Civil da Internet), seu representante legal no Brasil, Facebook Serviços Online do Brasil Ltda – CNPJ 13.347.016/0001-17 – Rua Leopoldo Couto de Magalhães Junior, 700, 5º andar, Edifício Infinity, Itaim Bibi, São Paulo/SP, CEP 04542-000), tendo como alvo o número de celular +55 [...], para que forneça [escolher os dados necessários para

[102] Elaborado por Higor Vinicius Nogueira Jorge e Marcos Tupinambá Martin Alves Pereira, professores da Academia de Polícia do Estado de São Paulo

a investigação, conforme as opções anteriormente descritas[103]], considerando o período entre [data e hora inicial] e [data e hora final].

Em razão da necessária celeridade exigida pelo caso solicito ainda que as informações sejam encaminhadas para o e-mail institucional da Delegacia de Polícia de [...] ([...]@policiacivil.sp.gov.br) e, em seguida, em via impressa para o endereço desta Unidade de Polícia Judiciária [nome e endereço completo da Unidade de Polícia Judiciária solicitante] em ambos os casos constando como referência o [BO e/ou IP número] da Delegacia de Polícia [nome da Unidade de Polícia Judiciária solicitante].

[cidade], [dia] de [mês] de [ano].

[nome do Delegado de Polícia signatário]

DELEGADO DE POLÍCIA

---

103 **Diretamente pelo Delegado de Polícia, Promotor de Justiça ou com ordem judicial**

- Nome.
- Endereço de e-mail, se disponível.
- Versão do *app*.
- Status de conexão.
- Preservação de dados;
- Dados básicos de registro da conta (*Basic Subscriber Identification* – BSI);
  - Informações sobre a data e a hora de criação do perfil;
  - Dados do dispositivo e sistema operacional utilizados para o acesso à internet;
  - Data e hora da última conexão;
  - Informação sobre conexão/uso do WhatsApp Web (se existir);
  - Data e hora da última conexão do WhatsApp Web (se existir).

Exclusivamente com ordem judicial

- Foto de perfil.
- Registros de acesso (IPs) dos últimos seis meses.
- Porta lógica.
- Histórico de mudança de números.
- Grupos (data de criação, descrição, identificador ("group-ID"), foto, quantidade de membros e nome). Após o fornecimento da listagem de grupos, fica autorizado o fornecimento de membros dos grupos que vierem a ser indicados formalmente pela Autoridade Policial, por meio de ofício, caso a ordem judicial original também inclua tal pedido.
- Agenda de contatos (simétricos e assimétricos).
- Cancelamento do perfil de usuário de WhatsApp utilizado para a prática reiterada de crimes.

5.7.2. Modelo de solicitação judicial de identificação de usuário que postou vídeo no YouTube (Google do Brasil Internet Ltda.)

Ofício nº [...]

[...] de [...] de 2018.

MM JUIZ

No dia [...] foi instaurado o Inquérito Policial xxxx, para apurar os crimes previstos nos artigos 240 e 241 do Estatuto da Criança e do Adolescente e 147 do Código Penal, tendo em vista que a adolescente [...] teria filmado os adolescentes [...] simulando a prática de ato sexual em [...], neste município. Depois de alguns dias o vídeo foi publicado na Internet no endereço http://www.youtube.com/watch?[...]. O endereço do perfil da pessoa que postou o vídeo é http://www.youtube.com/user/[...].

Uma pessoa passou a escrever, no site onde o vídeo está disponibilizado (YouTube), diversas mensagens ameaçando de morte [...]. O endereço do perfil do autor das ameaças http://www.youtube.com/user/[...].

Foi apreendido um celular com cópia do referido vídeo e o site que hospeda o vídeo foi contatado por esta Autoridade Policial para que tirasse o vídeo da Internet, o que não foi feito até o presente momento.

Em anexo constam imagens que comprovam a conotação sexual do vídeo, as ameaças proferidas contra a vítima e a certidão do Escrivão de Polícia que acessou e imprimiu o referido conteúdo.

Diante do exposto, em virtude dos razoáveis indícios de materialidade do delito tipificado nos artigos 240 e 241 do Estatuto da Criança e do Adolescente e 147 do Código Penal e do indispensável prosseguimento das investigações, para a identificação dos seus autores e comprovação da autoria, concluímos que a quebra do sigilo telemático é o único meio disponível para que possa ser feita a prova.

Aqueles que praticam crimes por meios eletrônicos muitas vezes se beneficiam da Internet, em face da dificuldade de investigação de crimes dessa natureza e, contando com a impunidade, continuam praticando os mais variados crimes.

Dessa forma, como medida visando a absoluta elucidação dos delitos referidos, que causaram grande comoção na ordeira população de [...], solicito que Vossa Excelência interceda perante o **GOOGLE BRASIL INTERNET LTDA** para que remetam informações sobre os dados cadastrais (e-mail, telefones e outras informações identificativas), bem como os *logs* (registros) de criação e de todos os acessos (contendo endereço IP, data, horário e padrão de fuso horário), dos perfis apresentados nos endereços http://www.youtube.com/user/[...] e http://www.youtube.com/user/[...], que publicaram os vídeos com conteúdo ilícito que estão sob investigação.

Solicito também que determine a exclusão dos vídeos que constam nos endereços http://www.youtube.com[...] e http://www.youtube.com[...], em razão de apresentarem [...].

Em razão da gravidade do caso e da necessidade de celeridade, solicito que os dados sejam enviados por intermédio do e-mail [...].

Aproveito a oportunidade para renovar os protestos de elevada estima e distinta consideração.

[nome do Delegado de Polícia signatário]

DELEGADO DE POLÍCIA

5.7.3. Modelo de requisição visando identificação de dados cadastrais de IP com base em informação de provedor de conteúdo

Observação: esta requisição foi apresentada perante a operadora após o recebimento das informações solicitadas no item 5.5.1.

Ofício nº [...]

Referência: Inquérito Policial nº [...]

SENHOR DIRETOR

[local e data]

A **POLÍCIA CIVIL DO ESTADO DE SÃO PAULO**, pela Autoridade Policial subscritora, com fulcro no artigo 144, § 4º da Constituição Federal, artigo 140 da Constituição Estadual, artigo 4º e seguintes do Código de Processo Penal e artigo 3º, inciso I da Lei Complementar 207/79, vem por intermédio deste REQUISITAR os dados cadastrais e todas as outras informações identificativas dos clientes que utilizaram os protocolos de Internet que constam em anexo e que foram acostados entre as fls. [...] deste inquérito policial e também os números de eventuais linhas telefônicas relacionadas com os protocolos de Internet supra referidos.

Em razão da gravidade do caso e da necessidade de celeridade, solicito que os dados sejam enviados por intermédio do e-mail [...].

Aproveito a oportunidade para renovar os protestos de elevada estima e distinta consideração.

[nome do Delegado de Polícia signatário]

DELEGADO DE POLÍCIA

AO

ILUSTRÍSSIMO SENHOR RESPONSÁVEL PELA OPERADORA [...]

5.7.4. Modelo de solicitação judicial de identificação de usuário que postou comentários em sites

Ofício nº [...]

[cidade], [dia] de [mês] de [ano].

Referência: Inquérito Policial nº [...]

MM JUIZ

A **POLÍCIA CIVIL DO ESTADO DE SÃO PAULO**, pela Autoridade Policial subscritora, com fulcro no artigo 144, § 4º da Constituição Federal, artigo 140 da Constituição Estadual, artigo 4º e seguintes do Código de Processo Penal, vem por intermédio deste solicitar o presente **AFASTAMENTO DO SIGILO DE DADOS TELEMÁTICOS** pelos motivos de fato e de direito abaixo apresentados.

DO FATO

No mês de [...] de 2018 a vítima [...] passou a sofrer diversas calúnias por intermédio da Internet.

As ofensas contra a vítima foram publicadas nos sites ReclameAqui e YahooAnswers.

No site ReclameAqui [...] foi postado o seguinte comentário:

[...]
[...]
[...]
[...]

No site YahooAnswers [...] foi postado o comentário:

[...]
[...]
[...]
[...]

Consta em anexo cópia dos referidos sites contendo as ofensas e os seus endereços.

DA INVESTIGAÇÃO

Em razão do ocorrido, com o fito de apurar os crimes em discussão, inicialmente foi elaborado o Boletim de Ocorrência [...]/[...] e o Inquérito Policial [...]/[...], ambos desta Unidade de Polícia Judiciária.

Realizaram-se também outras diligências, dentre elas [...].

DA SOLICITAÇÃO

Dessa forma, como medida visando a absoluta elucidação dos delitos referidos, que tem proporcionado grande transtorno para a vítima, principalmente ofendendo sua honra em razão da disponibilização das ofensas para todos que acessam os referidos sites e levando em consideração a impossibilidade de produzir provas por outros meios, solicito que Vossa Excelência requisite as medidas infra-apresentadas e também que estipule multa diária nos casos em que os provedores demorarem mais de cinco dias para oferecerem as informações pretendidas:

Perante a **empresa WIDEA SOLUÇÕES DIGITAIS LTDA-ME**, que mantém o site **ReclameAqui** (Rua Euclides da Cunha, 518A, CEP 79020-230 – Campo Grande – MS – telefone: 67-30268282), determine que forneça os dados cadastrais (incluindo e-mail, número de telefone e outras informações identificativas) e também *logs* (registros) de criação e de todos os acessos (contendo endereço IP, data, horário e padrão de fuso horário) a sua conta do site, inclusive do momento em que postou o comentário apresentado no endereço [...].

Perante a **empresa Yahoo! do Brasil Internet Ltda.**, que mantém o YahooAnswer (Rua Fidêncio Ramos, 195, 12º andar, CEP 04551-010 – São Paulo-SP, telefone 11-30545241), determine que forneça os dados cadastrais (incluindo e-mail, número de telefone e outras informações identificativas) e também *logs* (registros) de criação e de todos os acessos (contendo endereço IP, data, horário e padrão de fuso horário) a sua conta do site, inclusive do momento em que postou o comentário apresentado no endereço [...].

Aproveito a oportunidade para renovar os protestos de elevada estima e distinta consideração.

[nome do Delegado de Polícia signatário]

DELEGADO DE POLÍCIA

5.7.5. Modelo de solicitação de identificação de usuário de *chat*

Ofício nº [...]

[cidade], [dia] de [mês] de [ano].

Referência: Inquérito Policial nº [...]

MM JUIZ

xxxxxxxxxxx de xxx de 2011.

Informo a Vossa Excelência que, em 01/01/2011, chegou ao conhecimento desta Autoridade Policial notícia dando conta do cometimento do delito de difamação, via Internet, sendo vítima o Sr. [...], tudo conforme registro de ocorrência epigrafado.

Segundo consta no registro de ocorrência e no termo de declarações, a vítima tomou conhecimento de que uma pessoa, fazendo-se passar por ela, acessou uma das salas de *chat* do provedor de conteúdo Terra, tendo usado o *nickname* XXXXXXXXXXX. Esse usuário teria interagido com vários homens e repassado dados pessoais, como telefone, e-mail etc., trazendo a ela uma situação particular e constrangedora, já que foi adicionada no Messenger (comunicador instantâneo de mensagens) por diversos homens, os quais lhe relataram a circunstância.

Relatou a vítima também que recebeu diversas ligações em seu telefone, tendo retornado algumas delas quando constatou a situação.

Mencionou, ainda, que o fato teria ocorrido no dia 01/01/2011 (domingo), entre 16h e 18h (horário brasileiro), na sala de *chat* "Idades", sala de 40 a 50 anos.

Em diligência preliminar, estabelecido um contato com o provedor Terra, este informou que poderia repassar as informações de IP (protocolo de Internet), data e hora, porém somente com ordem judicial.

Diante do exposto e com a finalidade de instruirmos investigação policial em andamento nesta Delegacia de Polícia, **REPRESENTO** a Vossa excelência pelo:

- **<u>Afastamento do sigilo dos dados telemáticos</u>**, determinando ao Provedor de Internet **Terra Networks Ltda**, que forneça os dados referentes ao usuário de chat XXXXXXXXX, que acessou sala de chat "Idades", sala de 40 a 50 anos, no dia 01/01/2011 (domingo), entre 16h e 18h (horário brasileiro), **informando o registro de acesso do referido usuário, incluindo, data, horário, padrão de fuso-horário, endereçamento IP e outras informações identificativas que dispuser**.

Por fim, solicito a Vossa Excelência que determine ao representante legal do Provedor de Internet **Terra Networks Ltda.**, situado na Av. das Nações Unidas, 12901 – 12º andar – Torre Norte – São Paulo – SP – CEP 04578-000, em seu Departamento Jurídico, que informe os dados solicitados diretamente a INDICAR A DELEGACIA e e-mail da DELEGACIA, através dos meios usuais, mantendo **SEGREDO DE JUSTIÇA**.

Atenciosamente,

FULANO DE TAL DELEGADO DE POLÍCIA

5.7.6. Modelo de solicitação de ordem judicial para identificação de IP de origem de e-mail

Ofício nº xxxxxxxx

Referência: Inquérito Policial nº xxxxxxxxxxx

MM JUIZ

xxxxxxxxxxx de xxx de 20xx.

A POLÍCIA CIVIL DO ESTADO DE SÃO PAULO, representada neste ato pelo Delegado de Polícia subscritor, que no uso de suas atribuições legais e regulamentares conferidas pelo artigo 144, §4º, da Constituição Federal, artigo 140, da Constituição Estadual Paulista, artigo 4º e seguintes do Código de Processo Penal Brasileiro, sob as premissas da Lei nº 12.830/13 e demais dispositivos legais correlatos representa pelo **AFASTAMENTO DO SIGILO DE DADOS TELEMÁTICOS** pelos motivos de fato e de direito abaixo apresentados.

DO FATO

No dia xx a vítima xx vislumbrou um produto anunciado por uma pessoa que utilizava o nome xx no site Mercado Livre.

Em razão disso a vítima entrou em contato com ele e depois que trocaram alguns e-mails efetuou a compra de um iPad pelo preço de R$ xx.xxx,00 reais.

O criminoso utilizava o e-mail xxx@xxx.com.br e encaminhou diversas mensagens informando que mandaria o produto, porém depois de alguns dias em que houve o pagamento a vítima notou que havia sofrido um golpe.

DA INVESTIGAÇÃO

Em razão do ocorrido, com o fito de apurar o crime de estelionato, previsto no artigo 171 do Código Penal, a vítima, perante o Escrivão de Polícia e este Delegado de Polícia subscritor, acessou e imprimiu o último e-mail que recebeu do criminoso, conforme certidão em anexo elaborada pelo digno Escrivão.

Em seguida clicou-se no campo do e-mail utilizado para visualizar o código-fonte da mensagem para que o Internet Protocol (IP) do criminoso pudesse ser visualizado.

Em poder do cabeçalho, conforme consta em anexo, foi possível esclarecer que o IP utilizado para enviar o e-mail no dia 04 de maio de 2011 às 11:05:24-0700 (PDT) foi o número 189.89.XX.XXX.

Ao pesquisar no site Registro.br tomou-se conhecimento de que o IP pertence à empresa MICRON LINE COMERCIO E SERV DE INF LTDA, Rua Salomão Fadlalah, 205, Loja 02, CEP 29395-000 – Ibatiba – ES, telefone (28) 35431629.

DA SOLICITAÇÃO

Dessa forma, como medida visando a absoluta elucidação da autoria e da materialidade do delito e levando em consideração a impossibilidade de localizar os eventuais imputados e produzir provas por outros meios, solicito que Vossa Excelência requisite a medida infra-apresentada e também que estipule multa diária nos casos em que o provedor demorar mais de cinco dias para oferecer a informação pretendida:

1) Perante a empresa **MICRON LINE COMERCIO E SERV DE INF LTDA**, Rua Salomão Fadlalah, 205, Loja 02, CEP 29395-000 – Ibatiba – ES, telefone (28) 35431629, para que forneça os dados cadastrais, principalmente endereço físico e outras informações pertinentes do usuário que no dia 04 de maio de 2011 às 11:05:24 -0700 (PDT) utilizou o número de IP 189.89.XX.XXX.

Em razão da necessária celeridade exigida pelo caso, solicito ainda que as informações sejam encaminhadas para o e-mail institucional do subscritor (e-mail: xxx@policiacivil.sp.gov.br) e, em seguida, em via impressa para o endereço desta Unidade de Polícia Judiciária (Delegacia de Polícia do Município de XX, Rua xx, xx, Centro, xxx-SP).

Nestes termos, como medida imprescindível para a investigação criminal, requer a procedência do solicitado.

Atenciosamente,

FULANO DE TAL DELEGADO DE POLÍCIA

5.7.7. Modelo de solicitação de dados cadastrais junto ao Mercado Livre

Ofício nº xxxxxxxx

Referência: Inquérito Policial nº xxxxxxxxxxx

Prezado Senhor:

xxxxxxxxxxx de xxx de 20xx.

Através do presente, a fim de instruir os autos de Expediente Investigativo (Ocorrência Policial 0000/2011/xxxxxx), que trata da infração penal de xxxxxxxxxxxxxxx, cuja vítima é XXXXXXXXXXXXXXXXXXX, solicito os dignos préstimos de Vossa Senhoria no sentido de informar os dados cadastrais e arquivos de *logs* de criação e de acesso do usuário XYXYXYXYXY (http://perfil.mercadolivre. com.br/XYXYXYXYXY), desde o dia da criação até esta data, podendo a resposta ser encaminhada para o e-mail nomedeusuario@pc.rs.gov.br ou para o seguinte endereço: indicar endereço da Delegacia.

Da mesma forma, solicitamos informar se existem outras contas vinculadas à suspeita e aos e-mails nomedeusuario@yahoo.com.br e nomedeusuario@ hotmail.com.

Atenciosamente,

Fulano de Tal, Delegado de Polícia.

Ao MercadoLivre.com Atividades de Internet Ltda,

Edifício Business Center – MercadoLivre.com,

Rua Gomes de Carvalho, 1.306 – 7º Andar,

Vila Olímpia – São Paulo – SP, CEP 04547-005.

5.7.8. Modelo de ofício à Microsoft solicitando dados cadastrais e *logs* de acesso de usuário do Outlook (Hotmail), Skype ou outro serviço

Ofício nº xxxxxxxx

Referência: Inquérito Policial nº xxxxxxxxxxx

Prezado Senhor:

xxxxxxxxxxx de xxx de 20xx.

Pelo presente, a fim de averiguar a comunicação da ocorrência policial de nº 0000/2010/000000, em que a Sra. Fulana de Tal foi vítima de injúria via Internet, solicito a Vossa Senhoria os gentis préstimos no sentido de suspender a conta cujo endereço eletrônico é nomedeusuario@hotmail.com, bem como informar os dados cadastrais e *log* de criação e de acesso dos usuários do referido e-mail, podendo a resposta ser enviada para o e-mail fulano-detal@pc.rs.gov.br e para o seguinte endereço: INDICAR O ENDEREÇO DA DELEGACIA.

Da mesma forma, solicitamos informar a relação de contatos da referida conta de e-mail do Outlook (Hotmail) e do Skype (MSN), a relação de mensagens armazenadas, bem como os *logs* de criação e de acesso do serviço Skydrive.

Atenciosamente,

Fulano de Tal, Delegado de Polícia.

À MICROSOFT CORPORATION,

ONE MICROSOFT WAY, REDMOND, STATE OF WASHINGTON, 98052-6399 – UNITED STATES OF AMÉRICA.

A/C

MICROSOFT INFORMÁTICA LTDA,

Av. Nações Unidas, 12.901 – 27º Andar – Torre Norte, CEP 04578-000, São Paulo – SP.

5.7.9. Modelo de solicitação para retirada de perfil do YouTube ou vídeo do YouTube; blog ou postagem no Blogspot etc., todos relativos à mesma empresa (Google)

Observação: também serve para solicitação de preservação de evidências até a chegada de ordem judicial ao Google.

Ofício nº xxxxxxxx

Referência: Inquérito Policial nº xxxxxxxxxxx

Prezado Senhor:

xxxxxxxxxxx de xxx de 20xx.

Através do presente, tendo em vista denúncia de crime contra a honra e uso indevido de imagem, praticado contra Fulano de Tal, solicito os bons préstimos em **retirar do acesso público o perfil do Orkut (YouTube, Blogspot etc.)**, indicado abaixo, **preservando a prova** referente aos *logs* de criação e acesso, conforme dados a seguir.

URL do perfil: http://www.orkut.com.br/Main#Profile?uid=000000000000 0000.

Da mesma forma, solicitamos a retirada de acesso público de vídeo constante no YouTube, sob a seguinte URL – http://www.youtube.com/ watch?v=mYyoloepçsYxZ, **preservando a prova** referente aos *logs* de criação e acesso até a chegada de ordem judicial.

Atenciosamente,

FULANO DE TAL, DELEGADO DE POLÍCIA.

À GOOGLE DO BRASIL LTDA,

Av. Brigadeiro Faria Lima, 3900, 5º Andar, São Paulo-SP, CEP 04538-132. (11) 3443-6333 (11)3897-0321

5.7.10. Modelo de Auto de Captura de conteúdo multimídia[104]

Serve para registrar a coleta de evidências digitais em ambientes virtuais, principalmente quando da coleta de áudio, vídeo e/ou fotos:

AUTO DE CAPTURA DE CONTEÚDO MULTIMÍDIA

Aos XXXXXXXX dias do mês de XXXXXXXXX de XXXX, nesta cidade de XXXXXXXXXX, do Estado XXXXXXXXXXXXXXXX, na Delegacia de Repressão aos Crimes Informáticos, presente o Delegado de Polícia Titular, FULANO DE TAL, comigo, BELTRANO DE TAL, Escrivão de Polícia, foi elaborado o presente auto para formalizar o procedimento realizado neste órgão policial de captura de conteúdo multimídia disponível na rede mundial de computadores e acessível sem restrição a qualquer usuário.

A presente diligência destina-se a produzir evidências da prática, em tese, do delito previsto no § 3º, Art. 184, do Código Penal Brasileiro, a fim de subsidiar o inquérito policial 0000/2011/000000 instaurado neste órgão.

O procedimento consistiu em acessar o site (nome do site), http://www.xxxxx. com.br, de propriedade da (identificação da empresa), e proceder à captura de conteúdo transmitido por meio de *streaming* no referido site.

A captura do conteúdo foi realizada utilizando-se do software Debut Video Capture 1.62, desenvolvido pela empresa NCH Swift Sound, de uso gratuito, que grava em tempo real o conteúdo multimídia que está sendo exibido no monitor do computador, salvando o conteúdo capturado em diversos formatos.

Foi utilizado o navegador Firefox com os complementos ShowIP e WorldIP instalados. Esses complementos são softwares livres que indicam o IP da URL acessada e o proprietário do domínio, permitindo sua correta identificação.

Concomitante, em outra aba do navegador, foi acessado o site www. horalegalbrasil. mct.on.br do Observatório Nacional, Ministério da Ciência e Tecnologia, a fim de demonstrar o dia e o horário em que o conteúdo estava sendo exibido. Para tanto, durante o processo de captura, foram alternadas as abas do navegador para possibilitar a gravação pelo software Debut Video Capture 1.62.

---

104 O presente modelo foi elaborado pela equipe da Delegacia de Repressão aos Crimes Informáticos da Polícia Civil do Rio Grande do Sul, coordenada pelo Delegado de Polícia Marcínio Tavares Neto.

Nesta data foi constatada a CITAR O CONSTATADO.

A presente diligência foi realizada pelo Escrivão de Polícia BELTRANO DE TAL e vai o presente autoassinado por todos.

Autoridade:

Responsável pela diligência:

Escrivão:

5.7.11. Modelo de solicitação judicial de identificação de usuário que postou ofensas em site de jornal (solicitação dos *logs* dos autores das ofensas)

EXCELENTÍSSIMO(A) SENHOR(A) JUIZ(A) DE DIREITO DA COMARCA DE [...]

Referência: Inquérito Policial nº xxxxxxxxxx/2011

A POLÍCIA CIVIL DO ESTADO DE SÃO PAULO, representada neste ato pelo Delegado de Polícia subscritor, que no uso de suas atribuições legais e regulamentares conferidas pelo artigo 144, §4º, da Constituição Federal, artigo 140, da Constituição Estadual Paulista, artigo 4º e seguintes do Código de Processo Penal Brasileiro, sob as premissas da Lei nº 12.830/13 e demais dispositivos legais correlatos, representa pelo **AFASTAMENTO DO SIGILO DE DADOS TELEMÁTICOS** pelos motivos de fato e de direito abaixo apresentados.

DO FATO

No dia xx do mês de xxxxxx de XXXX o criminoso xxxx, vulgo xxxx, foi preso xxxxxx e foi elaborada matéria sobre a referida prisão no site http://www.redebomdia.com.br/xxxxxxxxxxxxxxxxxxxxxxxxxxxxxxxxx.

No dia XX do mês de xxxx uma pessoa que utilizou o nome xxxxx postou o seguinte comentário: xxxxxx.

Os referidos comentários ofenderam as vítimas xxxx e xxxxx que xxxxxxxxxxx.

DA INVESTIGAÇÃO

Em razão do ocorrido, com o fito de apurar os crimes em discussão inicialmente foi elaborado o Boletim de Ocorrência xx/xx e o Inquérito Policial xxxx/xxx, ambos desta Unidade de Polícia Judiciária.

Realizaram-se também outras diligências, dentre elas xxxxxxx.

DA SOLICITAÇÃO

Dessa forma, como medida visando a absoluta elucidação dos delitos referidos, que têm proporcionado grande transtorno para as vítimas, principalmente ofendendo sua honra em razão da disponibilização das ofensas para todos que acessam o referido site, e levando em consideração a impossibilidade de produzir provas por outros meios, solicito que Vossa Excelência requisite a medida infra-apresentada e também que estipule multa diária nos casos em que o site se recusar ou demorar mais de cinco dias para oferecer as informações pretendidas:

1) Perante a **empresa Rede Bom Dia de Comunicações Ltda**, (endereço: Rua Bento de Andrade, 718, Jd. Paulista, CEP 04503-001 – São Paulo – SP) determine que forneça o *log* (IP, data e horário, incluindo fuso horário) que o criminoso utilizou quando usou o nome XXX para publicar no endereço http://www.redebomdia.com.br/xxxxxxxxxxxxxxxxxxxxxxxx xxxxxxxx o seguinte comentário: "xxxxxxxxxx".

Nestes termos, como medida imprescindível para a eficiência desta investigação criminal requer a procedência do solicitado.

xxx, xxxxxxxx de xxxx de 2011.

FULANO DE TAL DELEGADO DE POLÍCIA

5.7.12. Modelo de solicitação judicial de identificação de usuário por intermédio dos dados cadastrais relacionados com IPs

Observação: Esta representação foi apresentada ao Poder Judiciário após o recebimento das informações solicitadas no item 5.7.13.

EXCELENTÍSSIMO(A) SENHOR(A) JUIZ(A) DE DIREITO DA COMARCA DE [...]

Referência: Inquérito Policial nº xxxxxxxxxx/2011

A POLÍCIA CIVIL DO ESTADO DE SÃO PAULO, representada neste ato pelo Delegado de Polícia subscritor, que no uso de suas atribuições legais e regulamentares conferidas pelo artigo 144, §4º, da Constituição Federal, artigo 140, da Constituição Estadual Paulista, artigo 4º e seguintes do Código de Processo Penal Brasileiro, sob as premissas da Lei nº 12.830/13 e demais dispositivos legais correlatos, representa pelo **AFASTAMENTO DO SIGILO DE DADOS TELEMÁTICOS** pelos motivos de fato e de direito a seguir apresentados.

DO FATO

Entre os dias 14 e 18 de julho a vítima xxxx passou a sofrer diversas ofensas à sua honra por intermédio de notícias publicadas no site http://xxxxx.blog.br.

Foram selecionados os comentários elaborados pelos leitores do site que atingiram a honra da vítima.

DA INVESTIGAÇÃO

Com o fito de apurar os crimes em discussão inicialmente foi elaborado o Boletim de Ocorrência xxx/2011 nesta Unidade de Polícia Judiciária e foi emitida ordem de serviço para o Setor de Investigação deste Distrito Policial no sentido de identificar eventuais autores dos crimes em discussão.

Também se procedeu pesquisa no site Registro.br, que apresentou o nome de xxxx, como sendo o titular do domínio http://xxxxxx.blog.br.

Foi utilizada a ferramenta denominada *ping*, que informou o IP (xx.xxx.xx.xxx) da empresa que hospeda o referido domínio.

Em posse do IP número xx.xxx.xx.xxx que pertence à empresa que hospeda o domínio do site, pesquisou-se novamente no site Registro.br para obter mais informações sobre ela.

O titular do domínio xxxxx, documento xxxxxx, até o presente momento não forneceu as informações solicitadas.

A empresa CentralServer apresentou as informações solicitadas, conforme consta entre as páginas xx e xx. Em razão disso foram oferecidos os *logs*, contendo os IPs dos autores dos comentários ofensivos.

Em seguida procedeu-se pesquisa no site Registro.br, para que fossem obtidas as informações sobre os provedores de acesso à Internet que forneceram cada um dos IPs, e essas informações foram vinculadas aos referidos comentários, conforme consta na tabela infra-apresentada.

NOME	DATA	HORA	FLS	IP	PROVEDOR
xxxxxx	14/07/11	12:09:23	20	xxx.xxx.x.xx	BRASIL TELECOM
xxxxxx	14/07/11	12:10:21	20	xxx.xxx.x.xx	BRASIL TELECOM
xxxxxx	14/07/11	12:19:00	20	xxx.xxx.x.xx	VIVO
xxxxxx	14/07/11	12:28:00	20	xxx.xxx.x.xx	BRASIL TELECOM
xxxxxx	14/07/11	20:34:00	25	xxx.xxx.x.xx	VIVO
xxxxxx	14/07/11	20:44:00	25	xxx.xxx.x.xx	BRASIL TELECOM
xxxxxx	14/07/11	21:36:00	25	xxx.xxx.x.xx	VIVO
xxxxxx	14/07/11	21:41:00	26	xxx.xxx.x.xx	VIVO
xxxxxx	14/07/11	21:45:00	26	xxx.xxx.x.xx	VIVO
xxxxxx	14/07/11	22:12:00	26	xxx.xxx.x.xx	NATIONAL TELECOM S. COM.MULT. LTDA
xxxxxx xxxxxx xxxxxx	14/07/11 14/07/11 15/07/11	22:50:00 22:17:00 06:54:00	26 26 26	xxx.xxx.x.xx xxx.xxx.x.xx xxx.xxx.x.xx	BRASIL TELECOM VIVO
xxxxxx	14/07/11	22:42:00	26	xxx.xxx.x.xx	VIVO
xxxxxx	14/07/11	22:52:00	26	xxx.xxx.x.xx	VIVO S.A

DA SOLICITAÇÃO

Dessa forma, como medida visando a absoluta elucidação dos delitos referidos, que têm proporcionado grande transtorno para a vítima, principalmente ofendendo sua honra em razão da disponibilização das ofensas para todos que acessam o referido site, e levando em consideração a impossibilidade de produzir provas por outros meios, solicito que Vossa Excelência requisite a medida infra-apresentada e também que estipule multa diária nos casos em que o site se recusar ou demorar mais de dez dias para oferecer as informações pretendidas:

Perante a empresa VIVO, Rua Dr. Fausto Ferraz, 172, 3º andar, Bela Vista/SP, CEP 01330-030, e-mail: ordens.sigilo.br@telefonica.com, https://portaljud.vivo.com.br/portaljud/login.jsf (site PORTALJUD), https://viqia.vivo.com.br/login.html (site VIGIA) que forneça os dados cadastrais, principalmente endereço físico e outras informações pertinentes dos usuários que utilizaram os seguintes IPs, conforme consta na tabela infra:

NOME	DATA	HORA	FLS	IP	PROVEDOR
xxxxxx	14/07/11	12:19:00	20	xxx.xxx.x.xx	VIVO
xxxxxx	14/07/11	12:28:00	20	xxx.xxx.x.xx	VIVO
xxxxxx	14/07/11	20:34:00	25	xxx.xxx.x.xx	VIVO
xxxxxx	14/07/11	20:44:00	25	xxx.xxx.x.xx	VIVO
xxxxxx	14/07/11	21:36:00	25	xxx.xxx.x.xx	VIVO
xxxxxx	14/07/11	21:41:00	26	xxx.xxx.x.xx	VIVO
xxxxxx	14/07/11	12:19:00	20	xxx.xxx.x.xx	VIVO

Informo ainda que todos os horários dos IPs retro apresentados se referem ao horário de Brasília – DF.

Nestes termos, como medida imprescindível para a eficiência desta investigação criminal requer a procedência do solicitado.

xxxx, xxxxxxxx de xxxx de 2011.

FULANO DE TAL DELEGADO DE POLÍCIA

5.7.13. Modelo de solicitação judicial de interceptação do fluxo das comunicações telemáticas

EXCELENTÍSSIMO(A) SENHOR(A) JUIZ(A) DE DIREITO DA COMARCA DE [...]

Referência: Inquérito Policial nº XXXX/2011

A POLÍCIA CIVIL DO ESTADO DE SÃO PAULO, representada neste ato pelo Delegado de Polícia subscritor, que no uso de suas atribuições legais e regulamentares conferidas pelo artigo 144, §4º, da Constituição Federal, artigo 140, da Constituição Estadual Paulista, artigo 4º e seguintes do Código de Processo Penal Brasileiro, sob as premissas da Lei nº 12.830/13, do artigo 1º, parágrafo único da Lei nº 9296/96 e artigo 10, § 1º da Lei nº 12.965/2014 e demais dispositivos legais correlatos, representa pelo **AFASTAMENTO DO SIGILO DE DADOS TELEMÁTICOS, HISTÓRICO DE CHAMADAS E LOCALIZAÇÃO DAS ERBs RELACIONADAS COM NÚMERO DE TELEFONE e INTERCEPTAÇÃO DO FLUXO DAS COMUNICAÇÕES TELEMÁTICAS** pelos motivos de fato e de direito abaixo apresentados.

DO FATO

Diversos Boletins de Ocorrência foram registrados nesta Unidade Policial e em outras localidades, informando que criminosos XXXXXXXXXXXXXXXXXXX.

No dia XXXX as vítimas XXXX e XXXXX receberam as mensagens acostadas nas folhas XX, XX, XX e XX oriundas dos e-mails xxx@xxx.com.br e xxx@xxx.com.br.

A vítima XXX informou que XXXXXXXXXXXXXXXXX.

DA INVESTIGAÇÃO

Em razão do ocorrido, com o fito de apurar os crimes em discussão, inicialmente foi instaurado Inquérito Policial XXX/2011. Em seguida foi criado o e-mail xxx@xxx.com.br para obter mais informações XXXXX. Também foi mantido contato com os telefones (XXX e XXX) dos criminosos que XXXXXXXXXX.

Conforme consta em anexo, os policiais receberam diversos e-mails de xxx@xxx.com.br. Neste e-mail o criminoso utilizou o nome de XXXX, informou os números celulares XXXX e XXXX e apresentou também o e-mail xxx@xxx.com.br.

Foram anexadas cópias dos e-mails recebidos, cópias dos cabeçalhos dos e-mails contendo os IPs, resultado da pesquisa dos IPs no site Registro.br contendo dados dos provedores de Internet dos IPs, pesquisa no site da operadora de celulares XXX que comprova que as linhas telefônicas citadas nos e-mails pertencem à operadora e XXX.

DA SOLICITAÇÃO

Dessa forma, como medida visando a absoluta elucidação dos delitos praticados por computadores, que se caracterizam pela dificuldade encontrada na investigação em razão da volatilidade das evidências, e também que estes crimes têm proporcionado grande prejuízo contra as vítimas das mais variadas classes sociais, espalhadas em diversas localidades e levando em consideração a impossibilidade de produzir provas por outros meios, solicito que Vossa Excelência requisite as medidas infra-apresentadas e também que estipule multa diária nos casos em que os provedores demorarem mais de cinco dias para oferecerem as informações pretendidas:

1. Perante a **empresa XXX** (Responsável: XXXXXXXXXX – Endereço: XXX – XXXX-SP), determine que forneça o *log* (IP, data e horário, incluindo fuso horário) que o criminoso utilizou quando se cadastrou no site, o *log* (IP, data e horário, incluindo fuso horário) que utilizou no momento em que postou o anúncio XXXXXXX e os *logs* (IP, data e horário, incluindo fuso horário), dos

últimos acessos à referida conta. Também que forneça os dados cadastrais do criminoso que postou o anúncio e dados sobre outros anúncios que o usuário tenha publicado no site.

2. Perante a **empresa XXXXX** – XXXXXXX (XXXXXXXXX – Telefone: xxxxxxxxxxx e Fax: xxxxxxxxxxxxxx), determine que forneça os dados cadastrais dos telefones números xxxxxxxxxxxxxxx e xxxxxxxxx e de seus IMEIs (*Internet Mobile Equipment Identity*) que estão sendo utilizados pelos criminosos para a prática dos golpes e também o histórico das chamadas efetuadas e recebidas e a localização das ERBs (torres) dos telefones.
3. Perante a empresa **Brasil On Line – BOL** (JGTF Endereço: Avenida Paulista, 1294, 2º andar, 01310-915 – São Paulo – SP – Telefone: (11) 3266- 3877) para que forneça os dados cadastrais, o *log* (IP, data e horário, incluindo fuso horário) de criação do e-mail e o *log* (IP, data e horário, incluindo fuso horário) dos últimos dez acessos do e-mail xxxxxxxxxxxxxx e também que forneça cópia em DVD de todos os dados encontrados na conta de e-mail, incluindo mensagens enviadas, recebidas e anexos e que promova a imediata INTERCEPTAÇÃO DO FLUXO DAS COMUNICAÇÕES TELEMÁTICAS deste e-mail pelo prazo de 15 dias, de forma que o provedor remeta, em tempo real e posteriormente em papel, cópia de todos os e-mails enviados e recebidos pelos usuários, bem como dos arquivos neles anexados. A cópia em tempo real deve ser apresentada por intermédio de conta-espelho (conta criada pelo provedor com usuário e senha, réplica da conta original), e os dados para acessar a conta devem ser fornecidos ao delegado de polícia subscritor (XXX – RG XXX – e-mail: xxx@policiacivil.sp.gov.br).
4. Perante a empresa **Microsoft Corporation – Outlook (Hotmail)** para que forneça os dados cadastrais, o *log* (IP, data e horário, incluindo fuso horário) de criação do e-mail e o *log* (IP, data e horário, incluindo fuso horário) dos últimos dez acessos do e-mail xxxxx@xxx.com e também que forneça cópia em DVD de todos os dados encontrados na conta de e-mail, incluindo mensagens enviadas, recebidas e anexos e que promova a imediata INTERCEPTAÇÃO DO FLUXO DAS COMUNICAÇÕES TELEMÁTICAS deste e-mail pelo prazo de 15 dias, de forma que o provedor remeta, em tempo real e posteriormente em papel, cópia de todos os e-mails enviados e recebidos pelos usuários, bem como dos arquivos neles anexados. A cópia em tempo real deve ser apresentada por intermédio de conta-espelho (conta criada pelo provedor com usuário e senha, réplica da conta original) e os dados para acessar a conta devem ser fornecidos ao delegado de polícia subscritor (XXX – RG XXX – e-mail: xxx@policiacivil. sp.gov. br). Esta solicitação deve ser endereçada para a **Microsoft Corporation** One Microsoft Way, Redmond, State of Washington, 98052-6399, United States of America, porém deve-se encaminhar a solicitação aos cuidados da

Microsoft Informática, que se localiza na Av. das Nações Unidas, 12901 27º andar – Torre Norte – São Paulo – SP – CEP 04578-000 – Telefones: (11) 5504-2155 e 5504-2227, que a título de colaboração encaminhará o expediente para a Microsoft Corporation.

5. Perante a empresa **Tele Norte Leste Participações S.A.** (responsável: Ângelo Coelho – Rua Humberto de Campos, 425, 8º andar, CEP 22430-190, Rio de Janeiro- RJ, telefone (21) 3131-3588) para que forneça os dados cadastrais, incluindo endereço físico, do usuário de Internet que utilizou o e-mail xxxxxxx@hotmail.com e gerou o IP xxxxxxxxxxxx, no dia 09 de março de 2011, às 05:13:12 +0300 (conforme cópia do cabeçalho do e-mail em anexo) e do usuário de Internet que utilizou o e-mail xxxxxxx@bol.com.br e gerou o IP xxxxxxxxxxxxx, no dia 05 de março de 2011, às 09:34:22 +0300 (conforme cópia do cabeçalho do e-mail em anexo).

Nestes termos, como medida imprescindível para a investigação criminal, requer a procedência do solicitado.

Santa Fé do Sul, XX de XX de 2011.

FULANO DE TAL DELEGADO DE POLÍCIA

5.7.14. Modelo de solicitação judicial de identificação de usuário que postou ofensas no Facebook[105]

EXCELENTÍSSIMO(A) SENHOR(A) JUIZ(A) DE DIREITO DA COMARCA DE [...]

A POLÍCIA CIVIL DO ESTADO DE SÃO PAULO, representada neste ato pelo Delegado de Polícia subscritor, que no uso de suas atribuições legais e regulamentares conferidas pelo artigo 144, § 4º, da Constituição Federal, artigo 140, da Constituição Estadual Paulista, artigo 4º e seguintes do Código de Processo Penal Brasileiro, sob as premissas da Lei nº 12.830/13, do artigo 10, § 1º da Lei nº 12.965/2014 e demais dispositivos legais correlatos, representa pelo AFASTAMENTO DO SIGILO DE DADOS ELETRÔNICOS pelos motivos de fato e de direito abaixo apresentados.

---

105 Solicitação dos *logs* dos autores das ofensas – quando se tratar de crimes praticados por intermédio do Facebook, recomenda-se utilizar a plataforma eletrônica criada pela referida rede social, conforme consta no item que trata exclusivamente do Facebook, ou seja, o ideal é encaminhar a representação, nos moldes do que consta neste modelo, e, após o deferimento pelo Poder Judiciário, promover a digitalização da determinação judicial e o encaminhamento por intermédio do endereço <www.facebook.com/records>.

DO FATO

A vítima [...] teve acesso a um perfil falso na rede social Facebook, contendo suas fotos, sendo que a pessoa que criou o perfil estaria se passando por ela, inclusive colocou no perfil informações [...], criou a página [...], localizada no endereço: www.facebook.com/[...], bem como manteve contato com [...], endereço: www.facebook.com/[...] e [...], endereço: www.facebook.com/[...], ambos investigados em razão de [...].

Consta, abaixo, cópia das publicações ofensivas realizadas pelo perfil em investigação [...].

DA INVESTIGAÇÃO

Em razão dos fatos anteriormente expostos a vítima procurou a Polícia Civil de [...], elaborou Boletim de Ocorrência, prestou declarações sobre os fatos e se manifestou no sentido de representar criminalmente contra a pessoa que criou o perfil [...] acostado no endereço: www.facebook.com/[...].

Em posse das informações prestadas pela vítima, os policiais desta Unidade de Polícia Judiciária realizaram diligências com o intuito de esclarecer a identidade do indivíduo que criou o perfil em investigação, porém, conforme relatório de serviço, não foi possível [...] elucidar a autoria pelos meios tradicionais [...].

DA SOLICITAÇÃO

Dessa forma, como medida visando a absoluta elucidação do delito, que tem proporcionado grande transtorno e levando em consideração que os crimes cibernéticos representam um grande desafio para a persecução penal, em razão da volatilidade e complexidade das provas e pela impossibilidade de produzir provas por outros meios, solicito que Vossa Excelência, após vista do ínclito membro do Ministério Público, requisite a medida infra apresentada e estipule multa diária nos casos em que demorar mais de dez dias para oferecer a informação pretendida:

1) Perante a empresa Facebook Serviços On Line do Brasil Ltda (Rua Leopoldo Couto de Magalhães Junior, 700, 5º andar, Edifício Infinity, Itaim Bibi, CEP: 04542-000) determine que forneça, com relação ao perfil [...] localizado no endereço: www.facebook.com/[...]:

- Dados cadastrais, incluindo e-mail, número de telefone e outras informações identificativas.
- *Logs* (registros) de criação e de todos os acessos (contendo endereço IP, data, horário e padrão de fuso horário).

Em seguida, represento que determine que o Facebook promova a exclusão do perfil [...] utilizado pelo criminoso, que consta no endereço: www.facebook.com/[...].

Cabe esclarecer que as solicitações perante o Facebook podem ser enviadas exclusivamente pela plataforma *on-line* do Facebook de auxílio aos órgãos de segurança e justiça, que pode ser acessada no endereço: www.facebook.com/records, sendo necessário apenas que se realize a digitalização da eventual ordem judicial para o envio pela referida plataforma. Informo também que a resposta do Facebook também será oferecida por intermédio desta plataforma, no formato .pdf.

[cidade], [dia] de [mês] de [ano].

[nome do Delegado de Polícia signatário]

5.7.15. Modelo de representação destinada ao Uber para oferecer informações sobre usuários do aplicativo[106]

EXCELENTÍSSIMO SENHOR DOUTOR JUIZ DE DIREITO DA COMARCA DE [...]

A POLÍCIA CIVIL DO ESTADO DE SÃO PAULO, representada neste ato pelo Delegado de Polícia subscritor, que no uso de suas atribuições legais e regulamentares conferidas pelo artigo 144, §4º, da Constituição Federal, artigo 140, da Constituição Estadual Paulista, artigo 4º e seguintes do Código de Processo Penal Brasileiro, sob as premissas da Lei nº 12.830/13, do artigo 10, § 1º da Lei nº 12.965/2014 e demais dispositivos legais correlatos, representa pelo AFASTAMENTO DO SIGILO DE DADOS ELETRÔNICOS pelos motivos de fato e de direito abaixo apresentados.

DO FATO

O presente inquérito foi instaurado para apurar a infração [descrever a infração e informar os números de Boletim de Ocorrência/Inquérito Policial que apuram os fatos].

No dia [..] a vítima utilizou o aplicativo Uber para ser transportada para [..] e, durante o trajeto [descrever as condutas realizadas, bem como a vinculação com o Uber e relação com o fato criminoso].

106 Baseado nos livros "Investigação Criminal Tecnológica", volumes 1 e 2 (JORGE, 2018a; JORGE, 2018b).

DA INVESTIGAÇÃO
[Descrever os principais momentos da investigação e demonstrar o esgotamento de meios tradicionais para a elucidação do crime].

DA SOLICITAÇÃO
Dessa forma, como medida visando a absoluta elucidação do delito, que tem proporcionado grande transtorno para as vítimas e pela impossibilidade de produzir provas por outros meios, solicito que Vossa Excelência, após vista do ínclito membro do Ministério Público, requisite a medida infra para oferecer a informação pretendida:

1) Perante a empresa Uber do Brasil Tecnologia Ltda (Portal de Aplicação da Lei da Uber – site: https://lert.uber.com – Avenida Brigadeiro Faria Lima, nº 201, 26º e 27º andares, salas 2601 e 2701, CEP 05426-100, São Paulo/SP) tendo como alvo o veículo placas [...] para que forneça [escolher os dados necessários para a investigação, conforme as opções anteriormente descritas[107]] considerando o período entre [data e hora inicial] e [data e hora final].

Em razão da necessária celeridade exigida pelo caso, solicito ainda que as informações sejam encaminhadas para o e-mail institucional da Delegacia de Polícia de [...] ([...]@policiacivil.sp.gov.br) e, em seguida, em via impressa para o endereço desta Unidade de Polícia Judiciária [nome e endereço completo da Unidade de Polícia Judiciária solicitante] em ambos os casos constando como referência o [BO e/ou IP número] da Delegacia de Polícia [nome da Unidade de Polícia Judiciária solicitante].

[cidade], [dia] de [mês] de [ano].

[nome do Delegado de Polícia signatário]

DELEGADO DE POLÍCIA

---

[107] Principais informações:

- Número de telefone;
- Endereço de e-mail;
- Nome;
- Data de início e encerramento da conta Uber;
- Endereçamento de IP, contendo data, horário e fuso horário, de cada um dos acessos;
- Status, avaliação, forma de pagamento, comunicações com o serviço de atendimento ao cliente e fotografia;
- Placas, informações sobre veículos, endereço, nome do motorista principal a quem o motorista está vinculado (se houver), informações sobre seguro, contratos, algumas comunicações entre motoristas e usuários e dados de localização de GPS.

5.7.16. Modelo de representação oriunda da Polícia Civil visando obter autorização para Infiltração Policial em grupo do WhatsApp utilizado para compartilhamento de pornografia infantil[108]

EXCELENTÍSSIMO SENHOR DOUTOR JUIZ DE DIREITO DA COMARCA DE [...]

A POLÍCIA CIVIL DO ESTADO DE SÃO PAULO, representada neste ato pelo Delegado de Polícia subscritor, que no uso de suas atribuições legais e regulamentares conferidas pelo artigo 144, §4º, da Constituição Federal, artigo 140, da Constituição Estadual Paulista, artigo 4º e seguintes do Código de Processo Penal Brasileiro, sob as premissas da Lei nº 12.830/13, do artigo 10, § 1º da Lei nº 12.965/2014 e demais dispositivos legais correlatos, representa pela **INFILTRAÇÃO POLICIAL NA INTERNET**, expondo, para tanto, seus substratos fáticos e jurídicos, bem como as medidas de Polícia Judiciária adotadas durante as investigações.

Estreita síntese do Inquérito Policial

O presente procedimento investigativo de Polícia Judiciária teve início por intermédio de Portaria em virtude da *notitia criminis de cognição mediata* constante no Boletim de Ocorrência número [...]/2017, registrado na Central de Polícia Judiciária do Município, cujo conteúdo apresenta, em tese e em princípio, **os crimes de estupro de vulnerável, fotografar e/ou filmar pornografia infantil e compartilhar esse tipo de conteúdo (artigo 217-A do Código Penal e artigos 240 e 241-A do Estatuto da Criança e do Adolescente)** contra as vítimas [...] e [...].

Ao ser ouvida em declarações, a genitora da vítima [...], senhora [...], foi informada pela diretora do Colégio [...], que fotos de uma pessoa realizando atos libidinosos com sua filha, de apenas 11 anos de idade, teriam sido divulgadas em um grupo do WhatsApp, denominado "Caiu na Net", que tem como membro [...], celular número [...], que aparece nas imagens praticando o crime contra sua filha.

Além disso, conforme foi constatado em perícia realizada no celular de [...], que também é integrante do referido grupo, o investigado teria publicado as imagens em que praticava o crime contra a vítima.

No decorrer da análise do conteúdo do celular, apreendido em razão de cumprimento de busca e apreensão expedido pelo Poder Judiciário da Comarca, foi possível também observar que ele publicou outras fotos praticando atos libidinosos com a criança [...] e outras crianças desconhecidas (fls. [...]).

---

108 Baseado nos livros "Investigação Criminal Tecnológica", volumes 1 e 2 (JORGE, 2018a; JORGE, 2018b).

O investigado utiliza o perfil com o nome [...] no Facebook (www.facebook.com/[...]), sendo que a referida rede social apresentou, por intermédio da sua plataforma *on-line* de auxílio às forças de segurança (www.facebook.com/records), os seguintes dados de acesso ao perfil:

Service Facebook

Target 100005174494[...] (Generated 2018-01-09 11:07:47 UTC)

Date Range 2016-12-24 08:00:00 UTC to 2018-01-10 08:00:00 UTC

Account End

Date

Active false

Time 2016-12-30 08:36:18 UTC

Emails novinhas[...]@bol.com.br

novinhas[...]@facebook.com

Name First Ciclano

Middle

Last De Tal

Phone (17) 3692-[...]

Numbers

Recent Activities

Ip 189.79.205.[...]

Time 2017-12-25 18:49:49 UTC

Ip 200.158.35.[...]

Time 2017-12-26 20:09:58 UTC

Ip 200.158.35.[...][109]

Time 2017-12-28 20:09:57 UTC

Ip 2001:DB8::130F:0:0:[...][110]

Time 2018-01-01 00:01:00 UTC

Ip 2001:DB8:0:0:130F::140B[...]

Time 2018-01-05 20:07:50 UTC

---

109 Exemplo de IP (IPv4).

110 Exemplo de IP (IPv6).

Com fulcro nestas informações, contendo os protocolos de Internet (IPs) utilizados nos acessos ao perfil do Facebook do investigado, foi possível identificar, por intermédio do site: www.registro.br, o provedor de Internet utilizado e, em posse dessas informações, o subscritor solicitou os dados cadastrais do investigado e foi possível obter o endereço do terminal utilizado para a prática dos crimes, sendo que, após deferimento de mandado de busca e apreensão, houve a apreensão do computador utilizado pelo investigado (fls. [...]).

Vale frisar que a vítima, [...], foi ouvida nesta Central de Polícia Judiciária, oportunidade em que destacou que realmente o investigado teria obrigado ela a realizar com ele os atos libidinosos que consistiram em acariciar suas genitálias com os dedos e que diversas vezes ele tirou fotos e também filmou (fls. [...]).

A segunda vítima, [...], também foi ouvida nesta Central de Polícia Judiciária, oportunidade em que confirmou ter sofrido os abusos sexuais e declarou que o investigado tirou fotos e, em uma das ocasiões, observou ele em uma conversa telefônica em que afirmou que iria mandar as fotos para o grupo do WhatsApp (fls. [...]).

Frente ao exposto, considerando os elementos de informações preliminarmente coligidos ao longo deste inquérito policial, especialmente o reconhecimento fotográfico formalizado pelas vítimas, de maneira segura e objetiva, podemos concluir que existem *fundadas suspeitas* de que [...] praticou as infrações penais descritas no artigo 217-A do Código Penal e nos artigos 240 e 241-A do Estatuto da Criança e do Adolescente, bem como que tem utilizado a Internet para a prática de crimes.

Necessidade e adequação da infiltração policial

Aprioristicamente, é mister consignar a necessidade da infiltração policial em razão da inexistência de outras medidas que permitam identificar outras vítimas do investigado e os coautores dos crimes em investigação.

Pelo que foi apurado, os integrantes do referido grupo praticam o crime de estupro de vulnerável contra as vítimas e disseminam as imagens dos abusos sexuais no referido grupo e provavelmente em outros grupos do WhatsApp ou outras redes sociais.

A referida técnica especial de investigação terá o condão de inserir um policial no seio do grupo de criminosos para que ele promova a identificação deles e colete elementos capazes de comprovar os delitos perpetrados, evitando que continuem a delinquir.

A dignidade sexual de futuras vítimas é ameaçada se os investigados continuarem praticando seus delitos sob o véu do anonimato promovido pela rede mundial de computadores, sendo adequado que se realize a infiltração policial no ambiente virtual para eficaz materialização dos crimes e consequente punição dos seus autores.

Aspectos essenciais

De acordo com o planejamento prévio da infiltração, se deferida, o policial [...] ingressará no grupo do WhatsApp denominado "Caiu na Net" utilizando-se de cadastro no referido aplicativo, com o celular número [...], adquirido para o fim de utilização em infiltração policial, bem como utilizará o perfil [...] do Facebook (www.facebook.com/ profile_id=1000089136928[...]) para manter outros contatos com os investigados.

Além disso, pretende-se utilizar documento de identidade fictício em nome de [...] e o apelido [...], com o intuito de robustecer a "estória-cobertura" utilizada para a infiltração.

Dentre as tarefas que serão executadas pelo policial, ele manifestará interesse de manter relação sexual com crianças, para interagir com os outros criminosos, sendo que a infiltração realizar-se-á no grupo em investigação e em eventuais grupos relacionados que ele passe a fazer parte no decorrer da infiltração.

Como estabelecido na Lei, todos os atos eletrônicos praticados durante a operação serão registrados, gravados, armazenados e encaminhados para Vossa Excelência e para o Ministério Público, juntamente com relatório circunstanciado.

Conclusão

Diante do exposto, considerando que se trata de crimes extremamente graves, e sendo imprescindível para a cabal apuração dos fatos, isto é, para findar as investigações de Polícia Judiciária, com fundamento no artigo 190-A do Estatuto da Criança e do Adolescente, a **POLÍCIA CIVIL DO ESTADO DE SÃO PAULO**, por intermédio do Delegado de Polícia subscritor, vem, respeitosamente, perante Vossa Excelência, após a oitiva do Ministério Público, **REPRESENTAR PELA INFILTRAÇÃO POLICIAL** no grupo do WhatsApp denominado "Caiu na Net", por noventa dias, sendo que, para isso, será utilizado celular número [...], adquirido para o fim de utilização em infiltração policial, vinculado a perfil de WhatsApp e ao perfil [...] do Facebook (www. facebook.com/ profile_id=100008913778[...]).

O subscritor também representa para que Vossa Excelência determine que o Instituto de Identificação "Ricardo Gumbleton Daunt" providencie documento de identidade fictício em nome de [...] para ser utilizado na infiltração e que autorize o policial infiltrado a apreender documentos, celulares e outros objetos de interesse da investigação, bem como realizar filmagens e escutas ambientais, conforme as necessidades que surgirem.

Por fim, representa para que Vossa Excelência determine que, durante a infiltração policial, as operadoras de telefonia forneçam senhas ao subscritor com a finalidade de permitir, em tempo real, pesquisa de dados cadastrais, IMEIs, histórico de ligações e Estações Rádio Base (ERBs) em seus bancos de dados.

A infiltração será realizada pelo policial [...] (qualificação do policial) que utilizará o nome fictício [...], o apelido [...] e fará uso das ferramentas supra referidas.

[cidade], [dia] de [mês] de [ano].

[nome do Delegado de Polícia signatário]

DELEGADO DE POLÍCIA

5.7.17. Modelo de representação para interceptação telemática de contas do WhatsApp (extrato de mensagens) – versão 2019.2[111]

EXCELENTÍSSIMO SENHOR DOUTOR JUIZ DE DIREITO DA COMARCA DE [...]

REFERÊNCIAS:

INQUÉRITO POLICIAL/PROCESSO: [...]

INTERCEPTAÇÃO INICIAL/RENOVAÇÃO

A **POLÍCIA CIVIL DO ESTADO DE SÃO PAULO**, representada neste ato pelo Delegado de Polícia subscritor, que no uso de suas atribuições legais e regulamentares conferidas pelo artigo 144, §4º, da Constituição Federal, artigo 140, da Constituição Estadual Paulista, artigo 4º e seguintes do Código de Processo Penal Brasileiro, Portaria DGP-18/1998, sob as premissas da Lei nº 12.830/13, do artigo 10, § 1º da Lei nº 12.965/2014 e da Lei nº 9.296/96, além de outros dispositivos legais correlatos,

111 Adaptação do modelo extraído da obra: "Investigação Criminal Tecnológica" volumes 1 e 2 (JORGE, 2018a; JORGE, 2018b).

representa pela **INTERCEPTAÇÃO TELEMÁTICA DE CONTAS DO WHATSAPP (EXTRATO DE MENSAGENS)** dos investigados [inserir qualificação dos investigados, números de telefone, relatório sintético sobre os fatos apurados pela polícia judiciária até o presente momento e elementos que indiquem que os fatos se enquadram na Lei nº 9.296/96].

Dessa forma, como medida de investigação criminal tecnológica, visando a absoluta elucidação do delito, robustecendo o conjunto probatório sobre a prática de crimes pelo investigado, levando em consideração que as evidências armazenadas no ambiente eletrônico representam um grande desafio para a persecução penal, em razão da volatilidade e complexidade para sua obtenção, existindo, inclusive, a possibilidade de identificação de outras pessoas envolvidas com os fatos e inexistindo outras medidas para esse fim, solicito que Vossa Excelência, após vista do membro do Ministério Público, requisite a medida infra apresentada no prazo de 72 horas[112]:

> Perante a empresa **WhatsApp LLC** (1601 Willow Road, Menlo Park, California 94025, United States of America – O envio da ordem judicial deve ser feito pelo endereço www.whatsapp.com/records,[113]) para que promova a interceptação telemática inicial[114] das contas de WhatsApp associadas aos seguintes números de telefone [inserir números, exemplo: +55-DDD-9xxxx-xxxx, +55-DDD-9xxxx-xxxx, +55-DDD-9xxxx-xxxx e +55-DDD-9xxxx-xxxx[115]], com o correspondente envio dos extratos de comunicações, consistentes no envio das informações de remetente, destinatário, data e hora da mensagem, tipo da mensagem e o registro de acesso da conta alvo (contendo endereçamento IP e porta lógica), se disponível, a cada 24 horas, contados da data de implementação da medida até os 15 dias seguintes a ela[116].

---

[112] Caso a empresa demonstre recalcitrância no descumprimento da determinação judicial cabe informar o Poder Judiciário sobre os fatos e representar para que seja arbitrada multa diária, sendo que a multa pode ser majorada caso a empresa persista em não cumprir referida ordem. Outro aspecto relevante diz respeito ao prazo, que pode ser maior ou menor, conforme a necessidade/gravidade da investigação criminal.

[113] Relevante considerar a desnecessidade de envio de documentação física para a empresa, que tem se concentrado em realizar todo o procedimento na plataforma específica para este fim. Eventual envio da solicitação por intermédio de ofício físico ou por e-mail, em detrimento da plataforma *on-line*, pode promover mais demora no fornecimento das informações. Também é desnecessário enviar ofício físico para o Facebook.

[114] Sempre indicar se a interceptação telemática é inicial ou renovação.

[115] A empresa, por questões técnicas, recomenda promover a interceptação de, no máximo, dez números de telefone.

[116] Conforme as necessidades da investigação criminal, a frequência de 24 horas para fornecimento do extrato das comunicações pode ser alterada.

Em razão da necessária celeridade exigida pelo caso, solicito que as informações sejam disponibilizadas na plataforma LERS do WhatsApp (endereço www.whatsapp.com/records) e também que sejam enviadas para o e-mail institucional do subscritor [...@policiacivil.sp.gov.br] constando como referência o [BO e/ou IP número] da Delegacia de Polícia [nome da Unidade de Polícia Judiciária solicitante].

[cidade], [dia] de [mês] de [ano].

[...]

Delegado de Polícia

5.7.18. Modelo de representação de afastamento do sigilo dos dados eletrônicos armazenados pelo Google[117]

EXCELENTÍSSIMO SENHOR DOUTOR JUIZ DE DIREITO DA COMARCA DE [...] – SP

A **POLÍCIA CIVIL DO ESTADO DE SÃO PAULO**, representada neste ato pelo Delegado de Polícia subscritor, que no uso de suas atribuições legais e regulamentares conferidas pelo artigo 144, §4º, da Constituição Federal, artigo 140, da Constituição Estadual Paulista, artigo 4º e seguintes do Código de Processo Penal Brasileiro, Portaria DGP-18/1998, sob as premissas da Lei nº 12.830/13, do artigo 10, § 1º da Lei nº 12.965/2014 e demais dispositivos legais correlatos, representa pelo **AFASTAMENTO DO SIGILO DOS DADOS ELETRÔNICOS ARMAZENADOS PELO GOOGLE** do investigado [inserir qualificação do investigado e um relatório sintético sobre os fatos apurados pela polícia judiciária até o presente momento].

Dessa forma, como medida de investigação criminal tecnológica, visando a absoluta elucidação do delito, robustecendo o conjunto probatório sobre a prática de crimes pelo investigado, levando em consideração que as evidências armazenadas no ambiente eletrônico representam um grande desafio para a persecução penal, em razão da volatilidade e complexidade para sua obtenção, existindo, inclusive, a possibilidade de identificação de outras pessoas envolvidas com os fatos e inexistindo outras medidas para esse fim, solicito que Vossa Excelência, após vista do ínclito membro do Ministério Público, requisite a medida infra apresentada e estipule multa diária caso demore mais de 48 horas para oferecer a informação pretendida:

117 Adaptação do modelo extraído da obra "Investigação Criminal Tecnológica", volumes 1 e 2 (JORGE, 2018a; JORGE, 2018b).

Perante a empresa Google LLC 1600 Amphitheatre Parkway, Mountain View, CA 94043 (Google Brasil Internet Ltda – Avenida Brigadeiro Faria Lima, 3477, 18º andar, CEP 04538-133, São Paulo, SP), tendo como alvo o telefone do investigado [...], que utiliza [inserir conta do Google, IMEI, número CSSN, número de série com modelo e marca ou Android ID] para, considerando o período compreendido entre [inserir o período de interesse], fornecer, de forma sigilosa, no prazo de 48 horas:

- Dados armazenados na "Sua linha de tempo" do Google Maps e outras informações de localização;
- Histórico de exibição, histórico de pesquisas, curtidas e comentários do YouTube;
- Histórico no Google Pesquisa (termos pesquisados);
- Imagens armazenadas no Google Fotos;
- Dados armazenados no Google Drive, incluindo, *backup* do WhatsApp[118] e de outros aplicativos de comunicação que realizem *backup* por intermédio do Google;
- Caixa de entrada, enviados, rascunhos e lixeira do Gmail, bem como dados cadastrais, registros de acessos, contendo data, horário, padrão de fuso horário, endereçamento IP e porta lógica[119];
- Histórico de navegação do Google Chrome sincronizado com a conta do Google;
- Contatos;
- Informações sobre tipo e configurações de navegador, tipo e configurações de dispositivo, sistema operacional, rede móvel, bem como interação de *apps*, navegadores e dispositivos com os serviços do Google;
- Informações sobre aplicativos adquiridos e instalados por intermédio da PlayStore;
- Caso o alvo utilize os serviços do Google para fazer e receber chamadas ou enviar e receber mensagens, a empresa deve apresentar as informações que possuir;
- Informações de voz e áudio caso o alvo utilizar recursos de áudio;
- Pessoas com quem o alvo se comunicou e/ou compartilhou conteúdo.

---

118 Importante salientar que o *backup* das conversas é criptografado, mas o *backup* dos áudios, fotos e vídeos não.

119 Grande parte das empresas se recusa a informar a porta lógica, mesmo diante de ordem judicial determinando que apresente referida informação. Caso a empresa não informe, seus responsáveis podem responder pelo crime de desobediência e é possível representar para que o Poder Judiciário arbitre multa diária até que a informação seja oferecida.

Cabe esclarecer que eventual ordem judicial ou qualquer outra determinação oriunda de autoridade pública deve ser enviada pelo **Sistema de Solicitação de Aplicação da Lei (*Law Enforcement Request System* – LERS) do Google**. Para acessar a ferramenta é necessário criar uma conta no endereço **lers.google.com**, sendo necessário apenas que realize a digitalização da solicitação (ordem judicial, requisição do delegado etc.) para o envio pela referida plataforma nos formatos **.pdf**, **.doc** ou **.tif**. Informo que a resposta do Google também será oferecida por intermédio da plataforma para que seja realizado o *download*.

[cidade], [dia] de [mês] de [ano].

[...]

Delegado de Polícia

5.7.19. Modelo de representação de afastamento do sigilo dos dados eletrônicos armazenados pela Apple[120]

EXCELENTÍSSIMO SENHOR DOUTOR JUIZ DE DIREITO DA COMARCA DE [...] – SP

A **POLÍCIA CIVIL DO ESTADO DE SÃO PAULO**, representada neste ato pelo Delegado de Polícia subscritor, que no uso de suas atribuições legais e regulamentares conferidas pelo artigo 144, §4º, da Constituição Federal, artigo 140, da Constituição Estadual Paulista, artigo 4º e seguintes do Código de Processo Penal Brasileiro, Portaria DGP-18/1998, sob as premissas da Lei nº 12.830/13, do artigo 10, § 1º da Lei nº 12.965/2014 e demais dispositivos legais correlatos, representa pelo **AFASTAMENTO DO SIGILO DOS DADOS ELETRÔNICOS ARMAZENADOS PELA APPLE** do investigado [inserir qualificação do investigado e um relatório sintético sobre os fatos apurados pela polícia judiciária até o presente momento].

Dessa forma, como medida de investigação criminal tecnológica, visando a absoluta elucidação do delito, robustecendo o conjunto probatório sobre a prática de crimes pelo investigado, levando em consideração que as evidências armazenadas no ambiente eletrônico representam um grande desafio para a persecução penal, em razão da volatilidade e complexidade para sua obtenção, existindo, inclusive, a possibilidade de identificação de outras pessoas envolvidas com os fatos e inexistindo outras medidas para esse fim, solicito que Vossa Excelência, após vista do ínclito membro do

---

120 Adaptação do modelo extraído da obra: "Investigação Criminal Tecnológica", volumes 1 e 2 (JORGE, 2018a; JORGE, 2018b).

Ministério Público, requisite a medida infra apresentada e estipule multa diária caso demore mais de 48 horas para oferecer a informação pretendida:

Perante a empresa Apple (endereço: Rua Leopoldo Couto de Magalhães Junior, 700, Itaim Bibi, CEP 01454-901, São Paulo, SP, e-mail para envio de ordem judicial: lawenforcement@apple.com), para que, tendo como alvo o telefone do investigado [...], que utiliza [inserir conta do iCloud, Apple Device Serial, IMEI ou endereço de e-mail] para, considerando o período compreendido entre [inserir o período de interesse], fornecer, de forma sigilosa, no prazo de 48 horas:

- *Basic Subscriber Information;*
- *Connection Logs with IP Addresses;*
- *My Photo Stream;*
- *iCloud Photo Library;*
- *Photos and Videos in the Camera Roll;*
- *iCloud Drive, Contacts, Calendars;*
- *Bookmarks;*
- *Safari Browsing History;*
- *Maps Search History;*
- *Messages;*
- *iOS Device Backups;*
- *Device settings;*
- *App data;*
- *iMessage;*
- *Business Chat;*
- *SMS, and MMS messages;*
- *Voicemail.*

Cabe esclarecer que eventual ordem judicial ou qualquer outra determinação oriunda de autoridade pública deve ser enviada para o e-mail: lawenforcement@apple.com. Informo que a resposta da Apple também será oferecida por e-mail, em um link que será enviado pela empresa para que seja realizado o *download*. A Apple enviará outro e-mail contendo a senha para realizar o *download* do conteúdo produzido e retirar a criptografia por um programa indicado pela empresa.

[cidade], [dia] de [mês] de [ano].

[...]

Delegado de Polícia

5.7.20. Modelo de Relatório Circunstanciado da Infiltração Policial – crimes contra a dignidade sexual de crianças e adolescentes

EXCELENTÍSSIMO SENHOR DOUTOR JUIZ DE DIREITO DA COMARCA DE [...]

A POLÍCIA CIVIL DO ESTADO DE SÃO PAULO, representada neste ato pelo Delegado de Polícia subscritor, que no uso de suas atribuições legais e regulamentares conferidas pelo artigo 144, § 4º, da Constituição Federal, artigo 140, da Constituição Estadual Paulista, artigo 4º e seguintes do Código de Processo Penal Brasileiro, sob as premissas da Lei nº 12.830/13, do artigo 10, § 1º da Lei nº 12.965/2014 e demais dispositivos legais correlatos, respeitosamente reporta-se a Vossa Excelência ofertando o presente **RELATÓRIO CIRCUNSTANCIADO DE INFILTRAÇÃO POLICIAL NA INTERNET**, expondo, para tanto, seus substratos fáticos e jurídicos, bem como as medidas de Polícia Judiciária adotadas durante as investigações.

Estreita síntese do Inquérito Policial

O presente procedimento investigativo de Polícia Judiciária teve início por intermédio de Portaria em virtude da *notitia criminis de cognição mediata* constante no Boletim de Ocorrência número [...]/2018, registrado na Central de Polícia Judiciária do Município, cujo conteúdo apresenta, em tese e em princípio, **os crimes de estupro de vulnerável, fotografar e/ou filmar pornografia infantil e compartilhar esse tipo de conteúdo (artigo 217-A do Código Penal e artigos 240 e 241-A do Estatuto da Criança e do Adolescente)** contra as vítimas [...] e [...].

Durante a investigação foi possível tomar o depoimento das testemunhas [...], [...] e [...], sendo que, diante do teor das oitivas, demonstrou-se que o investigado tem praticado com habitualidade os crimes supra referidos.

Principais evidências obtidas durante a infiltração

Todos os atos eletrônicos realizados durante a infiltração policial foram registrados e constam na mídia não regravável em anexo; contudo, considera-se importante apresentar as principais evidências obtidas durante a infiltração policial iniciada em [...] e encerrada em [...].

Nº	Data	Horário	Resumo
1	01/03/2018	01h32min	[...] publicou no grupo do WhatsApp, "Caiu na Net" informações sobre estupro de vulnerável e conversou pelo grupo com [...] e [...] que narraram fatos semelhantes.
2	01/03/2018	03h42min	[...] publicou no grupo [...] sobre a festa privada que estaria organizando, sendo que, na publicação, afirmou: "- Contratei uma pessoa que levará quatro crianças na festa no rancho e cada participante poderá manter relação sexual com uma delas, desde que pague a quantia de mil reais para participar".
3	01/03/2018	07h23min	O policial encoberto demonstrou interesse em participar da festa e, após proceder o pagamento do solicitado, recebeu o endereço do rancho.
4	02/03/2018	22h11min	Atuação em campo do Grupo de Operações Especiais (GOE) da Polícia Civil do Estado de São Paulo prendeu [...], [...], [...], [...], [...] e [...], que estavam participando da festa, bem como identificou e devolveu para seus responsáveis as crianças [...], [...], [...] e [...], que eram mantidas em cárcere privado no local.
5	03/03/2018	17h53min	Os investigados [...] e [...] que conseguiram se evadir do local enviaram mensagens no grupo do WhatsApp, informando como conseguiram se evadir do rancho, bem como informaram a localização do hotel aonde estavam homiziados.
6	04/03/2018	15h05min	Decretada a prisão preventiva de [...] e [...], procedeu-se atuação em campo que permitiu a prisão deles no hotel [...].
7	05/03/2018	12h49min	A vítima [...] passou a receber mensagens ameaçadoras de [...] que foi preso em flagrante após arrombar a porta da casa dela, desferir tiros em sua direção após ingressar no local em poder de um revólver e tentar se evadir no momento da chegada dos policiais. Minutos antes dos fatos ele enviou uma mensagem no referido grupo informando que iria: "- Resolver o problema com a vítima [...]."

Imagens relacionadas com as evidências supra apresentadas

Imagem Nº 1 – Conversa publicada no grupo do WhatsApp

Imagem Nº 2 – Conversa publicada no grupo do WhatsApp

Imagem Nº 3 – Conversa publicada no grupo do WhatsApp

Imagem Nº 4 – Festa privada ocorrida no rancho [...]

Imagem Nº 5 – Conversa publicada no grupo do WhatsApp

Imagem Nº 6 – Hotel onde foi realizada a prisão dos investigados [...] e [...]

Imagem Nº 7 – Conversa publicada no grupo do WhatsApp

[cidade], [dia] de [mês] de [ano].

[nome do Delegado de Polícia signatário]

DELEGADO DE POLÍCIA

5.7.21. Modelo de notificação extrajudicial

NOTIFICAÇÃO EXTRAJUDICIAL

NOTIFICANTE: xxxxxxx, advogado, inscrito na OAB/SP sob o número xxxx, com escritório na Av. Santana, xx, xx, Centro, Santana da Ponte Pensa, SP, representante legal do senhor xxx.

NOTIFICADO: Senhor xxxx, diretor do site de notícias xxxx.com.br

Referência – Solicitação de retirada IMEDIATA de fotos da vítima xxxx que ao se envolver em um acidente, as suas fotos passando pelo atendimento de emergência foram divulgadas indevidamente na rede mundial de computadores.

Senhor xxxxx,
Venho por intermédio deste NOTIFICAR Vossa Senhoria sobre os fatos que serão narrados com o intuito de resguardar a dignidade da vítima, bem como os demais direitos e garantias que lhe pertencem.

Também buscamos uma solução célere e amigável, de modo a não proporcionar maiores transtornos para a vítima, nem prejuízos para o Notificado.

O Notificado possui o site xxxx.com.br e publicou no dia XX de XXXXXXXXX de 20XX diversas fotos em que a vítima xxxx era atendida por médicos e enfermeiros, no trevo do município de Santana da Ponte Pensa, SP, localizado na Rodovia Euclides da Cunha, em razão de um acidente ocorrido entre a vítima que dirigia seu veículo e um caminhão.

Nas imagens, como pode se vislumbrar ao acessar o site xxxx.com.br, a vítima aparece ensanguentada e sem a parte de cima da blusa em razão do socorro médico que recebia.

É importante expor que a vítima nunca autorizou o Notificado a publicar as referidas fotos e, inclusive, chegou a ligar diversas vezes no número de telefone de atendimento do referido site de notícias para solicitar que suas fotos fossem retiradas do site.

Assim, se observa que se trata de conteúdo ilícito que deve ser retirado da Internet de forma célere, como se conclui ao analisar a jurisprudência apresentada em seguida:

> "Ao ser comunicado de que determinado texto ou imagem possui conteúdo ilícito, deve o provedor agir de forma enérgica, retirando o material do ar imediatamente, sob pena de responder solidariamente com o autor direto do dano, em virtude da omissão praticada por obrigação de retirada destes sítios de seu sistema" (STJ – RECURSO ESPECIAL Nº 1.323.754 – RJ (2012/0005748-4) – RELATORA: MINISTRA NANCY ANDRIGHI).

No mesmo sentido se direciona a seguinte jurisprudência:

> "EMENTA: DANO MORAL – INDENIZAÇÃO – DISCUTÍVEL A APLICAÇÃO DA RESPONSABILIDADE OBJETIVA DO PROVEDOR DE HOSPEDAGEM PELOS CONTEÚDOS DE AUTORIA DE TERCEIROS – De um lado, se afirma a inexistência de um dever de censura do provedor de hospedagem sobre os pensamentos e manifestações dos usuários – De outro lado, se afirma que se trata, pela própria ausência de controle, de atividade de risco, ou de risco da atividade – No caso concreto, o conteúdo dos perfis no site de relacionamento Orkut era manifestamente ilícito e foi o provedor, em diversas oportunidades, admoestado pelos autores e por autoridade policial a proceder ao seu cancelamento, tomando inequívoca ciência da ilicitude do conteúdo – Inocorrência de dúvida razoável sobre a ilicitude do conteúdo, que em tese permitiria ao provedor aguardar determinação judicial – Criação de perfil falso e de conteúdo prima fade ilícito, gerador de responsabilidade civil do provedor, tão logo tome conhecimento de tal fato e persista no comportamento de mantê-lo – Clara violação à honra objetiva da pessoa jurídica e objetiva e subjetiva das pessoas naturais – Ação procedente – Recurso de apelação da Ré improvido – Recurso dos Autores provido, para o fim de majorar o valor das indenizações, adequando-os à sua função preventiva" (SÃO PAULO. Tribunal de Justiça. Apelação Cível nº 5232674600. 4ª Câmara de Direito Privado. Relator Francisco Loureiro. Julgamento em 13/08/2009).

Considerando os argumentos anteriormente apresentados, informo que, caso o conteúdo continue disponibilizado na Internet, serão deflagradas medidas jurídicas e administrativas para a cessação da conduta lesiva e proteção da vítima.

Cidade, xx de xxxxxxx de 20xx. XXXX

OAB/SP

5.7.22. Modelo de certidão elaborada por Escrivão de Polícia

CERTIDÃO

xxxxxx, Escrivão de Polícia, em exercício na Delegacia de Polícia do Município de Santana da Ponte Pensa, SP, no uso de minhas atribuições legais, CERTIFICO que compareceu nesta Unidade de Polícia Judiciária o senhor XXXXX, vítima do crime de interceptação telemática ilegal (artigo 10 da Lei nº 9.296/96), conforme consta no Boletim de Ocorrência XX/2012 e Inquérito Policial XX/2012 e, na minha presença e da Autoridade Policial, acessou e imprimiu trechos de seus diálogos, publicados na linha de tempo do perfil de XXXXX no Facebook, endereço https://www.facebook.com/xxxxxxxx. O referido é verdade, dou fé.

Santana da Ponte Pensa – SP, 28 de agosto de 2012.

xxxxxxxxxxx Escrivão de Polícia

Visto:

Fulano de Tal Delegado de Polícia

5.8. A sistematização da perícia computacional, sua importância e alguns modelos

Uma das demandas atinentes à segunda edição do livro foi em relação à forense computacional, ou seja, a perícia relativa aos delitos praticados através ou contra computador ou rede de computadores. Assim, neste tópico abordaremos os principais aspectos técnicos, principalmente sob a ótica policial e pericial[121].

Em virtude da constante evolução tecnológica que acompanhamos na contemporaneidade, principalmente com a inserção de inúmeros dispositivos que acessam a rede mundial de computadores, há, logicamente, uma exploração criminal mais acentuada relativa às vulnerabilidades decorrentes do uso massivo desses dispositivos e suas aplicações. Assim, os crimes cibernéticos – ou mais amplificadamente os delitos informáticos – têm acompanhado esse ritmo de crescimento e, constantemente, tem sido observado o surgimento de novas ameaças tecnológico-digitais.

---

121 Agradecemos aos nossos amigos Sandro Süffert (@suffert e blog.suffert.com) e Evandro Della Vecchia Pereira, excelentes profissionais desta área de forense. Foi com base em seus ensinamentos, e outros colhidos, que formatamos este material.

Nestes termos evolutivos, essas "novas" formas de praticar delitos representam um grande desafio para os órgãos da persecução penal, que devem ser/estar instrumentalizados para o enfrentamento e investigação criminal, cuja estrutura nacional depende de melhorias[122]. A forense computacional tem, também, de acompanhar esses avanços e caminhar lado a lado com a investigação criminal, pois é, no caso dos delitos relacionados à informática e telemática, principalmente, fundamental para o esclarecimento pleno dos fatos.

A forense computacional, considerada um conjunto de técnicas para identificar, coletar e caracterizar os dados e informações registrados nos dispositivos informáticos relacionados com a prática de crimes, a cada dia tem tido um incremento na sua utilização em razão do aumento na incidência destes delitos, embora perceba-se a sua não estruturação, principalmente em âmbito dos Estados brasileiros, prejudicando o bom andamento das investigações criminais. Há que se afirmar, de pronto, a necessidade de fomento desse ramo pericial, cujo futuro é promissor e fundamental para os trabalhos policiais.

A forense computacional é definida como

> um conjunto de técnicas, cientificamente comprovadas, utilizadas para coletar, reunir, identificar, examinar, correlacionar, analisar e documentar evidências digitais processadas, armazenadas ou transmitidas por computadores (PIRES, s.d.).

Uma característica relevante dos crimes cibernéticos é que seus autores estão sempre procurando inovar e criar novos estratagemas para o êxito da empreitada ou para aumentar a possibilidade de impunidade. Sob esta perspectiva, o perito que realizará a análise nos dispositivos utilizados na prática de delitos informáticos deve acompanhar essas inovações e estar preparado para enfrentar/analisar medidas de evasão realizadas pelos criminosos.

Por esses motivos, o objetivo deste texto é abordar os principais aspectos técnicos relativos à perícia, principalmente sob a ótica policial e pericial[123].

---

[122] Vide estrutura atual de combate aos crimes praticados pelos meios tecnológico-digitais no Brasil na lista de órgãos policiais elaborada por Emerson Wendt (2020).

[123] O texto foi inicialmente produzido para integrar a segunda edição do livro "Crimes Cibernéticos: Ameaças e Procedimentos de Investigação", lançado em 2013 pelos autores (WENDT; JORGE, 2013).

A forense de computadores também é conhecida como **Forense Digital, Forense Computacional, Perícia Computacional, Computação Forense**, dentre outras nomenclaturas que poderão ser encontradas nas publicações da área (vide DALLA VECCHIA, 2019). Em suma, ela é utilizada para a realização de investigações digitais e tem como objetivo principal a compreensão dos eventos ocorridos, aplicando-se ao processo as etapas tradicionais de forense (identificação, coleta, exame, análise e resultados[124]).

A tabela infra, extraída do site Forense Computacional (s.d.), aborda os principais aspectos da etapa tradicional da forense computacional:

Mídias	Dados	Informações	Evidências
Coleta	**Exame**	**Análise**	**Resultados obtidos**
Isolar a área Coletar as evidências Garantir a integridade Identificar equipamentos Embalar evidências Etiquetar evidências Cadeia de custódia	Identificar Extrair Filtrar Documentar	Identificar (pessoas, locais e eventos) Correlacionar (pessoas, locais e eventos) Reconstruir a cena Documentar	Redigir laudo Anexar evidências e demais documentos

A ideia, então, em relação a este tipo de perícia é a mesma de qualquer forense, pois leva em conta o famoso princípio da "troca de Locard", pelo qual toda a pessoa que passa pela cena de um crime deixa algo de si e leva algo consigo. Assim, de forma similar, toda pessoa que comete um crime cibernético deixa rastros no sistema comprometido, seja ele um *pen drive* ou um computador, por exemplo. Em algumas situações, os rastros podem ser difíceis de ser seguidos, mas existem e bons profissionais são capazes de encontrá-los.

De acordo com perito criminal Fernando de Pinho Barreira, a Internet e outros meios de comunicação modernos

124 O "Guia básico de investigação computacional para Windows", da Microsoft (2009), apresenta, de forma resumida, as quatro fases da investigação e acompanhamento dos processos nas análises de evidências digitais. Segundo o referido guia, deve-se:

I – Avaliar a situação – Análise do escopo da investigação e ação a ser adotada.

II – Obter dados – Reunião, proteção e preservação das evidências originais.

III – Analisar os dados – Exame e correlação das evidências digitais com os eventos de interesse que irão auxiliá-lo na elaboração do caso.

IV – Relatar a investigação – Reunião e organização das informações coletadas que irão compor o relatório final.

> apresentam tanta segurança quanto as formas de interação e comércio convencionais. Isto porque não existem dois mundos – um mundo virtual e outro real – e sim um mesmo mundo real virtualizado. Ou seja, as interações nos meios eletrônicos refletem as mesmas relações jurídicas já existentes, de modo que a maioria dos ilícitos igualmente pode ser praticada com o uso da Internet. Os ilícitos mais comuns nesse meio são os crimes contra a honra – calúnia, injúria e difamação – alguns crimes patrimoniais, como o furto mediante fraude (fraude Internet Banking), estelionatos; crimes de ódio – preconceitos contra etnias, credos, naturalidades, preferências sexuais, políticas, etc. – e de pornografia infantil. Importante é destacar que todas essas formas de crimes não ficam impunes, uma vez que é possível rastrear os criminosos e formar provas eletrônicas suficientes – e até com mais facilidade – que as produzidas contra os crimes convencionais. A perícia forense computacional é a ciência que se dedica a formar e analisar essas provas. Através de métodos, ferramentas e técnicas forenses, os peritos conseguem analisar as evidências e descobrir mesmo os criminosos mais dissimulados, gerando subsídios para a resposta penal às vítimas, ou seja: a condenação desses criminosos. Com a disseminação dos meios de prevenção que podem ser utilizados pelo internauta e o aumento do conhecimento informático, bem como o constante empenho das forças de segurança, essa criminalidade tende a baixar a patamares pouco significativos, se comparados aos crimes praticados de modo convencional (BARREIRA, 2013).

A forense na área digital ou eletrônica pode ter inúmeros usos: (a) perícia criminal, relacionada às atividades de polícias judiciárias, Civil e Federal, e dos Ministérios Públicos, Federal e Estadual; (b) segurança da informação e protocolos e termos de uso relacionados; (c) perícia criminal, relacionada às atividades judiciais e/ou jurídicas, do Poder Judiciário, em seus diversos campos além do criminal, como o Cível, Trabalhista, Fazendário etc.[125]; (d) auditorias, principalmente em ambientes coorporativos, públicos e/ou privados; (e) atividades de fiscalização fiscal/fazendária, tanto Federal quanto Estadual; (f) em sistemas antifraude e de defesa cibernética/lógica; (g) em *compliance* (monitoramento e desrespeito de regras de SI e TIC, formação de provas cíveis e trabalhistas); e (h) em atividade de inteligência, principalmente cibernética e de segurança pública e de Estado.

---

125 São alguns dos exemplos de aplicações práticas da forense computacional no âmbito criminal: obtenção indevida de dados que possibilitem a movimentação financeira fraudulenta (fraudes financeiras); furto de informações sigilosas (espionagem comercial e industrial); destruição de propriedade (vírus, vandalismo, *hacktivismo* etc.); falsa identidade; chantagem, extorsão, ameaça, constrangimento ilegal; produção de imagem "pornográfica" envolvendo "menores"; distribuição de material pornográfico envolvendo menores; fornecimento de meios para a produção ou distribuição; aliciamento de crianças através da rede mundial de computadores, dentre outras tipificações.

São dois os principais tipos de forense computacional: *on-line* e o *post mortem* (ou *offline*). No primeiro, o sistema está ligado e é dinâmico, sendo que os dados mudam ou podem mudar durante a análise, sendo o principal objetivo a análise de conteúdos voláteis. Neste caso, importante que se diga, é indispensável a "fé pública" do profissional encarregado da atividade. Já no segundo, no método *offline*, o sistema está desligado e é estático, além de os dados originais poderem ser preservados, através do trabalho do perito sobre a imagem deles e não sobre o original. Neste caso, a análise é sobre as informações armazenadas e é totalmente auditável.

A RFC 3227 (BREZINSKI; KILLALEA, 2002) estabelece que a ordem de coleta de evidências eletrônicas deve se iniciar pelos dados mais voláteis até chegar aos dados menos voláteis e apresenta o seguinte exemplo de ordem de volatidade de um sistema:

1. Registros e memória *cache*.
2. Tabela de roteamento e processos, *cache* ARP e estatísticas do *kernel*.
3. Memória.
4. Sistemas de arquivos temporários.
5. Disco.
6. *Logs* remotos que sejam relevantes ao sistema e monitoramento de dados relevantes para o sistema.
7. Configuração física e topologia da rede.
8. Mídias.

Caso o dispositivo informático esteja *on-line*, os três primeiros itens possuem mais relevância.

A RFC 3227 também sugere que se adotem cautelas relacionadas com a utilização dos programas do sistema e que se evite a todo custo a destruição de evidências, como, por exemplo, se ocorrer o desligamento do dispositivo ou a retirada da rede de computadores que deflagre um processo capaz de eliminar informações que subsidiariam o trabalho pericial.

Outra abordagem interessante sugerida pela RFC 3227 é relacionada com a necessidade de respeitar as regras de privacidade e as diretrizes da empresa ou órgão que possui o dispositivo analisado, sendo necessário sempre evitar coletar informações pessoais, ou que não dizem respeito à investigação, dos usuários de computadores que trabalham com o referido dispositivo.

Estas diretrizes para coleta e arquivamento de evidências estabelecem que elas devem ser admissíveis perante o ordenamento jurídico, autênticas, evitando questionamentos quanto à sua veracidade, amplas, confiáveis e ser dotadas de credibilidade e simplicidade para serem aproveitadas pelo órgão judicial.

Quanto às modalidades de forense, pode-se destacar também a **forense de redes** cabeadas e/ou sem fio, com reconstrução de sessões e geração de metadados. Finalmente, outra possibilidade é da **forense remota**, sobre conexões *on-line* e silenciosas, que tem a capacidade de obtenção de dados *on-line*, e, também, a probabilidade/capacidade de remediar, por exemplo, incidentes.

Os tipos de evidência relativos à forense computacional são dois: dados e equipamentos. Em relação aos dados, temos, basicamente, aqueles armazenados em algum dispositivo ou mídia[126] e os coletados durante uma investigação, como ocorre no caso de uma interceptação telemática. Já em relação aos equipamentos, são em regra os hardwares, que podem ser gerais (computadores, servidores, roteadores etc.) ou específicos (com funções e finalidades específicas, além de configuração fechada e proprietária, ou seja, fogem do padrão dos equipamentos em geral).

Outro aspecto importante é que seja observada a denominada cadeia de custódia. A cadeia de custódia é o conjunto de processos direcionados a documentar toda a história cronológica da evidência eletrônica, garantindo a sua integridade, disponibilidade e idoneidade, em todas as etapas da forense computacional, de forma que possa ser utilizada como prova perante a Justiça[127].

Em artigo apresentado no VII Simpósio Brasileiro em Segurança da Informação e de Sistemas Computacionais, há citação de trecho da obra "Perícia Forense Computacional – Teoria e Prática Aplicada", escrita por Dan Farmer e Wietse Venema, que oferece boas práticas que devem anteceder a coleta dos dados. Estes seriam os procedimentos que deveriam anteceder a investigação:

> 1. esterilizar todas as mídias que serão utilizadas ou usar mídias novas a cada investigação; 2. certificar-se de que todas as ferramentas (softwares) que serão utilizadas estão devidamente licenciadas e prontas para utilização; 3. verificar se todos os equipamentos e materiais necessários (por exemplo, a

---

[126] Exemplos: discos rígidos, mídias óticas, mídias magnéticas, memória *flash* e dispositivos móveis, como *smartphones* etc.

[127] Sobre cadeia de custódia, ver mais em Wendt (2015), p. 51-64.

estação forense, as mídias para coleta dos dados, etc.) estão à disposição; 4. quando chegar ao local da investigação, o perito deve providenciar para que nada seja tocado sem seu consentimento, com o objetivo de proteger e coletar todos os tipos de evidências; 5. os investigadores devem filmar ou fotografar o ambiente e registrar detalhes sobre os equipamentos como: marca, modelo, números de série, componentes internos, periféricos, etc. 6. manter a cadeia de custódia (PEREIRA et al, 2007).

Com relação à cadeia de custódia, de acordo com a RFC 3227 (BREZINSKI; KILLALEA, 2002), recomenda-se descrever claramente como a evidência foi localizada e todas as suas intercorrências, bem como indicar "onde, quando e por quem a evidência foi descoberta e coletada", "onde, quando e por quem foi a evidência tratada ou examinada", "quem tinha a custódia das provas, durante o período e como realizou-se o armazenamento" e "quando a prova mudou de custódia e como a transferência ocorreu".

A RFC 3227 (BREZINSKI; KILLALEA, 2002) sugere algumas ferramentas consideradas imprescindíveis para a coleta de evidências eletrônicas. Nestes termos, de acordo com as referidas diretrizes, são necessários: programa para examinar processos, programa para análise do estado do sistema, programa para realizar cópias *bit*-a-*bit*, programa para a geração de *hashes*, programa para geração e exame de imagens do núcleo e *scripts* com a finalidade de automatizar a coleta de provas.

Como referido anteriormente, a forense segue uma metodologia. No caso, a sequência lógica dessa metodologia é a seguinte:

a) Coleta de informações, onde são as seguintes as regras básicas: o procedimento deve ser rápido, observando o necessário sigilo e registro da coleta de evidências. Ao par disto, o suspeito não deve ter chance de tentar ocultar ou destruir as provas, devendo ser feito o registro, formal e fotográfico, do que foi coletado e do ambiente, caso necessário. Também, em regra, procede-se a uma análise antes do acesso ao hardware para saber o procedimento adequado a tomar na forense. Para isso, é fundamental a preservação em que os equipamentos a serem periciados não devem ser acessados, seja pelos agentes, seja pela autoridade policial, seja pelo oficial de justiça, além do que o desligamento deve ser rápido.
b) Reconhecimento das evidências: além do trabalho prévio à forense, de seleção do que interessa à investigação em si, há a necessidade de reconhecimento e triagem das evidências. Por exemplo, de um computador, em regra, há necessidade de forense apenas de um HD (disco rígido).

c) Restauração, documentação e preservação das evidências encontradas: neste processo, o trabalho da forense vai depender do contexto investigatório e do que for apresentado. Em regra, o perito vai trabalhar sobre a imagem dos dados, que é a imagem do disco ou cópia *bit*-a-*bit*, que inclui os espaços livres e os espaços não utilizados. Embora este processo exija mais espaço de armazenamento e consuma mais tempo para realização, permite a recuperação de arquivos excluídos e dados não alocados pelo sistema de arquivos.
d) Correlação das evidências: após a restauração, documentação e preservação das evidências, o perito trabalhará na análise e procurará correlacionar os dados, principalmente do ponto de vista do "problema" que lhe foi colocado. Desta forma, poderá compreender o que houve e tentar dar uma resposta à autoridade requisitante da forense.
e) Reconstrução dos eventos: ao final do processo, poderá o perito reconstruir ou não os eventos com base nos dados analisados, respondendo aos quesitos formulados.

É importante mencionar que, em muitos casos, a forense computacional serve para auxiliar no levantamento de informações atinentes a diversos outros delitos, como o tráfico de drogas, homicídios, suicídios, sequestros, levantamento de dados contábeis (ex.: jogo do bicho) e, também, para verificação de hardwares, como ocorre nos crimes de defesa do consumidor (levantamento, identificação e confronto com a nota fiscal), capacidade ou funcionalidade de equipamentos, identificação de propriedade etc.

Vale também mencionar algumas das considerações a respeito do que os peritos acham importante para o bom encaminhamento da perícia, ou seja, a formatação dos quesitos tem o viés de auxiliar no bom esclarecimento do caso investigado.

Assim, documentos sucintos e com quesitos genéricos não dão ideia ao perito do que se trata a investigação ou necessidade para uma eventual causa cível, penal ou trabalhista. Exemplos disso são questionamentos simples, como "qual o conteúdo do disco rígido?" ou "imprimir todo o conteúdo do disco rígido", circunstâncias que são, logicamente, desproporcionais à investigação criminal.

Portanto, o que deve conter no encaminhamento de solicitação de forense segue três regras básicas:

➢ Primeira regra: breve histórico do caso, com menção ao fato em si e os passos que a polícia adotou até a apreensão do equipamento e/ou dado a periciar.

- ➢ Segunda regra: envio de cópia de documentos coletados previamente, como, por exemplo, testemunhos, xerox e boletim de ocorrência relacionados.
- ➢ Terceira regra: quesitos objetivos, sucintos e claros (na dúvida, conversar previamente com o perito).

Desta forma, o perito tem condições de filtrar melhor as informações e gerar um laudo com mais resultados úteis. Mas o que são quesitos objetivos? Eis a pergunta que todos os agentes e autoridades policiais se fazem! Esclarece-se, em pormenores:

1º) Algumas "questões" estão sempre presentes no corpo dos laudos periciais, isto é, não são necessárias aparecer como quesitos. Exemplos:

"Qual o material que está sendo apresentado?"

"O material apresentado está em condição de uso?"

2º) No caso de delitos praticados por hackers, *crackers*, *bankers* etc., é importante questionar:

"O equipamento periciado apresenta condições de acesso à Internet?"

"Existem registros de acesso aos bancos X, Y e Z no período de ##/##/## a ##/##/##? Listar"

3º) No caso de delitos relativos a imagens e vídeos de cenas de sexo explícito envolvendo crianças e adolescentes (pedofilia), previstos no Estatuto da Criança e do Adolescente, pode-se questionar:

"Existem imagens do acusado ou de "terceiros" abusando sexualmente de menores de idade?"

"Existem armazenadas fotografias de crianças e/ou adolescentes com imagens de pornografia ou cenas de sexo explícito?"

"Existem mensagens, conversas arquivadas ou outros arquivos relacionados à pornografia infantil?"

"Existem e-mails, enviados ou recebidos, com cenas de sexo explícito envolvendo crianças ou adolescentes?"

"Consta no histórico de navegação o acesso a sites, redes sociais ou fóruns de discussão que disponibilizam pornografia infantil ou facilitam o contato entre pessoas que estejam em poder deste tipo de conteúdo ilícito?"

"Pelo material apresentado, pode-se afirmar que existia compartilhamento de imagens entre o proprietário do computador e a Internet?"

"Alguma das imagens já foi encontrada em outra perícia de crime similar? Se sim, informar os dados de identificação de autor e/ou vítimas"

4º) Nas perícias nos casos de crimes contra a honra, como calúnia, injúria e difamação[128], e, também, de racismo[129], são importantes os quesitos:

"Existem imagens, diálogos ou similares com conteúdo racista (ofensivo à honra de fulano de tal)?" (genérico)

"Existe alguma mensagem de e-mail entre os dias ## e ## de agosto de 2015 contendo algum tipo de calúnia, injúria ou difamação direcionada ao Sr. fulano de tal? Se sim, é possível identificar o autor da mensagem?" (específico)

5º) Nas perícias dos crimes de violação dos direitos autorais e/ou de software[130], é importante:

"O material apresentado destina-se à gravação de CDs e DVDs?"

"O disco rígido possui produtos (software) de "tal fabricante" instalados?"

"Quais são os números de identificação (PRODUCT KEY, CD-KEY, ProductID) destes softwares?"

"Existe indicação no nome do usuário/empresa para quem o software está licenciado?"

"O equipamento possibilita a reprodução de áudio, vídeo, jogos e softwares?"

"O equipamento apresenta instalado algum tipo de programa que possibilita a reprodução de áudios, vídeos, jogos e softwares?"

6º) Em relação aos casos de falsificação de documentos[131], falsidade ideológica[132] e/ou estelionato[133], são importantes os seguintes questionamentos:

"Existem imagens de documentos públicos ou privados no disco rígido (*pen drive*, HD etc.) em questão? Quais?"

---

128 Arts. 138 a 140 do Código Penal Brasileiro.

129 Art. 20 da Lei nº 7.716/1989.

130 Lei nº 9.609/1990.

131 Arts. 297 e 298 do Código Penal.

132 Art. 299 do Código Penal.

133 Art. 171 do Código Penal.

"O conjunto de equipamentos em questão tem condições de produzir um documento similar ao apreendido com fulano de tal, cuja cópia segue anexa?"

"O documento em questão foi produzido pelo conjunto de equipamentos em perícia?"

"O documento questionado é autêntico?"

7º) Nos casos de investigação de crimes cometidos com a utilização de serviços de e-mails, a sugestão é quanto ao seguinte quesito:

"Verificar a origem (IP, cidade, empresa, etc.) do e-mail recebido dia ##/##/## com assunto "Descrever o assunto""[134].

8º) Em relação à necessidade de identificação de propriedade do material questionado, sugere-se:

"É possível identificar o proprietário do equipamento questionado?"

"Existem arquivos com informações que possam identificar o proprietário (currículo, e-mails, etc.), mesmo que estejam excluídos? Quais?"

9º) Nos casos de investigação de organizações criminosas ou terrorismo, pode-se indagar:

"Existem imagens do investigado ou de outros integrantes da organização praticando crimes, em poder de armas, drogas ou instrumentos ilícitos relacionados com a investigação?"

"Existem e-mails enviados ou recebidos, mensagens, conversas arquivadas ou outros arquivos relacionados com a atividade sob investigação?"

"Consta no histórico de navegação o acesso a redes sociais, sites ou fóruns de discussão ligados à organização criminosa em investigação?"

"Existem arquivos contendo informações sobre os investigados, seus comparsas, contatos, endereços, movimentações financeiras ou planejamento de ações criminosas?"

10º) Finalmente, em relação a todos os tipos de perícia, sugere-se a adoção do seguinte quesito genérico, que permite ao perito a complementação de dados eventualmente não solicitados nos quesitos formulados:

"Outros dados julgados úteis?"

---

[134] Neste caso, deve ser encaminhado junto o código-fonte do e-mail.

Pelo exposto, pode-se concluir que, apesar de todos os desafios que envolvem o tema, para que a atuação do perito seja mais eficaz, e, por consequência, o enfrentamento a esses delitos, é imprescindível, além de se promover a capacitação constante de todos os envolvidos, também a adoção de procedimentos padrão com o intuito de sistematizar a perícia computacional nos moldes do que se vislumbra em outros países.

A seguir, atentos à questão prática, indicamos dois modelos de solicitação de perícia forense em computadores.

Modelo 01 – Requisição ao Instituto de Criminalística (Perícia em CPU):
Cidade, xx de xxxxxx de 2021.

INQUÉRITO POLICIAL: /21

Senhor Perito,

Solicito de Vossa Senhoria providências no sentido de:

(X) exame inicial ( ) realizar exame complementar ao laudo nº

( ) enviar laudo requisitado em ___/___/___

( ) confirmar perícia requisitada em ____/___/____ através de:

( ) Rádio rec. por ______________________________

( ) Telefone rec. por ___________________________

CARACTERÍSTICAS DA OCORRÊNCIA

Crimes em investigação: Artigos 155, § 4º, II e 288 do Código Penal

Endereço: Rua XX, XX, Centro, Santa Fé do Sul – SP

Horário e Data: 15:33 do dia 01 de janeiro de 2013

Vítima: A Justiça Pública

Indiciados: XXXX, RG XXX-SSP-SP e XXXX, RG XXX-SSP-MG

Objeto do exame: Um CPU, marca Dell, de cor preta e branca, nº de série xxxxx, modelo xxxx, com HD de 1 Tb.

Finalidade da perícia:
Promova a impressão das conversas mantidas por intermédio do Skype e demais conversas armazenadas em outros comunicadores instantâneos, que estejam instalados no referido dispositivo.

Também promova a impressão de eventuais imagens digitalizadas de cartões de débito e crédito e outros documentos, como, por exemplo, RG, CPF, comprovante de residência, que tenham a finalidade de fraudar instituições bancárias.

Observação:
Para acessar as conversas do Skype armazenadas no computador é necessário realizar as seguintes ações:

Mantenha pressionada a tecla Windows no teclado e pressione R para abrir a janela Executar (Run). Se estiver usando um dispositivo com tela sensível ao toque no Windows 8, você poderá abrir a janela Executar (Run) usando o botão Pesquisar (Search).

Digite %appdata%\Skype na janela Executar (Run) e pressione Enter.

Abra a pasta com o seu Nome Skype.

O arquivo main.db nessa pasta é seu histórico de conversas.

Caso o Skype esteja instalado no sistema operacional Windows 8, devem-se realizar as seguintes atividades:

Abra o Windows Explorer.

Acesse:
C:\Usuários\\AppData\Local\Packages\Microsoft.SkypeApp\Localstate\

Seu nome de usuário do Windows 8 é o que você usa para se conectar quando a tela está bloqueada. Seu Nome Skype é o nome de usuário com o qual você se conecta ao Skype.

O arquivo main.db nessa pasta é seu histórico de conversas.

O laudo deverá ser enviado à: Delegacia de Polícia de xxxxxxx.

Cordiais saudações.

xxxxxxxxxxxxxx,

DELEGADO DE POLÍCIA.

Modelo 02 – Requisição ao Instituto de Criminalística[135] (Perícia em notebook):

Cidade, xx de xxxxxx de 2021.

INQUÉRITO POLICIAL: /21

Senhor Perito responsável pelo Posto do Instituto de Criminalística:

Solicito de V.S. providências no sentido de:

(X) exame inicial ( ) realizar exame complementar ao laudo nº

( ) enviar laudo requisitado em ___/___/___

( ) confirmar perícia requisitada em ____/___/____ através de:

( ) Rádio rec. por ____________________________

( ) Telefone rec. por _________________________

CARACTERÍSTICAS DA OCORRÊNCIA

Natureza: Artigo 241-A do Estatuto da Criança e do Adolescente

Local:

Data: **Hora:**

Vítima: A Justiça Pública

Investigado: XXX

Objeto do exame: Um notebook, da marca X, de cor prata, série xxxxxxxxxx, com respectivo cabo de conexão e bolsa de transporte de cor preta.

Objetivo da perícia:

1. Se há identificação do usuário da máquina e se existem registros de arquivos em pastas que contenham imagens, vídeos ou diálogos com conteúdo pornográfico que envolvam principalmente crianças e adolescentes, os quais deverão ser descritos, com data e horário dos arquivos, impressos e salvos em mídia externa;
2. Se existem registros de contas de MSN (Messenger), as quais deverão ser descritas e, sendo possível, recuperar diálogos e eventuais imagens transmitidas, com conteúdo pornográfico, principalmente com crianças e adolescentes, devendo ser indicados os endereços eletrônicos com os quais mantiveram contato, relacionados com os fatos;
3. Se existem registros de endereços de contas de e-mails, os quais deverão ser identificados;

135 Modelo elaborado pelo Investigador de Polícia Jairo Antonio Bertelli Francisco Gabaldi Pereira.

4. Informar quanto à possibilidade de recuperar dados (imagens e vídeos) dos arquivos apagados, devendo o conteúdo pornográfico, principalmente de crianças e adolescentes, serem descritos, impressos e/ou salvos em mídia externa;
5. Se arquivos recentes foram apagados da máquina, deverão ser indicados os conteúdos, tratando-se de arquivos que contenham conteúdos relacionados com pedofilia, devendo ser impressos e salvos em mídia externa;
6. Se existem registros de sites acessados pela máquina, relacionados com pedofilia, devendo ser indicados datas e horários dos acessos e se existem registros de inclusão ou acesso a fotos e vídeos relacionados com pedofilia, devendo todo conteúdo ser descrito, impresso e salvo em mídia externa;
7. Se é possível indicar registros de acessos ao site de relacionamento YX e qual endereço da conta utilizada para o acesso, devendo o conteúdo ser impresso e salvo em mídia externa;
8. Informar se na referida máquina encontra-se instalado ou se já possuiu programa destinado ao compartilhamento de dados e, caso positivo, se há o armazenamento de arquivos relacionados com pedofilia, os quais deverão ser impressos e salvos em mídia externa;
9. Informar se a máquina foi recentemente formatada ou teve sua memória substituída;
10. Se existem arquivos contendo dados, imagens e vídeos relacionados com pedofilia que tenham passado por processo de criptografia e esteganografia, os quais deverão ser impressos e salvos em mídia externa.

O laudo deverá ser enviado à: Delegacia de Polícia de xxxxxxxxxxxxxxxxxxxxxx.

Atenciosamente,

XXXXXXXXXXX,

Delegado de Polícia.

Modelo 03 – Orientação sobre a elaboração de requisições para exame pericial em dispositivos relacionados com a prática de pornografia infantil)[136]**:**
QUESITO GERAL: Informar se o material encontrado nos objetos periciados é típico dos crimes relacionados com pornografia infantil, qual a forma de disseminação e se é capaz de fomentar as redes de pedofilia virtuais, bem como se há convergências entre as imagens ou vídeos, como idade, raça, cor, sexo, local ou qualquer outra peculiaridade que possa auxiliar na identificação do autor dos referidos crimes.

---

136 Orientação redigida pelo Investigador de Polícia Jairo Antonio Bertelli Francisco Gabaldi Pereira.

OBJETO: CÂMERA FOTOGRÁFICA DIGITAL

1. Descrição, impressão das imagens contidas na máquina e respectivo cartão de memória, se o conteúdo for relacionado com o crime de pedofilia, conteúdo que deverá ser alvo em mídia externa;
2. Informar se imagens ou vídeos foram apagados, indicando data e horário e, sendo possível, recuperá-los, devendo todo o conteúdo ser descrito, impresso e salvo em mídia externa;
3. Informar se a referida máquina foi vinculada com os demais objetos periciados, ou seja, computador, impressora e se as imagens e vídeos encontrados em computador e impressora foram provenientes da mencionada máquina fotográfica, devendo indicar data e horário de transferência do conteúdo, bem como descrever o conteúdo impresso e salvo em mídia externa.
4. Informar se a máquina fotográfica digital e o cartão de memória sofreram formatação recente.

OBJETO: CELULAR

1. Descrição do objeto e respectivo IMEI;
2. Identificação da linha vinculada;
3. Informar sobre a existência de arquivos contendo imagens e vídeos relacionados com pedofilia, os quais deverão ser impressos, descritos e salvos em mídia externa; se for possível, indicar eventuais nomes, endereços eletrônicos e de que forma foram realizados os vídeos e obtidas as imagens, ou seja, se captados diretamente pela câmera/vídeo do telefone ou não;
4. Os dados contidos na agenda telefônica e se possuem relação com alguma imagem ou vídeo existente no aparelho ou cartão de memória;
5. Os registros de ligações feitas e recebidas;
6. Se existem áudios gravados cujo teor seja relacionado com o crime de pedofilia, estes deverão ser degravados e salvos em mídia externa;
7. Informar os registros de sites e endereços eletrônicos acessados pelo aparelho, com data e hora;
8. Informar se houve deletação de conteúdo relacionado com o crime de pedofilia, indicando data e horário, conteúdo que deverá ser recuperado, descrito, impresso e salvo em mídia externa;
9. Indicar outros dados considerados relevantes, que eventualmente sejam prova material de crime.

OBJETO: *CHIP* DE TELEFONE CELULAR

1. Descrição do objeto, com respectivo número de série;
2. Identificação do número da linha;
3. Arquivos da agenda;
4. Registros de ligações e mensagens de texto ou voz feitas e recebidas;
5. Informar se há registros de imagens e vídeos relacionados com o crime de pedofilia, os quais deverão ser impressos, descritos e salvos em mídia externa;

OBJETO: *WEBCAM*

1. Descrição do objeto;
2. Informar se o objeto é capaz de arquivar imagens e vídeos e, se possível, efetuar a impressão e descrição do material relacionado com os fatos e salvar em mídia externa;
3. Se referido objeto foi utilizado no computador (CPU) e notebook apreendidos e se é possível informar datas e horários de conexões, bem como com quais endereços eletrônicos foi conectada;

OBJETO: CD

1. Descrição do objeto;
2. Se há conteúdo na mídia e se tem relação com os fatos, devendo indicar data e horário de criação do arquivo e, após, efetuar a impressão e descrição e salvar em mídia externa;

5.9. Investigação de crimes de violação de direitos autorais

Inicialmente é importante considerar que os direitos autorais, de acordo com a Lei nº 9.610, de 19 de fevereiro de 1998, são as "obras intelectuais protegidas, as criações do espírito, expressas por qualquer meio, ou fixadas em qualquer suporte, tangível ou intangível, conhecido ou que se invente no futuro".

A referida norma apresenta alguns exemplos de obras protegidas, como, por exemplo, os textos de obras literárias, artísticas ou científicas; as conferências, alocuções, sermões e outras obras da mesma natureza; as obras dramáticas e dramático-musicais; as obras coreográficas e pantomímicas, cuja execução cênica se fixe por escrito ou por outra qualquer forma; as composições musicais, tenham ou não letra; as obras audiovisuais, sonorizadas ou não, inclusive as cinematográficas; as obras fotográficas e as produzidas por qualquer processo análogo ao da fotografia; as obras de desenho, pintura, gravura, escultura, litografia e arte cinética; as ilustrações, cartas geográficas e outras obras da mesma natureza; os projetos, esboços e obras plásticas concernentes a geografia, engenharia, topografia, arquitetura, paisagismo, cenografia e ciência; as adaptações, traduções e outras transformações de obras originais, apresentadas como criação intelectual nova; os programas de computador; as coletâneas ou compilações, antologias, enciclopédias, dicionários, bases de dados e outras obras, que, por sua seleção, organização ou disposição de seu conteúdo, constituam uma criação intelectual.

O objetivo desta norma é enfrentar a denominada "pirataria", que pode ser conceituada como a infração do direito autoral em escala comercial. E pode ser dividida em:

1. **Pirataria simples:** cópia não autorizada de uma gravação ou arquivo original para ganho comercial, sem o consentimento do proprietário dos direitos autorais. A embalagem da cópia pirata é diferente da original e geralmente possui qualidade inferior.
2. **Falsificação:** é quando o produto pirata é copiado e embalado para parecer o máximo possível com o original. As marcas registradas e os logotipos do produtor original são reproduzidos para fazer o cliente pensar que está comprando o produto original.
3. ***Bootleg:*** gravação não autorizada de uma transmissão ao vivo. A gravação é duplicada e vendida sem a permissão do compositor, artista, gravadora ou produtora (MOREIRA, 2011).

O artigo 184 do Código Penal, inserido pela Lei nº 10.695, de 1º de julho de 2003, estabelece a punição para aquele que viola direitos de autor e os direitos que lhe são conexos; já o artigo 12 da Lei nº 9.609, de 19 de fevereiro de 1998, trata da violação dos direitos de autor de programa de computador.

Ambos os crimes podem ser praticados por intermédio de computadores, e a persecução deste tipo de delito envolve inicialmente indagar sobre a plataforma que está disponibilizando, de forma ilícita, o conteúdo protegido.

Geralmente se observa a publicação do conteúdo em blogs e sites criados para publicar o material. A investigação do crime dependerá do esclarecimento sobre o indivíduo que procedeu a publicação no referido meio, nos mesmos moldes do que foi apresentado no item que trata da investigação de sites.

Esse tipo de delito pode ser praticado por intermédio da gravação do conteúdo protegido em uma mídia eletrônica, como, por exemplo, CD, DVD, HD externo, dentre outros, e, nestes casos, o exame pericial na mídia contendo o conteúdo que foi gravado ilegalmente será crucial para a materialização do delito.

A dificuldade maior pode residir na comprovação do delito quando o lucro é indireto, como, por exemplo, através de doações e/ou por cliques nos links de patrocínio, quando o investigador deverá atentar para qual a forma de captura de valores utilizada pelo investigado. Assim, poderá aliar a investigação do crime praticado através de computadores com afastamento de sigilo junto aos provedores de conteúdo, junto à Receita Federal e/ou sistema bancário.

No Brasil as entidades citadas a seguir estão envolvidas no enfrentamento ao problema e recebem denúncias sobre violação dos direitos autorais:

- **Defesa dos produtores fonográficos (gravadoras):**
  - Pro-Música Brasil (anteriormente conhecida por ABPD – Associação Brasileira dos Produtores de Disco. Participam as grandes empresas do mercado fonográfico do país – <https://pro-musicabr.org.br/>).
  - ABMI – Associação Brasileira de Música Independente (participam as pequenas gravadoras/selos – <https://abmi.com.br/>).
- **Defesa dos editores musicais (compositores):**
  - UBEM – União Brasileira de Editoras de Música (<http://www.ubem.mus.br/>).
- **Defesa dos direitos de execução pública:**
  - ECAD – Escritório Central de Arrecadação e Distribuição (atua através de diversas associações, como: ABRAMUS, SICAM, SOCINPRO, UBC, SADEMBRA, ASSIM, ANACIM, AMAR, entre outras – <https://www3.ecad.org.br/>).
- **Defesa dos produtores de software:**
  - Abes – Associação Brasileira das Empresas de Software (<https://abessoftware.com.br/>).
- **Defesa dos direitos do audiovisual (filmes):**
  - ABPI – Associação Brasileira da Propriedade Intelectual (<https://abpi.org.br/>).
  - MPA – Motion Picture Association (Latin America – <https://www.mpa-americalatina.org/pt-br/>).

5.9.1. Legislação relacionada com o combate à pirataria

5.9.1.1. Constituição Federal do Brasil Artigo 5, XXVII

Aos autores pertence o direito exclusivo de utilização, publicação ou reprodução de suas obras, transmissível aos herdeiros pelo tempo que a lei fixar;

Artigo 5, XXVIII:
São assegurados nos termos da lei:

(...) b – o direito de fiscalização do aproveitamento econômico das obras que criarem ou de que participarem aos criadores, aos intérpretes e às respectivas representações sindicais e associativas.

5.9.1.2. Código Penal Brasileiro Artigo 184

Violar direitos de autor e os que lhe são conexos: Pena: detenção de três meses a um ano ou multa.

1º. Se a violação consistir em reprodução total ou parcial, com intuito de lucro direto ou indireto, por qualquer meio ou processo, de obra intelectual, interpretação, execução ou fonograma, sem autorização expressa do autor, do artista intérprete ou executante, do produtor, conforme o caso, ou de quem os represente:

Pena: reclusão de dois a quatro anos e multa.

2º. Na mesma pena do § 1º incorre quem, com o intuito de lucro direto ou indireto, distribui, vende, expõe à venda, aluga, introduz no país, adquire, oculta, tem em depósito, original ou cópia de obra intelectual ou fonograma reproduzido com violação de direito de autor, do direito do artista intérprete ou executante ou do direito do produtor de fonograma, ou, ainda, aluga original ou cópia de obra intelectual ou fonograma, sem a expressa autorização dos titulares dos direitos ou de quem os represente.

4º. O disposto nos §§ 1º, 2º e 3º não se aplica quando se tratar de exceção ou limitação ao direito de autor ou os que lhe são conexos, em conformidade com o previsto na Lei nº 9.610 de 19 de fevereiro de 1998, nem a cópia de obra intelectual ou fonograma, em um só exemplar para uso privado do copista, sem intuito de lucro direto ou indireto.

Artigo 186 – Procede mediante:
II – ação penal pública incondicionada, nos crimes previstos nos §§ 1º e 2º do art. 184;

Artigo 334
Importar ou exportar mercadoria proibida ou iludir, no todo ou em parte, o pagamento de direito ou imposto devido pela entrada, pela saída ou pelo consumo de mercadorias:

Pena: reclusão de um a quatro anos. 1º. Incorre na mesma pena quem:

(...) c – vende, expõe à venda, mantém em depósito ou, de qualquer forma, utiliza em proveito próprio ou alheio, no exercício de atividade comercial ou industrial, mercadoria de procedência estrangeira que introduziu clandestinamente no País ou importou fraudulentamente o que sabe ser produto de introdução clandestina no território nacional ou de importação fraudulenta por parte de outrem;

Artigo 180
Adquirir, receber, transportar, conduzir ou ocultar, em proveito próprio ou alheio, coisa que sabe ser produto de crime, ou influir para que terceiro, de boa-fé, a adquira, receba ou oculte:

Pena: reclusão de um a quatro anos e multa.

1º. Adquirir, receber, transportar, conduzir, ocultar, ter em depósito, desmontar, montar, remontar, vender, expor à venda, ou de qualquer forma utilizar, em proveito próprio ou alheio, no exercício da atividade comercial ou industrial, coisa que deve saber ser produto de crime:

Pena: reclusão de três a oito anos e multa.

2º. Equipara-se à atividade comercial, para efeito do parágrafo anterior, qualquer forma de comércio irregular ou clandestino, inclusive o exercício em residência.

5.9.1.3. Código de Processo Penal

Artigo 530
A – O disposto nos arts. 524 a 530 será aplicável nos crimes em que se proceda mediante queixa.

B – Nos casos das infrações previstas nos §§ 1º, 2º e 3º do art. 184 do Código Penal, a autoridade policial procederá a apreensão dos bens ilicitamente produzidos ou reproduzidos, em sua totalidade, juntamente com os equipamentos, suportes e materiais que possibilitaram a sua existência, desde que estes se destinem precipuamente à prática do ilícito.

C – Na ocasião da apreensão será lavrado termo, assinado por duas ou mais testemunhas, com a descrição de todos os bens apreendidos e informações sobre suas origens, o qual deverá integrar o inquérito policial ou o processo.

D – Subsequente à apreensão, será realizada, por perito oficial, ou, na falta deste, por pessoa tecnicamente habilitada, perícia sobre todos os bens apreendidos e elaborado o laudo que deverá integrar o inquérito policial ou o processo.

E – Os titulares de direito de autor e os que lhe são conexos serão fiéis depositários de todos os bens apreendidos, devendo colocá-los à disposição do juiz quando do ajuizamento da ação.

F – Ressalvada a possibilidade de se preservar o corpo de delito, o juiz poderá determinar, a requerimento da vítima, a destruição da produção ou reprodução apreendida quando não houver impugnação quanto à sua ilicitude ou quando a ação penal não puder ser iniciada por falta de determinação de quem seja autor do ilícito.

G – O juiz, ao prolatar a sentença condenatória, poderá determinar a destruição dos bens ilicitamente produzidos ou reproduzidos e o perdimento dos equipamentos apreendidos, desde que precipuamente destinados à produção e reprodução dos bens, em favor da Fazenda Nacional, que deverá destruí-los ou doá-los aos Estados, Municípios e Distrito Federal, a instituições públicas de ensino e pesquisa ou de assistência social, bem como incorporá-los, por economia ou interesse público, ao patrimônio da União, e não poderão retorná-los aos canais de comércio.

H – As associações de titulares de direitos de autor e os que lhes são conexos poderão, em seu próprio nome, funcionar como assistente da acusação nos crimes previstos no art. 184 do Código Penal, quando praticado em detrimento de qualquer de seus associados.

I – Nos crimes em que caiba ação penal pública condicionada ou incondicionada, observar-se-ão as normas constantes dos arts. 530-B, 530-D, 530-E, 530-F, 530-G e 530-H.

5.9.1.4. Lei nº 9.610/98 – Lei de Direitos Autorais Artigo 104

Quem vender, expuser à venda, ocultar, adquirir, distribuir, tiver em depósito ou utilizar obra ou fonograma reproduzidos com fraude, com a finalidade de vender, obter ganho, vantagem, proveito, lucro direto ou indireto, para si ou para outrem, será solidariamente responsável com o contrafator, nos termos dos artigos precedentes, respondendo como contrafatores o importador e o distribuidor em caso de reprodução no exterior.

5.9.1.5. Código de Defesa do Consumidor – Lei nº 8.078/90 Artigo 7º

Constitui crime contra as relações de consumo:

IX – vender, ter em depósito para vender ou expor à venda ou, de qualquer forma, entregar matéria-prima ou mercadoria, em condições impróprias ao consumo.

Pena: detenção de dois a cinco anos ou multa.

Artigo 18
São impróprios ao uso e consumo:

II – os produtos deteriorados, alterados, adulterados, avariados, falsificados, corrompidos, fraudados, nocivos à vida ou à saúde, perigosos ou, ainda, aqueles em desacordo com as normas regulamentares de fabricação, distribuição ou apresentação.

5.9.1.6. Tratados da OMPI

A Organização Mundial de Propriedade Intelectual (OMPI) é um órgão da ONU com fins de normatização e proteção dos direitos intelectuais entre os países signatários de seus tratados[137].

5.9.1.7. Convenção de Berna

Em razão da grande extensão da referida convenção, sugerimos o acesso ao site <http://www.planalto.gov.br/ccivil_03/decreto/1970-1979/d75699.htm>.

---

137 A OMPI possui escritório no Brasil desde 2009, sendo que seus serviços estão disponíveis em várias modalidades: <https://www.wipo.int/about-wipo/pt/offices/brazil/index.html> (acesso em 26 jul. 2021).

6. Desafios na investigação dos crimes cibernéticos

6.1. Aspectos iniciais

Em virtude da constante evolução tecnológica que acompanhamos, principalmente com a inclusão, cada dia mais, de dispositivos que acessam a rede mundial de computadores, os crimes cibernéticos têm acompanhado esse ritmo e, diariamente, tem sido observado o surgimento de novas ameaças. A pandemia do coronavírus de 2020-? confirmou que a Internet pode ser palco de transformação sociocultural e, ao mesmo tempo, de ampla utilização pelos criminosos que visam o enriquecimento ilícito.

Nestes termos evolutivos e preocupantes, essas novas formas de praticar crimes representam um grande desafio para os órgãos da persecução penal, que devem ser instrumentalizados para esse enfrentamento. Necessariamente, no Brasil ainda não foi e deverá ser traçado um planejamento e uma preparação para todos os problemas gerais relacionados com o tema, existentes e os que ainda surgirão, especialmente a reestruturação do sistema policial voltado à ciberinvestigação.

Nestes moldes, podemos ressaltar as principais questões consideradas desafiadoras para a segurança pública e, em especial, para a investigação dos crimes cibernéticos.

6.1.1. Prejuízos causados pelos crimes cibernéticos

Os prejuízos decorrentes dos crimes cibernéticos são de grandes proporções. Segundo a Federação Brasileira de Bancos (Febraban), apesar do investimento na prevenção e no combate a essa modalidade de delito, somente no ano de 2010 eles provocaram prejuízos de novecentos milhões de reais para as instituições bancárias (BRAUN, 2010). No mundo todo, o prejuízo com as fraudes eletrônicas passava, naquele momento, de um trilhão de dólares anual (UNIÃO, 2011). Dez anos depois a realidade dos prejuízos se transformou, porém, para pior, pois a estimativa para 2021 deve ser de 6 trilhões de dolares (COMPUGRAF, 2020).

É notório, mesmo com as previsões, que esses dados estão muito abaixo da realidade, de modo que os prejuízos decorrentes da prática dos *cibercrimes* atingem patamares superiores. O principal aspecto para justificar esse ponto de vista é o fato de muitas pessoas não comunicarem à polícia sobre os fatos dos quais são vítimas por intermédio da rede mundial de computadores.

Dentre as possíveis causas da subnotificação podemos enumerar o sentimento de impunidade que grassa entre muitos que observam a prática destes crimes, o desconhecimento sobre a possibilidade de eles serem investigados e até, em alguns casos, o desconhecimento da vítima sobre a utilização dos recursos tecnológicos para a realização da ação criminosa.

Comenta-se que, no mundo, os *cibercriminosos* conseguem obter lucros superiores aos auferidos por narcotraficantes. Segundo entrevista à Europa Press do diretor de marketing da Symantec para a Península Ibérica,

> as invasões *on-line* deixaram de ter como objetivo espalhar o caos. Criou-se um modelo de negócio para ganhar dinheiro, comparável ao tráfico de drogas. E os usuários continuam caindo nos mesmos erros. As ameaças continuam crescendo (CRIMES, 2010).

Essa concepção financeira relativa aos crimes na Internet ficou menos latente aos olhos do público leigo e da mídia a partir de 2003 e 2004, quando da migração do uso de vírus para a utilização de cavalos de Troia (*trojan horse*), pois não se pensava mais em criar algo espetacular e que chamasse a atenção, e sim um arquivo malicioso com a finalidade de proporcionar um retorno financeiro. Nesse sentido, seria realizada a busca de dados por intermédio de aplicativos maliciosos que os capturassem e que pudessem ser utilizados pelos *crackers* para causar transtornos às vítimas e/ou obter vantagens ilícitas.

No Brasil, conforme rotineiras divulgações, o perfil dos criminosos virtuais é voltado principalmente para as fraudes eletrônicas. O prejuízo, no início da última década, conforme divulgado pela empresa de antivírus Symantec, chegaria a US$ 114 bilhões no mundo (CRIMES, 2011). O que torna o assunto ainda mais preocupante é que no final da década o prejuízo brasileiro seria de 10 bilhões por ano com o cybercrime (MACHADO, 2018).

6.1.2. Guarda dos *logs* de acesso

Quando se fala em investigar um crime cometido com a utilização de um dispositivo[138] de acesso a uma rede, é necessário considerar que um dos principais elementos que permitem a identificação do seu autor é o denominado *log* gerado pela conexão à Internet ou a algum serviço disponibilizado na rede mundial de computadores pelos provedores de conteúdo e/ou e-mail. O ***log* de conexão** é um conjunto de informações sobre a utilização de Internet pelo usuário, contendo data, horário, fuso horário, duração da conexão e número do protocolo de Internet, mais conhecido como IP (*Internet Protocol*). Já o ***log* de acesso** é um conjunto de informações sobre a utilização de determinado serviço na Internet (relativo aos provedores de conteúdo) pelo usuário, contendo data, horário e número do IP[139].

Em posse destas informações, os órgãos investigativos vão utilizá-las para identificar o criminoso. Então, pela via judicial, será solicitado que o provedor de acesso à Internet, o provedor de conteúdo, a *lan house* ou o administrador de rede privada informe os dados identificativos do computador e do indivíduo a quem foi atribuído o IP, conforme consta nas informações apresentadas pelo *log*.

Uma grande dificuldade reside no fato de os referidos órgãos serem obrigados a preservar os *logs* de acesso e conexão por um período muito pequeno, segundo a Lei nº 12.965/2014, que criou o Marco Civil da Internet. O Marco Civil estabelece a obrigatoriedade dos provedores de conexão à Internet, como o Speedy da Telefônica ou outros provedores de acesso à Internet, manterem os registros de conexão do usuário pelo prazo de um ano e também que os provedores de aplicações de Internet, como as redes sociais e os servidores de e-mails, mantenham os registros de acesso a essas aplicações pelo prazo de seis meses.

Outro aspecto que merece ser apresentado diz respeito à demora deles fornecerem as informações solicitadas. Não são raros os casos em que o retardo no envio das informações passa de sessenta dias. Muitas autoridades policiais então optam por

---

138 Isso mesmo, utilizamos o termo "dispositivo", pois hoje os delitos cometidos através da rede mundial de computadores não precisam, necessariamente, ser cometidos com o uso de um PC ou notebook. A integração da telefonia com internet facilitou o "trabalho" dos criminosos virtuais, pois na atualidade o crime pode ser cometido facilmente através de *smartphones*, tablets etc., ou seja, qualquer dispositivo que dê acesso à Internet, independentemente do software e dos aplicativos que utilize.

139 Para melhor diferenciar, são exemplos de *log* de conexão os fornecidos pelas empresas que disponibilizam acesso à Internet, como Oi, Telefônica, Net Claro, Vivo etc. Já exemplos de *logs* de acesso são relativos aos serviços de *webmail*, como Gmail, Yahoo! e Outlook (Hotmail).

comunicar o não fornecimento das informações ao judiciário e solicitar que haja requisição do cumprimento da ordem judicial anteriormente expedida, sob pena de crime de desobediência. Outras, no entanto, solicitam ao juiz que fixe obrigação de pagar multa por dia ou hora de retardo.

O caso da suspensão do WhatsApp no Brasil representou um exemplo que permitiu uma reflexão sobre a necessidade de enfrentar a omissão proposital e generalizada de empresas que insistem em descumprir referidas determinações judiciais e, dessa forma, auxiliam na impunidade de criminosos que utilizam ferramentas tecnológicas para seu intento.

6.1.3. Legislação

Cabe esclarecer que é possível realizar o enquadramento típico da maioria das atividades que causem prejuízos ou transtornos aos usuários. Porém, para atender àqueles casos em que não existe a referida previsão penal para promover um enquadramento específico que se amolde perfeitamente aos referidos crimes, de forma a evitar questionamentos jurídicos, como, por exemplo, a alegação de que a conduta não é criminosa porque não há previsão legal, e também com o objetivo de oferecer mais condições para a punição dos crimes cibernéticos (estabelecendo inclusive prazo mínimo para a preservação dos *logs*), foi apresentado o Projeto de Lei nº 84/1999 pelo então deputado Luiz Piauhylino. Aprovado na Câmara Federal no ano de 2003, em seguida o projeto passou a tramitar no Senado, que somente veio a aprová-lo em 2008, porém com um substitutivo (Projeto de Lei nº 89/2003) que teve como relator o então senador Eduardo Azeredo. Na sequência, o projeto de lei retornou para a Câmara Federal e, no final de 2012, foi aprovado.

O referido projeto foi sancionado no dia 30 de novembro de 2012 (Lei nº 12.735/12), porém a aprovação dessa norma tratou apenas de dois artigos. Um dos artigos determina que as Polícias Civis e a Polícia Federal deverão estruturar, nos termos de regulamento, setores e equipes especializadas no combate à ação delituosa em rede de computadores, dispositivo de comunicação ou sistema informatizado. O outro artigo prevê que, nos casos de crime de racismo, quando praticado por intermédio dos meios de comunicação social ou publicação de qualquer natureza, o juiz poderá determinar, ouvido o Ministério Público ou a pedido deste, ainda antes do inquérito policial, sob pena de desobediência, a cessação das transmissões radiofônicas, televisivas, eletrônicas ou da publicação por qualquer meio. Por isso, entendemos que a chamada "Lei Azeredo" foi defenestrada pelo nosso legislador pátrio.

Também foi apresentado o Projeto de Lei nº 587/2011 pelo deputado Sandro Alex, com a finalidade de atualizar o projeto anterior, sem as principais questões polêmicas que dificultaram a sua aprovação.

Depois de alguns meses, foi apresentado um projeto de lei alternativo pelos deputados Paulo Teixeira, Luiza Erundina, Manuela D'Ávila, João Arruda, Brizola Neto e Emiliano José contendo apenas a tipificação de condutas criminosas, sem a previsão da guarda dos *logs*.

No dia 16 de maio de 2012, em razão do clamor causado pela divulgação das fotos da atriz Carolina Dieckmann, o plenário da Câmara dos Deputados aprovou o projeto do deputado Paulo Teixeira, que tipifica principalmente o crime de invasão de dispositivo informático. O projeto, PL 2793/2011, foi encaminhado para análise no Senado e, juntamente com a mínima parcela do "projeto Azeredo", foi também aprovado. No dia 30 de novembro de 2012 foi sancionada a Lei nº 12.737, sendo denominada socialmente e pela mídia de **Lei Carolina Dieckmann**.

Esta lei representou, inicialmente, um avanço para o ordenamento jurídico pátrio, porém alguns de seus aspectos geraram e têm gerado polêmica e preocupação, como, por exemplo, em relação às suas penas, consideradas exacerbadamente brandas. Segundo Renato Opice Blum,

> nota-se que as penas cominadas são, aparentemente, pouco inibidoras, permitindo a aplicação das facilidades dos procedimentos dos Juizados Especiais. Ocorre que a tendência internacional é justamente a oposta: recentemente, noticiou-se que a Justiça da Califórnia (EUA) condenou a dez anos de prisão, além do pagamento do valor de indenização no valor de 76 mil dólares, um hacker acusado de subtrair fotos de celebridades pela web.
>
> Claro que não se defende aqui a multiplicação da população carcerária apenas para a punição de crimes de informática. Contudo, é difícil entender como a criação de uma lei, após anos de discussão, pode estabelecer penas tão pouco desestimulantes ao infrator (BLUM, 2013).

A Lei nº 11.829/2008, que alterou o Estatuto da Criança e do Adolescente, representou um grande avanço, pois definiu especificamente algumas condutas relacionadas com a prática de crimes de pornografia infantil pela Internet e também criou novas condutas que não eram previstas pelo referido diploma legal; por exemplo, o artigo 241-B do Estatuto, que prevê a ação de *adquirir, possuir ou armazenar, por qualquer meio, fotografia, vídeo ou outra forma de registro que contenha cena de sexo explícito ou pornográfica envolvendo criança ou adolescente.* Antes desta norma ocorreram inúmeros casos em que foram localizadas em computadores fotos pornográficas de crianças e adolescentes fazendo sexo, e os seus possuidores não puderam ser penalizados em razão da inexistência de figura típica prevendo o armazenamento deste tipo de material. Daí a importância das figuras típicas penais para que seja possível enquadrar os autores de crimes praticados através da Internet sem que se tenha que fazer uma interpretação extensiva ou qualquer inferência analógica.

Em 2018, duas leis de caráter penal, as Leis nº 13.718 e 13.772, incluíram no Código Penal tipos penais referentes às ações delituosas de registro e divulgação não consentida da intimidade, respectivamente, os arts. 216-B e 218-C. As leis foram pauta do movimento feminista no Brasil, em face do gênero feminino ser o mais vitimado, tanto que uma das leis levou o nome da sua maior ativista, Rose Leonel.

Em 2019, a nova redação do art. 122 do Código Penal também deu atenção aos casos de suicídio e autolesão com início e comunicação pela Internet. Ademais, o crime de *stalking*, previsto art. 147-A, e o de violência psicológica contra a mulher, previsto no art. 147-B, incrementaram o rol de proteção penal em relação à mulher, especialmente vítima das ações danosas pela Internet.

Também, ressalta-se a Lei nº 14.155/2021, que, além de alterar e corrigir problemas relativos ao art. 154-A, também acrescentou parágrafos nos arts. 155 e 171 do mesmo Código Penal, estabelecendo os crimes de, respectivamente, furto mediante fraude e estelionato eletrônico.

6.1.4. Capacitação dos policiais e outros atores da persecução penal

A falta de capacitação dos policiais e também de outros atores da persecução penal, como o Ministério Público e o Judiciário, representa um grande desafio, na medida em que pode impedir a punição dos *cibercriminosos* e, por consequência, causar impunidade.

A capacitação deve ser realizada continuamente, por profissionais especializados, de modo que os órgãos da persecução possam reprimir e acompanhar a evolução desses crimes. Os integrantes desses órgãos devem ser estimulados por políticas internas a participar destas capacitações. Ademais, políticas públicas nacionais, voltadas aos órgãos de segurança pública, são bem-vindas e motivarão os estados a investir na qualificação de seus quadros.

Em outros termos, excelentes profissionais, treinados adequadamente, trazem como retorno também o processo preventivo aos crimes cibernéticos, fator que é fundamental em virtude da falta de educação digital do usuário da Internet.

Assim, espera-se que, com a Lei nº 12.735/12, possam os órgãos policiais se adequar às exigências sociais de investigação eficaz dos crimes cibernéticos, especialmente em razão da pulverização da Internet e uso cada vez maior, principalmente o provocado pela pandemia do coronavírus. A instalação de delegacias e/ou laboratórios de inteligência cibernética nos estados é fundamental para o atendimento a essa demanda.

6.1.5. Integração entre *cibercriminosos* de várias localidades

Os recursos tecnológicos permitem que *cibercriminosos*, espalhados por diversas localidades, comuniquem-se e realizem ações criminosas em parceria e organizadamente.

Tem sido comum na investigação de crimes cibernéticos, com exceção dos crimes contra a honra e ameaças (em regra, crimes de menor potencial ofensivo), constatar a existência de criminosos espalhados em diversas localidades do país e/ou do mundo que muitas vezes nem se conhecem, cuja comunicação ocorre apenas por recursos tecnológicos, que são utilizados para a prática de crimes.

Essa interação do mundo criminoso com o uso de recursos tecnológicos por vezes dificulta a investigação de crimes, não pelo desconhecimento dos processos investigativos. A dificuldade ocorre quando o investigador depara com o tráfego de pacotes que estão encriptados ou protegidos pelos provedores de conteúdo.

6.1.6. Falta de integração entre os órgãos que realizam a investigação criminal

É considerada voz uníssona entre os órgãos que promovem a investigação de crimes praticados pela Internet que, diferentemente dos criminosos, não existe uma atuação integrada entre os responsáveis pela persecução penal, mesmo aqueles pertencentes ao mesmo setor.

Essa afirmativa se comprova, inclusive, entre setores pertencentes ao mesmo órgão que não possuem a cultura do compartilhamento do conhecimento operacional e das informações sobre *cibercriminosos*. Ou seja, a falta de conhecimento e de atuação padronizada faz-se sentir em um mesmo Estado. Um exemplo a analisar, pois na lógica contrária do geral, vem do Paraná, que concentra em um único órgão a persecução penal dos crimes relacionados à Internet. Tal metodologia facilita a compreensão do problema em âmbito macro e favorece, inclusive, a adoção de práticas padronizadas de combate e prevenção aos crimes cometidos através da Internet. Porém, como referido, face o aumento cada vez maior desta criminalidade cibernética, um único órgão específico para essas investigações pode não dar vazão à demanda, sendo necessária a execução de outra estratégia: a da formatação de um laboratório de inteligência cibernética nos estados, capaz de auxiliar e procedimentalizar os demais órgãos estaduais.

O Brasil, em termos de polícias judiciárias estaduais, não possui órgãos específicos de investigação de crimes cibernéticos em 100% de seus Estados. Foram pioneiros, com Delegacias de Polícia Especializadas, o Rio de Janeiro, São Paulo, Minas Gerais, Pará, Rio Grande do Sul, Paraná, Espírito Santo, Sergipe, Piauí e Bahia. Alguns estados, como Rondônia, possuem órgãos que oferecem orientações aos demais sobre como proceder as investigações (WENDT, 2020).

6.1.7. Cooperação internacional

No ano de 2001, na Hungria, foi criada a Convenção de Budapeste, também conhecida como Convenção sobre o Cibercrime, pelo Conselho da Europa. Dentre suas principais finalidades cabe destacar: o incremento para a cooperação internacional entre os órgãos responsáveis pela investigação criminal; a previsão de novas condutas criminais que, pela Internet, causem prejuízo ou transtorno para a vítima; a pressão para aprovação de legislação específica sobre o tema etc.

O Brasil deve se tornar, conforme notícia de 2019, signatário do referido tratado, pois a tendência é que continuem aumentando os casos nos quais criminosos ou informações que permitam esclarecer a autoria do crime estejam no exterior, de modo que a cooperação internacional é imprescindível para a busca da verdade, ou seja, para que se atinja o absoluto esclarecimento sobre o crime em apuração e suas circunstâncias (RICHTER, 2019).

6.1.8. *Smartphones*

A principal diferença entre um celular convencional e os *smartphones* é que estes permitem que seu usuário acesse a Internet. Pode-se observar que as pessoas que usam esses dispositivos não imaginam os perigos a que estão submetidos, sendo necessária a utilização de programas antivírus e outros softwares que permitam a proteção.

Há uma infinidade de arquivos maliciosos que podem contaminar esses equipamentos, e as informações sensíveis das vítimas encontradas nos celulares podem ser acessadas, mesmo que remotamente, pelos criminosos.

Um estudo do AVG Technologies alertou que

> 0,2% dos aplicativos baixados na Android Market eram mal intencionados. Levando em conta que 3,9 bilhões de aplicativos foram baixados desde a inauguração da loja, pode-se estimar que 7,8 milhões de aplicativos contendo algum tipo de ameaça foram instalados (VITULLI, 2011).

Estudos semelhantes estão sendo constantemente divulgados pelas empresas antivírus. Certo é que cada vez mais as pessoas utilizarão aplicativos nos seus aparelhos móveis, "forçando" empresas, bancos e governos a criar mecanismos de acesso para os usuários, tornando mais vulneráveis as informações pelo descuido destes últimos.

Hoje, no dia a dia, grande parte dos criminosos utiliza ferramentas tecnológicas, sendo comum, principalmente, a apreensão de celulares com amplo campo para análise e investigação.

A análise do referido meio de comunicação pelos policiais, a elaboração de um relatório de investigação e o envio para a elaboração de perícia no mecanismo são medidas sugeridas, conforme os aspectos específicos de cada caso.

6.1.9. Utilização de *botnets* para ataques DDoS

O ataque DDoS ou de negação de serviço é uma modalidade de *ciberataque* que se caracteriza pelo envio simultâneo de requisições de serviços para um determinado recurso de um servidor, por exemplo, um site. Em razão de não suportar essa quantidade de requisições, o recurso torna-se indisponível. No caso do site da Presidência da República ocorreu esse tipo de ataque (PASSARINHO, 2011).

Cabe esclarecer que, para que essa ação criminosa consiga causar transtornos para a vítima, o *cibercriminoso* contamina diversos computadores de modo que eles fiquem à disposição para esse tipo de ataque. No momento em que o ataque for iniciado, todos os computadores acessam simultaneamente o site.

Paripassu, não há norma penal no Brasil que corresponda a tal conduta danosa, o que torna difícil seu enquadramento quando não há indisponibilização de serviço público de caráter relevante (art. 265 do Código Penal) e nem de dano (art. 163 do Código Penal). Portanto, nesse ponto a solução perpassa a necessidade de inclusão de figura típica penal específica, além de mecanismos de proteção pela área tecnológica.

6.1.10. Conscientização dos usuários de Internet

Grosso modo, pode-se dizer que os usuários de Internet não conhecem a dimensão dos riscos que a utilização da rede mundial de computadores proporciona, nem as ameaças que enfrenta ao receber um e-mail, acessar um site ou instalar um programa em seu computador.

A utilização de redes sociais também representa um grande perigo para os internautas desavisados e um campo muito fértil para que os *cibercriminosos* possam semear seus arquivos maliciosos para agregar informações sensíveis e/ou causar problemas para as vítimas. Caso um usuário de uma rede social seja contaminado, ele corre o risco de enviar os arquivos maliciosos para todos os que estiverem na sua lista de contatos, e aqueles que receberem as mensagens possivelmente poderão acreditar no conteúdo recebido e, por consequência, serão contaminados. Esse alerta envolve, principalmente, crianças e adolescentes, tendo em vista que são mais vulneráveis a esse tipo de fraude.

Mais importante do que munir o usuário de recursos tecnológicos avançados visando tornar a utilização da Internet mais segura é a sua conscientização, para que consiga vislumbrar a necessidade de inserir no seu dia a dia as boas práticas para a utilização da Internet com segurança.

Esse processo de aprendizado e conscientização, ou seja, de educação digital, parte não só dos órgãos de prevenção, mas também de repressão. A partir do momento em que os policiais informam os usuários sobre como ocorre, por exemplo, determinada fraude, há possibilidade de o usuário se precaver e não ser mais uma vítima de crimes cibernéticos.

Organizações como o Instituto Coaliza, a Safernet e o Centro de Estudos, Resposta e Tratamento de Incidentes de Segurança no Brasil (CERT.br) têm realizado muito bem as atividades de conscientização da população para o uso seguro e ético da Internet em todo o Brasil.

De outra parte, existem, por assim dizer, desafios na realização da Forense Computacional, alavancados pelos avanços tecnológicos. Dentre eles, podemos citar:

(a) *Cloud Computing*: a *cloud computing* ou computação em nuvem permite ao usuário ter acesso a todas as funcionalidades de um computador pessoal, mas pela Internet/ Intranet, sendo necessária apenas a disponibilização de um computador/dispositivo com acesso à rede mundial ou local de computadores.

Todo o conteúdo que for produzido ficará disponibilizado "na nuvem", ou seja, em servidores hospedados no Brasil e/ou em outros países. Um usuário normal sequer sabe fazer a avaliação sobre se os seus dados estão na nuvem ou não, principalmente os que utilizam serviços gratuitos disponibilizados na web.

O tema merece a adequada atenção e apresenta algumas dificuldades por parte dos órgãos que realizam a investigação de eventuais crimes que tenham relação com esse tipo de serviço.

A apreensão de um computador cujos dados sobre o crime encontram-se em um servidor localizado em outro país é uma realidade que precisa ser enfrentada. Muitas vezes o referido computador não possui elementos capazes de auxiliar a investigação e pode existir grande dificuldade para obter a cooperação internacional do país onde o servidor esteja localizado. Geralmente há uma grande demora, ou até mesmo há a impossibilidade de o servidor localizado no exterior fornecer as informações necessárias para a investigação criminal, principalmente se considerarmos que o Brasil ainda não assinou a Convenção de Budapeste, também conhecida como Convenção sobre o Cibercrime.

Também existe dificuldade para garantir o respeito à cadeia de custódia e determinar que o provedor de outro país retire a publicação criminosa do site e/ou preste as informações prévias devidas.

(b) Criptografia e esteganografia: a utilização da criptografia e da esteganografia entre criminosos, para que não sejam identificados, representa outra tendência preocupante. Observam-se, inclusive, envolvendo criminosos com outras "frentes de atuação" no Brasil, delitos não necessariamente vinculados à área tecnológica.

Para esclarecer melhor estes dois recursos, cabe considerar que criptografia é um processo utilizado para misturar ou codificar dados/informações para garantir que apenas o destinatário possa ter acesso ao conteúdo produzido. De modo diferente, a esteganografia permite esconder as informações de interesse no interior de uma mensagem. Geralmente são inseridos vídeos, textos ou áudios em imagens, sem que a pessoa que tiver contato com ela consiga perceber o seu conteúdo oculto.

A solução para estes casos viria de uma regulamentação do uso de softwares com criptografia, os quais só poderiam ser utilizados se devidamente registrados junto ao órgão competente e com depósito da chave correspondente. Quanto à esteganografia, cujo processo diferenciado exige tratamento diverso, há que proceder ao treinamento de detecção e perícia forense computacional.

7. Conclusão

A principal motivação para elaborar esta obra se fundamentou na necessidade de orientar as pessoas sobre as principais ameaças que envolvem aqueles que usam os computadores ou dispositivos móveis com acesso à Internet, nos comportamentos desejáveis para a utilização deles com segurança, nas dificuldades suportadas pelos órgãos da persecução penal quando lidam com esses crimes e, primordialmente, nos procedimentos investigativos direcionados a esclarecer a autoria e comprovar a materialidade destes delitos com a maior eficácia possível. Não deixamos de acrescentar as atitudes iniciais das vítimas de crimes cibernéticos para a preservação das evidências digitais, até mesmo antes de registrar o fato em uma Delegacia de Polícia.

Apesar de todo o exposto, nenhuma atividade, mesmo que contínua, terá sucesso se não for acompanhada da imperiosa e necessária capacitação de todos aqueles que se defrontam na sua atuação profissional com os crimes cibernéticos, como policiais, advogados, membros do Ministério Público e do Poder Judiciário.

Além de aprofundar o debate sobre o aprimoramento da legislação criminal que trata dos crimes cibernéticos, que consideramos importante, é necessário também que seja aprovada uma norma com a capacidade de diminuir a burocracia na obtenção de dados visando à identificação dos autores de crimes cibernéticos, bem como a criação de um canal eletrônico que permita a comunicação e a atuação integrada entre as Polícias Civis, a Polícia Federal, o Poder Judiciário e o Ministério Público com as empresas responsáveis por fornecer os dados cadastrais, de conexão e/ou de acesso, e que as decisões relacionadas com esses delitos sejam céleres, tal qual as respostas.

Quanto maior for a impunidade para os autores dos crimes praticados por intermédio do computador, maior será o estímulo para que outras pessoas pratiquem ações ilícitas semelhantes: impunidade proporciona mais impunidade! A adequada investigação e consequente punição dos autores são consideradas as principais inibidoras da sua incidência.

A falta de mecanismos para calcular a incidência dos *ciberdelitos* é outro problema que merece ser adequadamente tratado, mesmo que administrativamente, pelos órgãos de segurança pública. O fundamental aspecto é a criação de instrumentos que permitam o acesso à incidência desses crimes e a decorrente análise criminal.

Como medida visando à eficiência dos órgãos da persecução penal, é mister que seus integrantes sejam capacitados para lidar com novas modalidades criminosas e que o governo direcione esforços não apenas para promover a inclusão digital, mas também para conscientizar as pessoas sobre os perigos que envolvem a rede mundial de computadores e os procedimentos preventivos para a sua utilização com segurança. Portanto, as políticas públicas têm de ser preventivas, enfatizando a educação digital, e repressivas, principalmente baseadas na formação de policiais investigadores de crimes cibernéticos.

Embora já enfatizado o aspecto, merece ser ressaltado o necessário aprimoramento da legislação que trate dos referidos delitos, o que, preventivamente, ajudaria a diminuir a sua incidência, por favorecer a punição dos seus autores.

Por exemplo, o caso do proprietário de um computador que descobre que alguém invadiu seu dispositivo, que não possui mecanismo de segurança: por não saber que, para o crime ser praticado, é necessário que o autor da invasão tenha violado o mecanismo de segurança do dispositivo invadido, a vítima procura uma Delegacia da Polícia Civil ou da Polícia Federal para registrar o fato com o intuito de solicitar a instauração de uma investigação para promover a identificação e punição do autor. Quando ele fica sabendo que o fato é atípico, ou seja, que não é crime e que por isso o fato não será investigado, ele passa a vislumbrar a atuação da Polícia com descrédito. O mesmo ocorre quando, depois de meses ou anos, a investigação criminal torna-se inócua tendo em vista que a Polícia Civil obteve o protocolo de Internet (IP), mas o provedor que o gerou informa que não armazena os dados dos seus assinantes para além do prazo estipulado legalmente pelo Marco Civil da Internet. Infelizmente casos análogos têm ocorrido no cotidiano dos autores desta obra e proporcionam uma grande frustração e desestímulo, principalmente porque os policiais civis e federais, quando investigam um fato delituoso, procuram realizar a atividade com a maior eficácia possível, muitas vezes trabalhando diuturnamente neste intento. Quando, depois de uma longa investigação, o investigador se defrontar com esse tipo de dificuldade, sem dúvida alguma, ocorrerá um grande desconforto.

A aprovaçao do Marco Civil da Internet, Lei nº 12.965/2014, acabou por dirimir as dúvidas de prazo de guarda de dados, embora tenha estipulado prazos pequenos. Tornou-se a normativa um marco importante na condução dos processos investigativos e processos judiciais.

Porém, continua sendo necessário discutir outras questões relevantes, como, por exemplo, a competência dos crimes cometidos por intermédio de computadores, a proteção da privacidade e dos dados pessoais em face das investigações e a necessária obrigatoriedade de mecanismos, nacionais e internacionais, que permitam a individualização de usuários que utilizam Internet sem fio.

Uma das medidas neste sentido seria a criação de um cadastro único de usuários de Internet, vinculado ao documento de identidade – como o RIC (Registro de Identidade Civil) –, que seria utilizado para acessar a Internet ou seus serviços e desta forma vincular o computador que foi utilizado para praticar a ação criminosa ao usuário de computador que procedeu a referida utilização. Sabe-se, no entanto, que tal medida/ideia é utópica e não faz parte do contexto cultural da Internet mundial e brasileira.

Por fim, de nada adianta o trabalho competente, porém isolado, de parte dos órgãos que representam a persecução penal se nada for feito em uma ação governamental baseada na unicidade de propósitos e objetivos comuns, que é o que falta nesta área, pois que as ações integradas ainda são escassas e dependem basicamente de contatos pessoais, informais e confiabilidade recíproca dos interlocutores.

Referências

A EPIDEMIA via Internet. PCWORLD, s.d. Disponível em: <http://www.cin.ufpe.br/~rdma/documentos/revistaPCWORLDseguranca.pdf>. Acesso em: 23 jul. 2021.

ABIDIN, Shafiqul; KUMAR, Rajeev; TIWARI, Varun. Detecting malware by data mining. **International Journal of Engineering, Science and Mathematics**, vol. 7, n. 1, 2018, p. 373-379.

ARAÚJO, Glauco. 'É impossível curar um psicopata', diz psiquiatra forense Guido Palomba. **G1**, 13 abr. 2010. Disponível em: <http://g1.globo.com/Noticias/Brasil/0,,MUL1568178-5598,00-E+IMPOSSIVEL+CURA R+UM+PSICOPATA+DIZ+PSIQUIATRA+FORENSE+GUIDO+PALOMBA.html>. Acesso em: 25 jul. 2021.

BAIO, Cintia; FERREIRA, Lilian. Primeiro vírus para celular é de 2004 e vem das Filipinas. **UOL Tecnologia**, 23 jan. 2008. Disponível em: <https://tecnologia.uol.com.br/proteja/ultnot/2008/01/23/ult2882u35.jhtm>. Acesso em: 24 jul. 2021.

BARCELÓ GARCIA, Miquel. Tonterías víricas. **Byte España**, n. 34, 1997, p. 192-192.

BARREIRA, Fernando de Pinho. **Os Crimes Eletrônicos e A Perícia Criminal em Forense Computacional.** 20 jun. 2013. Disponível em: <http://fernandodepinhobarreira.wordpress.com/2013/06/20/os-crimes-eletronicos-e-a-pericia-criminal-em-forense-computacional>. Acesso em: 26 jul. 2021.

BARRETO, Alesandro Gonçalves. WhatsApp: como excluir conteúdo viral com cena de sexo envolvendo criança e adolescente. **Delegados.com.br**, 18 jan. 2018. Disponível em: <https://www.delegados.com.br/noticia/whatsapp-como-excluir-conteudo-viral-com-cena-de-sexo-envolvendo-crianca-e-adolescente>. Acesso em: 26 jul. 2021.

BARRETO, Alesandro Gonçalves; SANTOS, Hericson dos. **Deep Web:** investigação no submundo da Internet. Rio de Janeiro: Brasport, 2019.

BARRETO, Alesandro Gonçalves; WENDT, Emerson. **Inteligência e Investigação Criminal em fontes abertas.** Rio de Janeiro: Brasport, 2020.

BARRETO, Alesandro Gonçalves; WENDT, Emerson; CASELLI, Guilherme. **Investigação Digital em fontes abertas.** Rio de Janeiro: Brasport, 2017.

BLACK Friday: comparadores de preço ajudam a achar ofertas reais. **Veja**, 26 nov. 2019. Disponível em: <https://veja.abril.com.br/economia/black-friday-comparadores-de-preco-ajudam-a-achar-ofertas-reais/>. Acesso em: 25 jul. 2021.

BLUM, Renato Opice. Crimes Eletrônicos: a nova lei é suficiente? **Migalhas**, 19 fev. 2013. Disponível em: <https://www.migalhas.com.br/depeso/172711/crimes-eletronicos-a-nova-lei-e-suficiente>. Acesso em: 26 jul. 2021.

BRANDELLI, Leonardo. **Ata notarial.** Porto Alegre: Sergio Antonio Fabris Editor, 2004.

BRASIL ESCOLA. **Internet.** Disponível em: <http://www.brasilescola.com/informatica/Internet.htm>. Acesso em: 23 jul. 2021.

BRASIL. **Código Penal.** Disponível em: <http://www.planalto.gov.br/ccivil_03/decreto-lei/Del2848compilado.htm>. Acesso em 12 de set. 2020.

BRASIL. **Decreto nº 3810, de 02 de maio de 2001.** Promulga o Acordo de Assistência Judiciária em Matéria Penal entre o Governo da República Federativa do Brasil e o Governo dos Estados Unidos da América, celebrado em Brasília, em 14 de outubro de 1997, corrigido em sua versão em português, por troca de Notas, em 15 de fevereiro de 2001. Disponível em: <http://www.planalto.gov.br/ccivil_03/decreto/2001/D3810.htm>. Acesso em: 26 jul. 2021.

BRASIL. **Lei Complementar nº 105, de 10 de janeiro de 2001.** Dispõe sobre o sigilo das operações de instituições financeiras e dá outras providências. Disponível em: <http://www.planalto.gov.br/ccivil_03/leis/LCP/Lcp105.htm>. Acesso em: 27 jul. 2021.

BRASIL. **Lei nº 13.968, de 26 de dezembro de 2019.** Altera o Decreto-Lei nº 2.848, de 7 de dezembro de 1940 (Código Penal), para modificar o crime de incitação ao suicídio e incluir as condutas de induzir ou instigar a automutilação, bem como a de prestar auxílio a quem a pratique. Disponível em: <http://www.planalto.gov.br/ccivil_03/_ato2019-2022/2019/lei/L13968.htm>. Acesso em: 05 fev. 2020.

BRASIL. **Lei nº 14.132, de 31 de março de 2021a.** Acrescenta o art. 147-A ao Decreto-Lei nº 2.848, de 7 de dezembro de 1940 (Código Penal), para prever o crime de perseguição; e revoga o art. 65 do Decreto-Lei nº 3.688, de 3 de outubro de 1941 (Lei das Contravenções Penais). Disponível em: <http://www.planalto.gov.br/ccivil_03/_ato2019-2022/2021/lei/L14132.htm>. Acesso em: 21 maio. 2021.

BRASIL. **Lei nº 14.155, de 27 de maio de 2021b**. Altera o Decreto-Lei nº 2.848, de 7 de dezembro de 1940 (Código Penal), para tornar mais graves os crimes de violação de dispositivo informático, furto e estelionato cometidos de forma eletrônica ou pela internet; e o Decreto-Lei nº 3.689, de 3 de outubro de 1941 (Código de Processo Penal), para definir a competência em modalidades de estelionato. Disponível em: <http://www.planalto.gov.br/ccivil_03/_Ato2019-2022/2021/Lei/L14155.htm>. Acesso em: 10 ago. 2021.

BRASIL. **Lei nº 8.069, de 13 de julho de 1990.** Dispõe sobre o Estatuto da Criança e do Adolescente e dá outras providências. Disponível em: <http://www.planalto.gov.br/ccivil_03/leis/l8069.htm>. Acesso em: 26 jul. 2021.

BRASIL. **Lei nº 8.137, de 27 de dezembro de 1990.** Define crimes contra a ordem tributária, econômica e contra as relações de consumo, e dá outras providências. Disponível em: <http://www.planalto.gov.br/Ccivil_03/Leis/L8137.htm>. Acesso em: 26 jul. 2021.

BRASIL. **Lei nº 9.296, de 24 de julho de 1996.** Regulamenta o inciso XII, parte final, do art. 5º da Constituição Federal. Disponível em: <http://www.planalto.gov.br/ccivil_03/leis/l9296.htm>. Acesso em: 26 jul. 2021.

BRASIL. **Lei nº 9.504, de 30 de setembro de 1997.** Estabelece normas para as eleições. Disponível em: <http://www.planalto.gov.br/ccivil_03/leis/l9504.htm>. Acesso em: 26 jul. 2021.

BRASIL. **Lei nº 9.609, de 19 de fevereiro de 1998.** Dispõe sobre a proteção da propriedade intelectual de programa de computador, sua comercialização no País, e dá outras providências. Disponível em: <http://www.planalto.gov.br/ccivil_03/Leis/L9609.htm>. Acesso em: 27 jul. 2021.

BRASIL. **Obter Passaporte.** Última modificação: 23 jul. 2021. Disponível em: <https://www.gov.br/pt-br/servicos/obter-passaporte-comum-para-brasileiro>. Acesso em: 24 jul. 2021.

BRAUN, Daniela. Bancos brasileiros perderão R$ 900 milhões com fraudes online no ano. **G1**, 31 ago. 2010. Disponível em: <http://g1.globo.com/economia-e-negocios/noticia/2010/08/bancos-brasileiros-perderao-r-900-milhoes-com-fraudes-online-no-ano.html>. Acesso em: 26 jul. 2021.

BREZINSKI, Dominique; KILLALEA, Tom. Guidelines for Evidence Collection and Archiving. Request for Comments: 3227, IETF, 2002.

CARDOSO, Philipe. A História dos Vírus e suas variáveis: Worm, Phishing e Trojans. **Zoom Digital**, 24 jul. 2010. Disponível em: <http://www.zoomdigital.com.br/a-historia-dos-virus-e-suas-variaveis-worm-phishing-e-trojans/#:~:text=Foi%20ai%20que%20em%201988,outros%20ataques%20da%20mesma%20praga>. Acesso em: 23 jul. 2021.

CASELLI, Guilherme. **Manual de Investigação Digital.** Salvador: Juspodivm, 2021.

CASTELLS, Manuel. **A Galáxia da Internet:** reflexões sobre a Internet, os negócios e a sociedade. Rio de Janeiro: Jorge Zahar Editor, 2001.

CERT.BR. **Cartilha de Segurança para Internet, versão 4.0.** São Paulo: Comitê Gestor da Internet no Brasil, 2012.

CERT.BR. **Cartilha de Segurança para Internet.** Disponível em: <https://cartilha.cert.br/>. Acesso em: 24 jul. 2021.

CERT.br. **Estatísticas de Notificações de Spam Reportadas ao CERT.br.** 09 set. 2020c. Disponível em: <http://www.cert.br/stats/spam/>. Acesso em: 24 jul. 2021.

CERT.br. **Estatísticas dos Incidentes Reportados ao CERT.br. 09 set.** 2020a. Disponível em: <http://www.cert.br/stats/incidentes/>. Acesso em: 24 jul. 2021.

CERT.Br. **Estatísticas Mantidas pelo CERT.br.** 09 set. 2020d. Disponível em: <https://www.cert.br/stats/>. Acesso em: 24 jul. 2021.

CERT.br. **Incidentes Reportados ao CERT.br -- Janeiro a Dezembro de 2019.** 03 mar. 2020b. Disponível em: <https://www.cert.br/stats/incidentes/2019-jan-dec/top-cc.html>. Acesso em: 24 jul. 2021.

CERT.BR. **Ransomware.** Cartilha de Segurança para Internet, s.d. Disponível em: <https://cartilha.cert.br/ransomware/>. Acesso em: 24 jul. 2021.

CERT.BR; NIC.BR; CGI.BR. **Fascículo de códigos maliciosos.** Cartilha de Segurança para Internet, out. 2020. Disponível em: <https://cartilha.cert.br/fasciculos/codigos-maliciosos/fasciculo-codigos-maliciosos.pdf>. Acesso em: 10 ago. 2021.

CETIC.BR. **TIC Domicílios – 2019.** Disponível em: <https://www.cetic.br/pesquisa/domicilios/indicadores/>. Acesso em: 27 jul. 2021.

CGI.BR. **Sobre o CGI.br.** Disponível em: <http://www.cgi.br/sobre-cg/index.htm>. Acesso em: 24 jul. 2021.

CGI.BR. **Três em cada quatro brasileiros já utilizam a Internet, aponta pesquisa TIC Domicílios 2019.** 26 mai. 2020. Disponível em: <https://cgi.br/noticia/releases/tres-em-cada-quatro-brasileiros-ja-utilizam-a-internet-aponta-pesquisa-tic-domicilios-2019/#:~:text=De%20acordo%20com%20a%20TIC,em%2071%25%20dos%20domic%C3%ADlios%20brasileiros>. Acesso em: 24 jul. 2021.

CHAGAS, Carolina. Túnel do tempo (cronologia da internet no Brasil). Folha de São Paulo, 28 jan. 2003. Disponível em: <http://www1.folha.uol.com.br/folha/sinapse/ult1063u275.shtml>. Acesso em: 23 jul. 2021.

CNJ. Provimento nº 100 do Conselho Nacional de Justiça (CNJ), de 26 de maio de 2020. Disponível em: <https://atos.cnj.jus.br/atos/detalhar/3334>. Acesso em: 25 jul. 2021.

COHEN, Fred. Computer viruses: theory and experiments. **Computers & security**, vol. 6, n. 1, 1987, p. 22-35.

COMPUGRAF. **Prejuízos com cibercrime podem chegar a 6 trilhões de dólares para as empresas em 2021.** 23 jul. 2020. Disponível em: <https://www.compugraf.com.br/prejuizos-com-cibercrime-podem-chegar-a-6-trilhoes-de-dolares-para-as-empresas-em-2021/>. Acesso em: 26 jul. 2021.

CRIMES cibernéticos custam US$ 114 bilhões ao ano, diz Symantec. **O Estado**, 08 set. 2011. Disponível em: <https://www.oestadoce.com.br/economia/crimes-ciberneticos-custam-us-114-bilhoes-ao-ano-diz-symantec/>. Acesso em: 26 jul. 2021.

CRIMES virtuais podem se tornar mais lucrativos do que tráfico de drogas. **Época Negócios**, 22 jan. 2010. Disponível em: <http://epocanegocios.globo.com/Revista/Common/0,,EMI117735-16382,00-CRIMES+VIRTUAIS+PODEM+SE+TORNAR+MAIS+LUCRATIVOS+DO+QUE+TRAFICO+DE+DROGAS.html>. Acesso em: 26 jul. 2021.

CRYPTOID. **1ª Ata Notarial totalmente digital feita no Brasil em dezembro de 2016.** 02 dez. 2016. Disponível em: <https://cryptoid.com.br/banco-de-noticias/21834-ata-notarial/>. Acesso em: 25 jul. 2021.

D'ORNELAS, Stephanie. Vírus de computador: os 10 piores da história. **Hypescience**, 26 jul. 2011. Disponível em: <https://hypescience.com/os-10-piores-virus-de-computador/>. Acesso em: 24 jul. 2021.

DALLA VECCHIA, Evandro. **Perícia Digital:** da investigação à análise forense. 2.ed. Campinas: Millenium Ed., 2019.

DE OLIVEIRA FORNASIER, Mateus; PROTTI SPINATO, Tiago; LENCINA RIBEIRO, Fernanda. Ransomware e cibersegurança: a informação ameaçada por ataques a dados. **Revista Thesis Juris**, vol. 9, n. 1, jan.-jun. 2020.

DORIVALAC. Operação Onslaught. **VirusCore**, 01 ago. 2011. Disponível em: <http://www.viruscore.com/2011/Operacao-Onslaught/>. Acesso em: 24 jul. 2021.

DUARTE, Henrique. O que são hijackers e como eles podem colocar o seu PC em risco. **Techtudo**, 14 fev. 2014. Atualizado em 26 jan. 2015. Disponível em: <https://www.techtudo.com.br/noticias/noticia/2014/02/o-que-sao-hijackers-e-como-eles-podem-colocar-o-seu-pc-em-risco.html>. Acesso em: 24 jul. 2021.

EMM, David. Changing threats, changing solutions: a history of viruses and antivirus. SecureList, Apr. 14, 2008. Disponível em: <https://securelist.com/changing-threats-changing-solutions-a-history-of-viruses-and-antivirus/36202/>. Acesso em: 24 jul. 2021.

FIRST VIRUS hatched as a practical joke. **The Sydney Morning Herald**, Sep. 03, 2007. Disponível em: <http://www.smh.com.au/articles/2007/09/01/1188671795625.html>. Acesso em: 23 jul. 2021.

FORENSE COMPUTACIONAL. **Processo de Investigação.** Disponível em: <https://sites.google.com/a/cristiantm.com.br/forense/forense-computacional/processo-de-investigacao>. Acesso em: 26 jul. 2021.

FREITAS JÚNIOR, Adair Dias; JORGE, Higor Vinicius Nogueira; GARZELLA, Oleno Carlos Faria. **Manual de Interceptação Telefônica e Telemática.** 2ª edição. Salvador: Juspodivm, 2021.

GHEDIN, Rodrigo. LulzSec: operação #AntiSec com os Anonymous e derrubada de sites do governo brasileiro. **Meio Bit**, 22 jun. 2011. Disponível em: <http://meiobit.com/87024/lulzsecbrazil-site-derrubado-guerra-antisec/>. Acesso em: 24 jul. 2021.

GREENBERG, Andy. WhatsApp Security Flaws Could Allow Snoops to Slide into Group Chats. **Wired**, Jan. 10 2018. Disponível em: <https://www.wired.com/story/whatsapp-security-flaws-encryption-group-chats/>. Acesso em: 26 jul. 2021.

IANA. **Number Resources.** Disponível em: <http://www.iana.org/numbers/>. Acesso em: 24 jul. 2021.

IANA. **Root Zone Database.** Disponível em: <http://www.iana.org/domains/root/db/>. Acesso em: 24 jul. 2021.

JORDÃO, Fábio. O que é IP estático? E dinâmico? **Tecmundo**, 30 mar. 2009. Disponível em: <http://www.tecmundo.com.br/1836-o-que-e-ip-estatico-e-dinamico-.htm#ixzz1Mc2UVihn>. Acesso em: 24 jul. 2021.

JORGE JÚNIOR, Hélio Molina; JORGE, Higor Vinicius Nogueira; NOVAIS, Kayki; FONSECA, Ricardo Magno Teixeira. **Fake News e Eleições:** o guia definitivo. Salvador: Juspodivm, 2020.

JORGE, Higor Vinicius Nogueira (coord.). **Direito Penal sob a perspectiva da Investigação Criminal Tecnológica:** crimes contra a vida, o patrimônio e a dignidade sexual. Salvador: Juspodivm, 2021.

JORGE, Higor Vinicius Nogueira (coord.). **Enfrentamento da Corrupção e Investigação Criminal Tecnológica.** 2.ed. Salvador: Juspodivm, 2021.

JORGE, Higor Vinicius Nogueira (coord.). **Tratado de Investigação Criminal Tecnológica.** 2.ed. Salvador: Juspodivm, 2021.

JORGE, Higor Vinicius Nogueira. **Investigação Criminal Tecnológica Volume 1:** contém modelos de representações e requisições, além de procedimentos para investigação de fontes abertas. Rio de Janeiro: Brasport, 2018a.

JORGE, Higor Vinicius Nogueira. **Investigação Criminal Tecnológica Volume 2:** contém informações sobre inteligência policial, drones e recursos tecnológicos aplicados na investigação. Rio de Janeiro: Brasport, 2018b.

JORGE, Higor Vinicius Nogueira. Solução para cyberbullying não é restrita à escola. **Consultor Jurídico**, 8 jun. 2011. Disponível em: <https://www.conjur.com.br/2011-jun-08/solucao-cyberbullying-nao-responsabilidade-escola-policia>. Acesso em: 25 jul. 2021.

KARASINSKI, Eduardo. O que é Hijack? **Tecmundo**, 29 ago. 2008. Disponível em: <http://www.tecmundo.com.br/212-o-que-e-hijack-.htm>. Acesso em: 24 jul. 2021.

KASPERSKY. **O que é um cavalo de Troia?** S.d. (b) Disponível em: <https://www.kaspersky.com.br/resource-center/threats/trojans>. Acesos em: 24 jul. 2021.

KASPERSKY. **O que é um vírus do setor de inicialização?** S.d. (a) Disponível em: <https://www.kaspersky.com.br/resource-center/definitions/boot-sector-virus>. Acesso em: 24 jul. 2021.

KONCHINSKI, Vinicius. Fraudes eletrônicas causam prejuízo de R$ 900 milhões por ano a bancos e clientes. **Agência Brasil**, 31 ago. 2010. Disponível em: <http://agenciabrasil.ebc.com.br/noticia/2010-08-31/fraudes-eletronicas-causam-prejuizo-de-r-900-milhoes-por-ano-bancos-e-clientes>. Acesso em: 27 jul. 2021.

LACNIC. **Pedido de IP.** Disponível em: <https://www.lacnic.net/1054/3/lacnic/pedido-de-ip>. Acesso em: 24 jul. 2021.

LAURENTIZ, Silvia. Tags e metatags? De Ted Nelson a Tim Berners-Lee. **PORTO ARTE: Revista de Artes Visuais**, vol. 17, n. 28, 2010.

LISKA, Allan; GALLO, Timothy. **Ransomware:** defendendo-se da extorsão digital. São Paulo: Novatec Editora, 2017.

MACHADO, Felipe. Brasil perde US$ 10 bilhões por ano com cibercrime, diz McAfee. **Veja**, 21 fev. 2018. Disponível em: <https://veja.abril.com.br/economia/brasil-perde-us-10-bilhoes-por-ano-com-cibercrime-diz-mcafee/>. Acesso em: 26 jul. 2021.

MANDEL, Arnaldo; SIMON, Imre; LYRA, Jorge L. de. Informação: Computação e Comunicação. Universidade de São Paulo, 16 jul. 1997. Disponível em: <http://www.ime.usp.br/~is/abc/abc/abc.html>. Acesso em: 23 jul. 2021.

MARAGNO, Lucas Martins Dias; DE SOUZA KNUPP, Paulo; BORBA, José Alonso. Corrupção, lavagem de dinheiro e conluio no Brasil: evidências empíricas dos vínculos entre fraudadores e cofraudadores no caso Lava Jato. **Revista de Contabilidade e Organizações**, vol. 13, p. 5-18, 2019.

MERCADO LIVRE. **Declaração de privacidade e confidencialidade da informação do Mercado Livre.** Versão atualizada em 17 jul. 2020. Disponível em: <https://www.mercadolivre.com.br/privacidade/declaracao-privacidade>. Acesso em: 27 jul. 2021.

MICROSOFT. **Guia básico de investigação computacional para Windows.** 24 mar. 2009. Disponível em: <https://docs.microsoft.com/pt-br/previous-versions/dd458998(v=technet.10)?redirectedfrom=MSDN>. Acesso em: 26 jul. 2021.

MINISTÉRIO DA JUSTIÇA E SEGURANÇA PÚBLICA. **Orientações por país.** Disponível em: <http://justica.gov.br/sua-protecao/cooperacao-internacional/cooperacao-juridica-internacional-em-materia-penal/orientacoes-por-pais>. Acesso em: 30 jul. 2021.

MIRANDA, Sabrina Leles de Lima. O crescente uso da internet e o aumento de crimes cibernéticos. **Revista Renascer**, Futurando, ed. 53, 01 set. 2020. Disponível em: <https://revistarenascer.com/o-crescente-uso-da-internet-e-o-aumento-de-crimes-ciberneticos/>. Acesso em: 24 jul. 2021.

MITNICK, Kevin; SIMON, William. **A arte de invadir:** as verdadeiras histórias por trás das ações de hackers, intrusos e criminosos eletrônicos. São Paulo: Pearson Prentice Hall, 2005.

MOREIRA, Marcelo. Bootleg x pirataria: a diferença nem é tão grande assim. **Estadão**, 15 jul. 2011. Disponível em: <https://cultura.estadao.com.br/blogs/combate-rock/bootleg-x-pirataria-a-diferenca-nem-e-tao-grande-assim/>. Acesso em: 10 ago. 2021.

NIC.BR. **Comitê Gestor da Internet no Brasil completa 15 anos.** 27 maio 2010. Disponível em: <https://nic.br/noticia/releases/comite-gestor-da-internet-no-brasil-completa-15-anos/>. Acesso em: 23 jul. 2021.

NOVAES, Rafael. Conheça os malwares do tipo Time Bomb. **Dfndr Blog PSafe**, 14 maio 2014. Disponível em: <https://www.psafe.com/blog/time-bomb/>. Acesso em: 24 jul. 2021.

O HOMEM no espaço. **Super Interessante**, 28 fev. 2001. Atualizado em 31 out. 2016. Disponível em: <http://super.abril.com.br/tecnologia/homem-espaco-442035.shtml>. Acesso em: 23 jul. 2021.

OLIVEIRA, Marcos de. Nasce a Internet: Os passos científicos e tecnológicos que fizeram a grande rede mundial de computadores. **Revista Pesquisa Fapesp**, Edição 180, fev. 2011. Disponível em: <https://revistapesquisa.fapesp.br/nasce-a-internet/>. Acesso em: 23 jul. 2021.

PASSARINHO, Nathalia. Site da Presidência foi sobrecarregado 'intencionalmente', diz Serpro. **G1**, 03 jan. 2011. Disponível em: <http://g1.globo.com/politica/noticia/2011/01/site-da-presidencia-foi-sobrecarregado-intencionalmente-diz-serpro.html>. Acesso em: 24 jul. 2021.

PC WORLD. Primeiro vírus de computador completa 25 anos. **Computerworld**, 13 jul. 2007. Disponível em: https://computerworld.com.br/seguranca/idgnoticia-2007-07-13-7070489272/>. Acesso em: 27 jul. 2021.

PEDUZZI, Pedro. Brasil pode se tornar alvo de hackers do Leste Europeu, alerta chefe do FBI. **Agência Brasil**, 20 set. 2010. Disponível em: <http://agenciabrasil.ebc.com.br/noticia/2010-09-20/brasil-pode-se-tornar-alvo-de-hackers-do-leste-europeu-alerta-chefe-do-fbi>. Acesso em: 27 jul. 2021.

PEREIRA, Evandro et al. Forense Computacional: fundamentos, tecnologias e desafios atuais. **VII Simpósio Brasileiro em Segurança da Informação e de Sistemas Computacionais**, 2007.

PERSEGONA, Marcelo Felipe Moreira; ALVES, Isabel Teresa Gama. **História da internet:** origens do e-gov no Brasil. 2008.

PIRES, Paulo S. da Motta. **Forense Computacional:** uma Proposta de Ensino.

POPPER, Marcos Antonio; BRIGNOLI, Juliano Tonizetti. Engenharia social: um perigo iminente. **Instituto Catarinense de Pós-Graduação**, 2017.

PORTO, Márcio Rogério. Fontes de Informação e seu potencial na investigação de Crimes Digitais e de infrações penais diversas. Cruzeiro: UniBF, 2020.

QUINTO, Ivanilton. 25 anos – A história dos vírus de computador. **Rotina Digital**, s.d. Disponível em: <http://rotinadigital.net/wordpress/a-histria-dos-vrus-de-computador-pragas-virtuais-completam-25-anos>. Acesso em: 23 jul. 2021.

REGISTRO.BR. **Pagamento de domínio.** Disponível em: <https://registro.br/ajuda/pagamento-de-dominio/>. Acesso em: 24 jul. 2021.

REGISTRO.BR. **Regras do domínio.** Disponível em: <http://registro.br/dominio/regras.html>. Acesso em: 24 jul. 2021.

RICHTER, André. Brasil inicia adesão a tratado contra crimes cibernéticos. **Agência Brasil**, 11 dez. 2019. Disponível em: <https://agenciabrasil.ebc.com.br/internacional/noticia/2019-12/brasil-inicia-adesao-tratado-contra-crimes-ciberneticos>. Acesso em: 26 jul. 2021.

RODRIGUES, Felipe Leonardo. Ata notarial possibilita a produção de provas com fé pública do tabelião no ambiente eletrônico. **Jus.com.br**, jan. 2004. Disponível em: <http://jus.uol.com.br/revista/texto/4754/ata-notarial-possibilita-a-producao-de-provas-com-fe-publica-do-tabeliao-no-ambiente-eletronico>. Acesso em: 25 jul. 2021.

ROHR, Altieres. Primeiro vírus de PCs, 'Brain' completa 25 anos. **G1**, 21 jan. 2011. Disponível em: <http://g1.globo.com/tecnologia/noticia/2011/01/primeiro-virus-de-pcs-brain-completa-25-anos.html>. Acesso em: 23 jul. 2021.

ROHR, Altieres. Rootkit. **Linha Defensiva**, 24 mar. 2005. Disponível em: <http://www.linhadefensiva.org/2005/03/rootkit>. Acesso em: 24 jul. 2021.

SANTOS, Coriolano Aurélio de Almeida Camargo. **Sistema financeiro é a maior vítima de crimes cibernéticos, diz advogado.** 29 jul. 2011. Disponível em: <https://coriolanocamargo.wordpress.com/2011/07/29/sistema-financeiro-e-a-maior-vitima-de-crimes-ciberneticos-diz-advogado/>. Acesso em: 27 jul. 2021.

SOLHA, Liliana Esther Velásquez Alegre; TEIXEIRA, Renata Cicilini; PICCOLINI, Jacomo Dimmit Boca. Tudo que você precisa saber sobre os ataques DDoS. **NewsGeneration**, vol. 4, n. 2, 17 mar. 2000. Disponível em: <https://memoria.rnp.br/newsgen/0003/ddos.html>. Acesso em: 24 jul. 2021.

SYDOW, Spencer Toth. **Curso de Direito Penal Informático:** Partes Geral e Especial. 2.ed. Salvador: Juspodivm, 2021.

TORRES, Gabriel. **Redes de Computadores:** curso completo. Rio de Janeiro: Axcel Books, 2001.

TRIBUNAL DE JUSTIÇA DO DISTRITO FEDERAL E TERRITÓRIOS. **Ofensa em Orkut gera indenização por danos morais.** JusBrasil, 04 nov. 2010. Disponível em: <https://tj-df.jusbrasil.com.br/noticias/2451606/ofensa-em-orkut-gera-indenizacao-por-danos-morais>. Acesso em: 25 jul. 2021.

TUPINAMBÁ, Marcos. **Investigação Policial de Crimes Eletrônicos.** São Paulo: Acadepol, 2019.

TUPINAMBÁ, Marcos; JORGE, Higor Vinicius Nogueira. **Orientações sobre o WhatsApp.** Versão 2017.5. Divulgação interna.

TURNER, David; MUÑOZ, Jesus. **Para os filhos dos filhos de nossos filhos:** uma visão da sociedade internet. São Paulo: Summus, 1999.

UBER. **Diretrizes para Autoridades Policiais/Judiciais da Uber – Fora dos Estados Unidos.** Disponível em: <https://www.uber.com/legal/en/document/?name=guidelines-for-law-enforcement&country=brazil&lang=pt-br>. Acesso em: 26 jul. 2021.

UNIÃO Europeia monta megaplano para combater cibercrimes. **Total Security,** 06 jan. 2011. Disponível em: <http://www.totalsecurity.com.br/noticia/2346/uniao_europeia_monta_megaplano_para_combater_cibercrimes>. Acesso em: 26 jul. 2021.

USO da Ata Notarial para a comprovação de crimes digitais cresce 582% no Brasil. **Terra; Dino**, 21 maio 2020. Disponível em: <https://www.terra.com.br/noticias/dino/uso-da-ata-notarial-para-a-comprovacao-de-crimes-digitais-cresce-582-no-brasil,f467a1d411537500cc324ac6d183bb7ds5gdze7m.html>. Acesso em: 25 jul. 2021.

VICENTE, Elmer Coelho. Considerações sobre a Cooperação Internacional Policial. Maio 2010.

VITULLI, Rodrigo. Segurança em smartphones e tablets: saiba quais os riscos e como se proteger. **UOLTecnologia**, 27 jun. 2011. Disponível em: <https://tecnologia.uol.com.br/ultimas-noticias/redacao/2011/06/27/seguranca-em-smartphones-e-tablets-saiba-quais-os-riscos-e-como-se-proteger.jhtm>. Acesso em: 26 jul. 2021

WAZE. **Waze – Política de Privacidade.** Informações que são coletadas. Disponível em: <https://www.waze.com/pt-BR/legal/privacy#Informa%C3%A7%C3%B5es-que-s%C3%A3o-coletadas>. Acesso em: 26 jul. 2021.

WENDT, Emerson. **A pescaria virtual e os perigos dos encurtadores de URLs.** 03 jul. 2010. Disponível em: <http://www.emersonwendt.com.br/2010/07/pescaria-virtual-e-os-perigos-dos.html>. Acesso em: 24 jul. 2021.

WENDT, Emerson. **Dica: como denunciar perfil falso no Twitter.** 10 abr. 2011. Disponível em: <http://www.emersonwendt.com.br/2011/04/dica-como-denunciar-perfil-falso-no.html>. Acesso em: 26 jul. 2021.

WENDT, Emerson. **Lista dos Estados que possuem Delegacias de Polícia de combate aos Crimes Cibernéticos.** 08 jun. 2020. Disponível em: <http://www.emersonwendt.com.br/2010/07/lista-dos-estados-com-possuem.html>. Acesso em: 26 jul. 2021.

WENDT, Emerson. **Saiba como denunciar pornografia infantil detectada no Twitter.** 29 ago. 2013. Disponível em: <http://www.emersonwendt.com.br/2010/10/saiba-como-denunciar-pornografia.html>. Acesso em: 25 jul. 2021.

WENDT, Emerson; JORGE, Higor Vinicius Nogueira. **Crimes Cibernéticos:** ameaças e procedimentos de investigação. 2.ed. Rio de Janeiro: Brasport, 2013.

WENDT, Valquiria Palmira Cirolini. A prova penal e a cadeia de custódia. *In*: WENDT, Emerson; LOPES, Fábio Motta. (orgs.). **Investigação Criminal:** provas. Porto Alegre: Livraria do Advogado, 2015, vol. 1.

Anexo I. Cooperação internacional e Estados Unidos da América[140]

Idioma Oficial
Inglês

Bases legais da cooperação
Acordo de Assistência Judiciária em Matéria Penal entre o Governo da República Federativa do Brasil e o Governo dos Estados Unidos da América – Decreto nº 3.810, de 2 de maio de 2001. Autoridade Central designada: *Attorney-General*, que integra o Departamento de Justiça dos Estados Unidos da América (*United States Department of Justice* – DoJ), ou a pessoa designada pelo *Attorney-General*.

Convenção das Nações Unidas contra o Crime Organizado Transnacional (Convenção de Palermo) – Decreto nº 5015, de 12 de março de 2004. Autoridade Central designada: Departamento de Justiça dos Estados Unidos da América (*United States Department of Justice* – DoJ).

Convenção das Nações Unidas contra a Corrupção (Convenção de Mérida)

Decreto nº 5.687, de 31 de janeiro de 2006. Autoridade Central designada: Departamento de Justiça dos Estados Unidos da América (*United States Department of Justice* – DoJ).

Convenção contra o Tráfico Ilícito de Entorpecentes e Substâncias Psicotrópicas (Convenção de Viena, 1988) – Decreto nº 154, de 26 de junho de 1991.

---

140 Quanto aos demais países, consultar <https://www.justica.gov.br/sua-protecao/cooperacao-internacional/cooperacao-juridica-internacional-em-materia-penal/orientacoes-por-pais>. São 70 países para os quais há orientação e procedimentos específicos de cooperação jurídica internacional.

Convenção Interamericana sobre Assistência Mútua em Matéria Penal (Convenção de Nassau, OEA) – Decreto nº 6.340, de 3 de janeiro de 2008.

Autoridade Central designada: Departamento de Justiça dos Estados Unidos da América (*United States Department of Justice – DoJ*).

Sistema jurídico

O sistema jurídico dos Estados Unidos da América é regrado por uma constituição e por leis ordinárias. No entanto, é regido pelos Princípios da *Common Law*, onde a lei é também estabelecida por precedentes jurídicos.

O sistema de *Common Law*, oriundo da Inglaterra, tem como principal fonte a jurisprudência, seguindo a doutrina conhecida como *Stare Decisis*. A doutrina de *Stare Decisis* estabelece que os juízes devem se sujeitar a precedentes estabelecidos pelos tribunais de instâncias superiores.

Estrutura jurídica

O sistema judiciário estadunidense divide-se nas justiças federal e estaduais. A justiça federal está divida em 11 diferentes circuitos, ou varas, que abrangem regiões específicas no país. O sistema judiciário dos estados é dividido de acordo com a Constituição e as leis de cada estado (cada um dos 51 estados do país tem seu próprio sistema jurídico e Constituição).

A Suprema Corte estadunidense é a última instância para a deliberação dos casos ou controvérsias baseadas na Constituição dos Estados Unidos da América ou nas leis federais do país.

A cooperação jurídica internacional entre o Brasil e os Estados Unidos da América está fundamentada no Acordo de Assistência Judiciária em Matéria Penal entre o Governo da República Federativa do Brasil e o Governo dos Estados Unidos da América. Conforme se verá a seguir, as diferenças entre o sistema jurídico estadunidense e o sistema jurídico brasileiro apresentam várias peculiaridades.

Legislação interna sobre cooperação

A Lei federal estadunidense que rege a cooperação por meio de Cartas Rogatórias é o U.S. Code, Title 28, Sec. 1781 U.S. (*International Assistance Statute*).

A cooperação direta com tribunais estadunidenses é regida pelo U.S. Code, Title 28, Sec. 1782.

Instrumentos de cooperação jurídica internacional

- Cartas rogatórias
- Auxílio direto
- Cooperação por meio do Departamento de Estado dos Estados Unidos da América ou dos tribunais estadunidenses

Informações

Lei de cooperação estadunidense

É importante ressaltar que, apesar da lei de cooperação estadunidense mencionar a cooperação por meio de Carta Rogatória, a ratificação do Acordo de Assistência Jurídica com os Estados Unidos da América tornou nula a cooperação em matéria penal com aquele país por meio de Carta Rogatória.

Ademais, a cooperação direta regida pelo U.S. Code, Title 28, Sec. 1782 (*International Assistance Statute*), só deve ser utilizada nos casos em que o Acordo de Assistência Judiciária em Matéria Penal entre o Brasil e os Estados Unidos da América não se aplica.

Autoridades não reconhecidas como requerentes

As autoridades não reconhecidas como autoridades requerentes podem solicitar à Autoridade Central estadunidense o compartilhamento de provas previamente obtidas por autoridades requerentes. A solicitação de compartilhamento deverá identificar a autoridade solicitante e expor as razões pelas quais o acesso às provas é necessário.

Pedidos de cooperação oriundos da defesa

Os princípios norteadores do sistema de *Common Law*, adotado nos Estados Unidos da América, estabelecem que os procedimentos de colheita de provas para a instrução de um processo devem ocorrer de acordo com um procedimento intitulado *discovery*. As principais formas de colheita de provas dentro de um procedimento de *discovery* são:

a) Interrogatórios escritos (*interrogatories*), por meio dos quais a parte solicita diretamente à testemunha a apresentação de respostas escritas às perguntas.
b) Oitiva de testemunhas (*depositions*), por meio da qual a parte realiza diretamente a oitiva de uma testemunha, com a presença da outra parte, mas sem a participação de um juiz ou envolvimento de um tribunal. Os custos e esforços relacionados à oitiva de testemunhas dentro de um sistema de *Common Law* são arcados integralmente pelas partes.
c) Solicitações de produção de provas (*requests for discovery*), onde uma parte solicita que a outra apresente provas que estão sujeitas ao processo de *discovery*, também sem a participação de um juiz ou envolvimento de um

tribunal. A produção das provas anteriormente descritas é efetuada diretamente pelas partes, sendo que só haverá o envolvimento de um juiz caso haja algum desentendimento entre as partes acerca do que deve ou não ser produzido, ou da forma de produção.

Os gastos e esforços relacionados à colheita de provas no país são arcados integralmente pelas partes. O Estado estadunidense só arcará com os custos relacionados à colheita de provas da acusação, e os custos da colheita de provas da defesa serão arcados pela defesa, sendo por representação privada ou por meio de defensor dativo.

Assim, o governo norte-americano não concorda em utilizar bens e esforços públicos para custear a oitiva de testemunhas arroladas pela defesa, a não ser que exista, concomitantemente, interesse específico por parte do juiz ou da acusação nesta diligência. A existência de tal interesse revela-se suficiente para habilitar a execução da referida solicitação, que, neste caso, dar-se-ia em benefício não somente da defesa como também do juízo ou da acusação.

Solicitações de oitiva de testemunhas

Via de regra, as autoridades estadunidenses têm atribuído ao *Federal Bureau of Investigation* (FBI) a execução de pedidos de cooperação referentes à tomada de depoimentos ou declarações de pessoas, nos termos do que dispõe o artigo I, item 2, alínea "a", do Acordo de Assistência Judiciária em Matéria Penal entre o Governo da República Federativa do Brasil e o Governo dos Estados Unidos da América. Cabe ressaltar que a execução da solicitação de assistência pelo FBI é efetivada de acordo com a legislação estadunidense, já que a Autoridade Central daquele país julga ser essa a forma adequada para cumprir o pedido de cooperação brasileiro. Não obstante, segundo o princípio da *Lex diligentiae*, a prova torna-se admissível em território nacional, observando-se os termos do artigo 13 da Lei de Introdução ao Código Civil brasileiro. Ademais, conforme o Artigo V, Parágrafo 3º, do citado Acordo, as solicitações serão executadas de acordo com as leis do Estado Requerido, a menos que os termos do Acordo disponham de outra forma.

Oitivas por meio de *depositions*

Conforme já descrito, uma das formas de colheita de provas mais utilizadas nos Estados Unidos da América é a *deposition*. O procedimento consiste na oitiva de uma testemunha fora do tribunal competente, que é então transcrita e utilizada para propósitos de investigação ou como prova em um procedimento judiciário.

Caso a autoridade brasileira requerente entenda ser fundamental que a tomada de depoimentos ou declarações de pessoas localizadas nos Estados Unidos da América seja realizada por uma autoridade judiciária, existe a possibilidade, em casos nos quais uma testemunha é impossibilitada de estar presente em uma audiência perante o juízo competente, da utilização de uma *deposition* de *bene esse*. Tal depoimento poderá então ser introduzido como prova no procedimento pertinente.

No entanto, existem altas despesas relacionadas às *depositions*, tais como tradução, interpretação e transcrição, que, consoante o Artigo VI do Acordo de cooperação entre o Brasil e os Estados Unidos da América, devem ser custeadas pela autoridade requerente.

Obtenção de bloqueio de ativos

Segundo a Autoridade Central estadunidense, existem duas formas de obter bloqueio e confisco de ativos naquele país, a saber: i. Homologação de sentença brasileira (*Full Faith and Credit*): no caso em que exista uma sentença definitiva de um juiz brasileiro, será possível pedir o bloqueio ou o perdimento de ativos via homologação de sentença em um tribunal estadunidense. Nessa hipótese, o procedimento será da seguinte forma:

- O Departamento de Recuperação de Ativos e Cooperação Jurídica Internacional da Secretaria Nacional de Justiça, do Ministério da Justiça, mediante provocação de autoridade brasileira, enviará um pedido de homologação de sentença brasileira ao Departamento de Justiça dos Estados Unidos da América. O pedido deve conter o detalhamento dos fatos referentes ao caso, que servirá para fundamentar e explicar por que o perdimento deve ser feito nos Estados Unidos da América.
- Formulário MLAT acompanhado de declaração juramentada (*affidavit*): se não existe uma sentença definitiva de bloqueio ou confisco no Brasil, será possível pedir o bloqueio ou perdimento nos Estados Unidos da América via pedido de assistência mútua em matéria penal.
    a) É imprescindível ressaltar a importância de os fatos estarem descritos da forma mais detalhada possível. Para que um pedido possa ser atendido nos Estados Unidos da América, é necessário que exista a previsão de bloqueio ou perdimento de acordo com a legislação estadunidense. Para fazer essa determinação, as autoridades americanas precisam fazer uma análise aprofundada dos fatos para verificar se as condutas praticadas pelos réus dão ou não margem a pedido de bloqueio de bens perante a legislação estadunidense.

b) Ademais, é muito importante que o pedido descreva o nexo entre as atividades ilícitas e os ativos no exterior. Para que ativos sejam bloqueados no país, o pedido de assistência deve demonstrar o histórico dos ativos, descrevendo a origem ilícita e especificar como eles chegaram ao Estado norte-americano. É importante lembrar que o tribunal estadunidense tomará sua decisão baseado somente no pedido e no *affidavit* que o acompanha. Dessa forma, é importante que o pedido seja claro, especialmente no que se refere ao detalhamento dos fatos relevantes.
c) Um pedido aos Estados Unidos da América de bloqueio ou perdimento deve ser acompanhado por um *affidavit*, que é uma declaração juramentada que deve descrever detalhadamente o desenvolvimento do processo penal no caso específico, o estágio das ações criminais no Brasil (inclusive se houver ações perante a justiça estadual), as provas existentes, o *modus operandi* dos criminosos, o benefício advindo do crime e a explicação sobre como os bens nos Estados Unidos da América são derivados de tais crimes.
d) É importante lembrar que uma ordem de bloqueio antes do recebimento da denúncia exige um nível mais elevado de fundamentação. Em outras palavras, deve ser demonstrado que existe uma probabilidade substancial de que a inexistência de bloqueio dos bens poderia causar o desaparecimento dos ativos. Cabe ressaltar que, apesar de não ser exigida a dupla incriminação para um pedido de assistência que solicita, por exemplo, documentos ou oitiva de testemunhas, os Estados Unidos da América exigem a dupla incriminação para a obtenção de bloqueio ou perdimento de bens. Considerando o princípio da dupla incriminação, é importante lembrar que nos Estados Unidos da América os crimes fiscais e a prática de evasão de divisas não constituem delitos que permitem bloqueio ou perdimento de bens.

Anexo II. Portaria Interministerial nº 501, de 21 de março de 2012: define a tramitação de cartas rogatórias e pedidos de auxílio direto[141]

O Ministro de Estado das Relações Exteriores e o Ministro de Estado da Justiça, no uso de suas atribuições legais, previstas nos incisos I e II do parágrafo único do art. 87 da Constituição Federal, na Lei nº 10.683, de 28 de maio de 2003, e nos Decretos nºs. 7.304, de 22 de setembro de 2010, e 6.061, de 15 de março de 2007;

considerando o disposto no artigo 105, inciso I, alínea "i", da Constituição Federal, nos artigos 202, 210 e 212 da Lei nº 5.869, de 11 de janeiro de 1973 – Código de Processo Civil, nos artigos 783 a 786 do Decreto-Lei nº 3.689, de 3 de outubro de 1941 – Código de Processo Penal, bem como nos tratados vigentes na República Federativa do Brasil sobre tramitação de cartas rogatórias e outros instrumentos de cooperação jurídica internacional;

considerando a Resolução nº 9, de 04 de maio de 2005, do Superior Tribunal de Justiça;

considerando a Portaria Conjunta MJ/PGR/AGU nº 1, de 27 de outubro de 2005, que dispõe sobre a tramitação de pedidos de cooperação jurídica internacional em matéria penal entre o Ministério da Justiça, o Ministério Público Federal e a Advocacia Geral da União;

considerando a Portaria MJ nº 1.876, de 27 de outubro de 2006, que dispõe sobre a tramitação de pedidos de cooperação jurídica internacional em matéria penal no âmbito do Ministério da Justiça;

considerando a necessidade de uniformizar o trâmite de cartas rogatórias e pedidos de auxílio direto referentes a países que não têm tratado de cooperação jurídica internacional com a República Federativa do Brasil;

[141] Disponível em: <https://www.justica.gov.br/sua-protecao/lavagem-de-dinheiro/institucional-2/legislacao/portaria-interministerial-501>. Acesso em: 31 jul. 2021.

considerando a necessidade de reduzir o tempo de tramitação das cartas rogatórias e dos pedidos de auxílio direto e as hipóteses de descumprimento das solicitações por falta de definição dos procedimentos; resolvem:

Art. 1º – Esta Portaria define a tramitação de cartas rogatórias e pedidos de auxílio direto, ativos e passivos, em matéria penal e civil, na ausência de acordo de cooperação jurídica internacional bilateral ou multilateral, aplicando-se neste caso apenas subsidiariamente.

Art. 2º – Para fins da presente Portaria, considera-se:

I. pedido de auxílio direto passivo, o pedido de cooperação jurídica internacional que não enseja juízo de delibação pelo Superior Tribunal de Justiça, nos termos do art. 7º, parágrafo único da Resolução STJ nº 9, de 04 de maio de 2005; e

II. carta rogatória passiva, o pedido de cooperação jurídica internacional que enseja juízo de delibação pelo Superior Tribunal de Justiça.

Parágrafo Único. A definição de pedido de auxílio direto ativo e de carta rogatória ativa observará a legislação interna do Estado requerido.

Art. 3º – Nos casos em que o pedido de cooperação jurídica internacional passivo não enseje a concessão de *exequatur* pelo Superior Tribunal de Justiça, e puder ser atendido pela via administrativa, não necessitando da intervenção do Poder Judiciário, caberá ao Ministério da Justiça diligenciar seu cumprimento junto às autoridades administrativas competentes.

Art. 4º – O Ministério das Relações Exteriores encaminhará ao Ministério da Justiça os pedidos de cooperação jurídica internacional passivos, em matéria penal e civil, tramitados pela via diplomática.

Art. 5º – Na ausência de acordo de cooperação jurídica internacional bilateral ou multilateral, o Ministério da Justiça encaminhará ao Ministério das Relações Exteriores os pedidos de cooperação jurídica internacional ativos, em matéria penal e civil, para tramitarem pela via diplomática.

Art. 6º – Cabe ao Ministério da Justiça:

I. instruir, opinar e coordenar a execução dos pedidos de cooperação jurídica internacional, em matéria penal e civil, encaminhando-os à autoridade judicial ou administrativa competente;

II. exarar e publicar entendimentos sobre cooperação jurídica internacional no âmbito de suas competências.

Art. 7º – As cartas rogatórias deverão incluir:

I. indicação dos juízos rogante e rogado;

II. endereço do juízo rogante;

III. descrição detalhada da medida solicitada;

IV. finalidade a ser alcançada com a medida solicitada;

V. nome e endereço completos da pessoa a ser citada, notificada, intimada ou inquirida na jurisdição do juízo rogado, e, se possível, sua qualificação, especificando o nome da genitora, data de nascimento, lugar de nascimento e o número do passaporte;

VI. encerramento, com a assinatura do juiz; e

VII. qualquer outra informação que possa ser de utilidade ao juízo rogado para os efeitos de facilitar o cumprimento da carta rogatória.

§ 1º – No caso da medida solicitada consistir em interrogatório da parte ou inquirição de testemunha, recomenda-se, sob pena de impossibilidade de cumprimento da medida, que as cartas rogatórias incluam ainda:

a. texto dos quesitos a serem formulados pelo juízo rogado;

b. designação de audiência, a contar da remessa da carta rogatória ao Ministério da Justiça, com antecedência mínima de:

i. noventa dias, quando se tratar de matéria penal; e

ii. 180 dias, quando se tratar de matéria cível.

§ 2º – No caso de cooperação civil, as cartas rogatórias deverão ainda incluir, quando cabível, o nome e endereço completos do responsável, no destino, pelo pagamento das despesas processuais decorrentes do cumprimento da carta rogatória no país destinatário, salvo as extraídas das ações:

I. que tramitam sob os auspícios da justiça gratuita;

II. de prestação de alimentos no exterior, para os países vinculados à Convenção de Nova Iorque, promulgada no Brasil pelo Decreto nº 56.826, de 2 de setembro de 1965, nos termos do artigo 26 da Lei nº 5.478 de 25 de julho de 1968;

III. da competência da justiça da infância e da juventude, nos termos da Lei nº 8.069, de 13 de junho de 1990.

Art. 8º – As cartas rogatórias deverão vir acompanhadas dos seguintes documentos:

I. petição inicial, denúncia ou queixa, a depender da natureza da matéria;

II. documentos instrutórios;

III. despacho judicial ordenando a sua expedição;

IV. original da tradução oficial ou juramentada da carta rogatória e dos documentos que os acompanham;

V. duas cópias dos originais da carta rogatória, da tradução e dos documentos que os acompanham; e

VI. outros documentos ou peças processuais considerados indispensáveis pelo juízo rogante, conforme a natureza da ação.

Parágrafo único. No caso do objeto da carta rogatória consistir em exame pericial sobre documento, recomenda-se que o original seja remetido para o juízo rogado, permanecendo cópia nos autos do juízo rogante, sob pena de impossibilidade de cumprimento da medida.

Art. 9º – Os pedidos de auxílio direto deverão incluir:

I. indicação de previsão em acordo de cooperação jurídica internacional bilateral ou multilateral ou compromisso de reciprocidade;

II. indicação da autoridade requerente;

III. indicação das Autoridades Centrais dos Estados requerente e requerido;

IV. sumário contendo número(s) e síntese(s) do(s) procedimento(s) ou processo(s) no Estado requerente que servem de base ao pedido de cooperação;

V. qualificação completa e precisa das pessoas às quais o pedido se refere (nome, sobrenome, nacionalidade, lugar de nascimento, endereço, data de nascimento, e, sempre que possível, nome da genitora, profissão e número do passaporte);

VI. narrativa clara, objetiva, concisa e completa, no próprio texto do pedido de cooperação jurídica internacional, dos fatos que lhe deram origem, incluindo indicação:

a) do lugar e da data;

b) do nexo de causalidade entre o procedimento em curso, os envolvidos e as medidas solicitadas no pedido de auxílio; e

c) da documentação anexada ao pedido.

VII. referência e transcrição integral dos dispositivos legais aplicáveis, destacando-se, em matéria criminal, os tipos penais;

VIII. descrição detalhada do auxílio solicitado, indicando:

a) nos casos de rastreio ou bloqueio de contas bancárias, o número da conta, o nome do banco, a localização da agência bancária e a delimitação do período desejado, bem como, expressamente, a forma de encaminhamento dos documentos a serem obtidos (meio físico ou eletrônico);

b) nos casos de notificação, citação ou intimação, a qualificação completa da pessoa a ser notificada, citada ou intimada, e seu respectivo endereço;

c) nos casos de interrogatório e inquirição, o rol de quesitos a serem formulados.

IX. descrição do objetivo do pedido de cooperação jurídica internacional;

X. qualquer outra informação que possa ser útil à autoridade requerida, para os efeitos de facilitar o cumprimento do pedido de cooperação jurídica internacional;

XI. outras informações solicitadas pelo Estado requerido; e

XII. assinatura da autoridade requerente, local e data.

Art. 10º – Esta Portaria revoga a Portaria Interministerial MRE/MJ nº 26, de 14 de agosto de 1990, e a Portaria Interministerial MRE/MJ de 16 de setembro de 2003, publicada no Diário Oficial da União de 19 de setembro de 2003.

Art. 11 – Esta Portaria entra em vigor na data de sua publicação.

JOSÉ EDUARDO CARDOZO

Ministro de Estado da Justiça
ANTONIO DE AGUIAR PATRIOTA

Ministro das Relações Exteriores

